学术研究系列

中国现代化进程中的桐城派

王达敏 著

北京师范大学出版集团
安徽大学出版社

图书在版编目(CIP)数据

中国现代化进程中的桐城派/王达敏著. —合肥:安徽大学出版社,2020.3
(2022.10重印)
(桐城派文库.学术研究系列)
ISBN 978-7-5664-2012-1

Ⅰ.①中… Ⅱ.①王… Ⅲ.①中国现代化进程—桐城派—文学流派研究 Ⅳ.①I207.62

中国版本图书馆 CIP 数据核字(2020)第 030641 号

中国现代化进程中的桐城派
Zhongguo Xiandaihua Jinchengzhong de Tongchengpai

王达敏 著

出版发行	北京师范大学出版集团 安 徽 大 学 出 版 社 (安徽省合肥市肥西路 3 号 邮编 230039) www.bnupg.com www.ahupress.com.cn
印　　刷	合肥远东印务有限责任公司
经　　销	全国新华书店
开　　本	710 mm×1010 mm　1/16
印　　张	15.25
字　　数	220 千字
版　　次	2020 年 3 月第 1 版
印　　次	2022 年 10 月第 2 次印刷
定　　价	49.00 元

ISBN 978-7-5664-2012-1

策划编辑:李　君		装帧设计:李　军	
责任编辑:李　君		美术编辑:李　军	
责任校对:李加凯		责任印制:陈　如	

版权所有　侵权必究

反盗版、侵权举报电话:0551—65106311
外埠邮购电话:0551—65107716
本书如有印装质量问题,请与印制管理部联系调换。
印制管理部电话:0551—65106311

小 引

桐城派肇端于明清易代之际,终局于1995年吴孟复逝世,前后绵亘三百余年。这场声势赫奕的文化运动,自方苞到梅曾亮,在传统的历史轨道上移步换形;自曾国藩到吴孟复,则在三千年未有之大变局中驰骋跌宕,直至偃旗息鼓。这历史的大变局,就是华夏族群从农耕文明向工业文明转型,从极权专制向民主制度转型,从精神禁锢向思想自由、人格独立转型,其实质就是至今尚未完成的现代化。在现代化进程中,桐城派面临的根本问题,就是如何推动包括文学在内的华夏文明从中世纪走向现代世界。

曾国藩在京都从梅曾亮游,得闻姚鼐绪论,由此接过桐城派衣钵。伴随着军事上的横绝一世和政治上的位极人臣,曾氏在学坛也迅速领袖群伦。自曾氏总督直隶和曾门弟子张裕钊、吴汝纶次第出掌莲池书院讲席后,桐城派渐分南北。在北方,以莲池书院为中心,形成了一个远绍先秦西汉、近继方姚、顶礼曾氏、糅合北学传统的学者群体,因其踵武桐城诸老而又有所超越,我曾试将其命名为莲池派。这一学者群体从曾氏督直(1868)算起,至俞大酉辞世(1966),绵延近百年,相承历六代,有作品传世者达百余人之多,大河以北学坛要津多为其所盘踞。在南国,桐城派学者虽没有形成中心,却如漫天星斗,熠熠闪烁。他们有的出身桐城派世家,有的私淑桐城诸老,有的为梅曾亮弟子,有的则在不同时期从曾国藩、张裕钊和吴汝纶问学。无论在北方或在南国,桐城派学者在国步艰危时代,多能奋不顾身,积极参与中国的现代化变革。

在现代化进程中,桐城派所秉持的基本观念,是中体西用。从咸同之际以迄今日,在多数历史段落,中体西用是国家在面对西方挑战时的战略抉择,是时代精神的集中体现。中体西用是一个边界模糊的概念,其内涵随时而变,或伸或缩。这种不稳定性助其在各种势力的博弈中赢得了政治、思想上的话语权。桐城派中少数政治家是中体西用国策形成的推手,也是贯彻这一国策的中流砥柱。那些位处高层之外的众多桐城派学者,则以自己的言动和著作,对这一国策作出了有力而持久的回应。

桐城派学者坚持中学为体。他们所谓的中学,主要是指孔孟遗教,包括儒家的道德精神、艺术精神,还有经过程朱阐释、推扬的孔颜乐处、儒者气象,等等。在平定拜上帝、废孔教的太平军时,曾国藩首要捍卫的,就是孔孟的精神价值。他说:"举中国数千年礼义人伦、诗书典则,一旦扫地荡尽。此岂独我大清之变,乃开辟以来名教之奇变,我孔子、孟子之所痛哭于九原!凡读书识字者,又乌可袖手安坐、不思一为之所也?"①吴汝纶是桐城派中少有的激进的西化派,但在去世前夕提出:"周孔之遗泽,历久常新;"②又说:"《古文辞类纂》一书,二千年高文略具于此,以为六经后之第一书。此后必应改习西学,中国浩如烟海之书行当废去,独留此书,可令周孔遗文绵延不绝。"③徐世昌平生最神往程朱提倡的修养境界。他曾如此诠解光风霁月:"李延平曰:'洒落如光风霁月,为善形容有道者气象。'朱晦翁云:'所谓洒落者,只是形容清明高远之意。只如此,有道胸怀表里亦自可见。若有一毫私吝心,何处更有此等气象耶?'学者读书明理,诚积于中,方有此磊落光明气象发之于外。

---

① 曾国藩:《讨粤匪檄》,见《曾国藩全集》第14册《诗文》,长沙:岳麓书社,1987年,第232页。

② 吴汝纶:《答新闻记者论中外教育》,见吴汝纶著、施培毅和徐寿凯点校:《吴汝纶全集》(三),合肥:黄山书社,2002年,第448页。

③ 吴汝纶:《答严几道》,见吴汝纶著、施培毅和徐寿凯校点:《吴汝纶全集》(三),合肥:黄山书社,2002年,第231页。

今日之学人,即他日担当宇宙间事之人。克己复礼,天下归仁。愿与同志力学者共勉之。"①

桐城派学者坚持西学为用。他们所谓西学,主要是指西方先进的科技、宪政民主和思想、文艺。曾国藩、徐世昌是中国早期现代化的引领者。为御外自存,曾氏倡导学习西方科技,创办工业,培养洋务人才。咸丰十一年(1861)末,曾国藩设立安庆内军械所,这是自强运动发端的标志性事件之一。同治四年(1865),曾氏与李鸿章在上海设立江南机器制造局,雇佣洋匠制作枪炮、轮船;并附设译书局,聘请洋员翻译科技书籍。同治十一年(1871),曾氏领衔奏定挑选幼童赴美留学。徐世昌所办洋务之多、成效之显著又非曾国藩可比。在东三省总督任内,他在政治、经济、军事和教育等领域所推行的新政,尤其彪炳史册。从桐城派走出的一批外交家歆羡西方的政治体制,一批议员力主宪政民主。郭嵩焘、黎庶昌、薛福成和曾纪泽作为中国第一代外交家,在国门之外亲眼目睹了一个高度发达的文明世界。在他们笔下,这个文明世界政教修明,以法治国,实行政党政治、议会民主。清廷告退前厉行新政,预备立宪。莲池学子籍忠寅、刘春霖作为资政院议员,弹劾军机大臣,批驳上谕,指斥媚上议员,流露出初步的宪政民主意识。民国初年,籍忠寅、常堉璋、王振尧、谷钟秀、李景濂、张继、李广濂、邓毓怡、王树枏等当选国会议员,为国家实行宪政民主作出了不懈努力。严复译介、吴汝纶讴歌的进化论是影响现代中国最有力的西方思想,林纾的小说翻译则为文坛打开了全新视野。上述三个层面,科技尚不触及中学之体;宪政民主和西方思想、文艺的引入则已越出中学范围,引起了中国传统政教的衰微和社会的巨震。

桐城派一些学者所开掘的传统元素,经由西学淬炼、激活后,成为建设现代文明的新资源。"变"的观念滥觞于《易经》,但在传统思想中一直位处边缘。姚鼐极为强调"变",使桐城后学失去了故步自封的理据。自严复、吴汝纶将进化思想与从《易经》到姚鼐的"变"的观念对接后,"变"在桐城派内便成

---

① 徐世昌:《跋自书光风霁月四大字》,见《退耕堂题跋》卷四,天津徐氏民国己巳(1929)刊行,第11页。

为更具进取性的世界观。颜李学派在清初登上学坛,很快湮灭无闻。徐世昌以为,颜李学派所看重的礼乐、兵农、工虞、水火,与欧西科学相通。因此,在徐氏执掌权柄后,迅速将颜李学派确立为国家意识形态,使其凌驾程朱理学、上接孔孟之道。经世致用的观念在古典传统中若断若续,中西相遇后猝然散射出异彩。曾国藩而后,一代代桐城派学者蜂起救亡,就连一些普通学人也按捺不住内心的关怀,力图为国效命。江淮布衣学者李诚1950年上书毛泽东,为朝鲜战争献策;1971年又上书中枢首脑,对印度支那战争、泰国革命和马六甲海峡等问题独抒己见。这些行为,他人未免视为唐突,桐城派学者则看作是自己不可推卸的责任。因声求气说、阴阳刚柔说是姚鼐的理论创获。朱光潜从西方美学角度,对这两种学说进行了明晰而深刻的阐释,使其成为现代美学的重要观念。

桐城派与北京大学有着不解之缘。在京师大学堂时代,桐城派是这座最高学府的台柱。在五四新文化运动中,北京大学以陈独秀、胡适为领袖的新文化派与桐城派诸家产生了分歧。其实,桐城派诸家和新文化派同属维新一脉。区别仅在于,前者提倡变革,但希冀对传统中优秀因子有所保留,使其成为再造文明的基石;后者则主张彻底反叛传统。新文化派属于左翼,桐城派是与其根连、又与其相对的右翼,二者均是新文化运动的组成部分。新文化派带领北京大学以狂飙突进方式前行,桐城派则为北京大学增添了沉着稳健的气度。他们相辅相成,共同丰富、深化着北京大学的精神内涵。在北京大学学生发动和领导的五四运动中,桐城派总统徐世昌的理解、宽容,桐城派名流傅增湘、章士钊、严修、马其昶和姚永概的仗义、仁爱,是这场运动能够取得硕果的关键因素。

桐城派开启了新文学端绪;其一部分作家进而成为新文学作手。周作人在三十年代初把桐城派视为新文学的开端。他说:"到吴汝纶、严复、林纾诸人起来,一方面介绍西洋文学,一方面介绍科学思想。于是经曾国藩放大范围后的桐城派,慢慢便与新要兴起的文学接近起来了。后来参加新文学运动的,如胡适之、陈独秀、梁任公诸人,都受过他们的影响很大。所以我们可以说,今次文学运动的开端,实际还是被桐城派中的人物引起来的。"①这一结论切实而公允。在桐城派世家中,鲁𬘓方氏转向新文学阵营最为彻底,也最有成就。方氏家族的先祖方泽是姚范、刘大櫆之友,姚鼐之师。方泽之孙方绩、曾孙方东树师事姚鼐。方东树授诗古文法于族弟方宗诚。方宗诚之子方守彝、方守敦传桐城家法于后辈。而方守敦之女方令孺、孙方玮德和舒芜,方守彝外孙宗白华,皆成新文学队伍中的翘楚。此外,新文学家徐志摩、老舍、汪曾祺、季羡林的学问根基也在桐城之学。出自桐城派传统的作家的加盟,壮大了新文学的声势,也为新文学增添了古典元素,却也明证着桐城派的衰落。

在晚清民初,桐城派在引领、助推现代化运动中焕发出惊人的创造力,释放出巨大的能量,达于极盛,致使学坛出现泛桐城派现象。在五四新文化运动后,桐城派虽然披挂"谬种"的恶谥,但仍与其他古体文学一起自成局面,长期与新文学共生,平分民国文坛的秋色。只有到1949年后,桐城派才真正日薄西山,最终在山的那一边无声地沉没。

桐城派在1949年后为什么会走向终局呢?首先,桐城派失去了存在的环境。政治上,在以阶级斗争为纲的日子里,多数桐城派学者出身于地主、资产阶级家庭,成为被规训的对象。经济上,多数桐城派学者在公有制下被安置在固定单位,拿固定工资,按要求做事,他们依靠私产任意迁徙、择业、写作的情况已不复存在。文化上,白话彻底代替文言,与传统决裂成为主流,植根于传统的桐城派由此失去立锥之地。其次,毛泽东对桐城派作了直接否定。1956年8月24日,他说:"地主阶级也有文化,那是古老文化,不是近代文化,做几句旧诗,做几句桐城派的文章,今天用不着。"②1965年6月20日,他说:乾隆时代,"在文章方面又出现了所谓桐城派,专门替清王朝宣传先王之道,

---

① 周作人:《中国新文学的源流》,见周作人著、止庵校订:《周作人自编集:儿童文学小论·中国新文学的源流》,北京:北京十月文艺出版社,2011年,第50页。
② 毛泽东:《同音乐工作者的谈话》,见中共中央文献研究室编:《毛泽东文艺论集》,北京:中央文献出版社,2002年,第150页。

迷惑人心";乾嘉学派"要知识分子脱离政治,钻牛角尖,为考证而考证",桐城派"替封建统治阶级做宣传,二者都要反对"。① 1965年8月5日,他说:章士钊撰《柳文指要》"辟桐城而颂阳湖,讥帖括而尊古义,亦有可取之处"②。1974年,他发动批林批孔运动,否定桐城派坚守的道统,更是对桐城派的致命一击。第三,桐城派的一些理念是其发展的动力,也包含着深刻的自我否定。例如,桐城派所持守的"变"的理念使其能够与时俱进。而与时俱进的结果,便使其与自己的初衷渐行渐远,甚至走向反面。当桐城后学拥抱西方的宪政民主、法治、人权、自由、平等的普世价值时,或者用白话文写作时,桐城诸老所尊奉的程朱之道、韩欧之文还向何处安放?徐世昌将颜李学派引入桐城派义理之中,但颜李学派的反智倾向则反过来严重伤害着包括桐城派在内的知识共同体。

桐城派不可挽回地走向终局,但桐城之学的诸多元素仍渗透在民族文化的深处。首先,毛泽东早年曾有六年时间浸润于桐城之学,其思想、文艺观念、审美趣味和创作风格深深打上了桐城派的烙印。他执政后虽然否弃桐城派,但对桐城派所尊奉的朱熹撰《四书集注》和姚鼐纂《古文辞类纂》等依然爱不释手。其著作中沉潜的桐城派幽光,被熟于桐城义法的吴孟复、舒芜一眼窥破。1966年至1969年初,毛泽东的著作发行达11.26亿部之多。③ 桐城之学正是通过这些著作润物无声地潜移着无数读者的思想和审美趣味。可以说,桐城派因毛泽东倡导的阶段斗争而臝堕,桐城之学则借助毛泽东的权威地位和文采风流而隐晦地获得再生。其次,桐城派是文以载道思想的集大

---

① 中共中央文献研究室编、逄先知和冯蕙主编:《毛泽东年谱(1949—1976)》第五卷(1961.07—1966.09),北京:中央文献出版社,2013年,第503页。

② 毛泽东:《致康生》,见中共中央文献研究室编:《毛泽东文艺论集》,北京:中央文献出版社,2002年,第336页。

③ 1969年1月3日,"新华社报道:近三年来,《毛泽东选集》出版一亿五千万部,《毛泽东著作选读》出版一亿四千多万册,《毛主席语录》出版七亿四千多万册,《毛主席诗词》出版九千六百多万册"。中共中央文献研究室编、逄先知和冯蕙主编:《毛泽东年谱(1949—1976)》第六卷(1966.10—1976.09),北京:中央文献出版社,2013年,第225页。

成者。在集权社会里,政治家倡导文以载道,希望文艺为自己的政治服务;文艺家倡导文以载道,希望学以致用,二者由此形成牢固同盟。只要中国的政治传统还在继续,作为桐城之学核心部分的文以载道理论就会葆有活力。第三,桐城派学者经过一代代深研,发现了汉语表达汉民族思想情感的恰切方式,道破了汉语写作的天机。他们对炼字锤句、格律声色、谋篇布局、起承转合、清真雅正、阴阳刚柔、含不尽之意见于言外、篇终接混茫,等等,进行了艰苦卓绝的探索。只要汉语不亡,只要汉民族仍然用汉语表达自己的思想情感,那么,桐城的艺术精神就会永存。

  桐城派是中国早期现代化事业的引领者,是北京大学精神的主要缔造者,也是新文学的拓荒者。桐城派学者在中西文明的撞击中,有的从古典走向现代,有的则在输入吸收外来文明的同时依然守望着华夏的根脉。在三千年未有之大变局中,他们与其他力量一起,共同塑造着中华民族新的精神。桐城派参与开启了中国现代化进程,又在这一进程尚未结束时走入历史。这一黯然结局,正是整个中国古典传统在现代无可逃脱的宿命。

  《中国现代化进程中的桐城派》中所收录的文字,以现代化为主轴,对上述论点作了初步论证。

目　录

论桐城派的现代转型 …………………………………… 1
　一、导乎先路 ………………………………………… 1
　二、文学蜕变 ………………………………………… 4
　三、传播方式的更新 ………………………………… 9
　四、从闺阁到社会 …………………………………… 12
　五、终结与不灭 ……………………………………… 15

曾国藩总督直隶与莲池新风的开启 …………………… 20
　一、心萦莲池 ………………………………………… 21
　二、力倡桐城之学 …………………………………… 27
　三、振兴文教的动力 ………………………………… 36
　四、面对西方 ………………………………………… 42
　五、不祧之宗 ………………………………………… 47

张裕钊与清季文坛 ……………………………………… 53
　一、见知曾氏 ………………………………………… 54
　二、会通汉宋 ………………………………………… 58
　三、继轨与超越 ……………………………………… 62

四、感时忧国 …………………………………………… 67
　　五、雄奇与平淡 ………………………………………… 73
　　六、莲池派的创立 ……………………………………… 78

桐城派与北京大学 ………………………………………… 84
　　一、历史性相遇 ………………………………………… 85
　　二、面对五四 …………………………………………… 92
　　三、建设现代学科 ……………………………………… 102
　　四、承雨润而茁壮 ……………………………………… 107

徐世昌与桐城派 …………………………………………… 112
　　一、结缘桐城 …………………………………………… 114
　　二、重塑桐城文统 ……………………………………… 121
　　三、再建桐城道统 ……………………………………… 127
　　四、在中体西用视野下 ………………………………… 135

桐城派学者贺培新与俞大酉 ……………………………… 142
　　一、贺培新：赤诚的爱国者 …………………………… 142
　　二、俞大酉：莲池学者群体的殿军 …………………… 148

毛泽东与桐城派 …………………………………………… 152
　　一、寝馈于桐城之学 …………………………………… 152
　　二、得之于桐城者 ……………………………………… 157
　　三、终结与存续 ………………………………………… 164

论桐城派学者李诚的经世致用精神 ……………………… 166
　　一、致用与求真 ………………………………………… 167
　　二、书生谋国 …………………………………………… 171
　　三、阐旧邦以淑世 ……………………………………… 175
　　四、经世致用精神的形成 ……………………………… 179

附：李诚的学术精神三题 ········· 183
一、为学问而生 ············· 184
二、独立与自由 ············· 186
三、兼容并包 ············· 188

吴孟复：桐城派最后一位大师 ········· 191
一、皈依桐城 ············· 191
二、在义理、考据、词章之间 ········· 196
三、发覆见宝璧 ············· 200
四、守望桐城的壁垒 ············· 206
五、岿然灵光 ············· 211

论桐城派的终局 ············· 216
一、易代之际的抉择 ············· 216
二、在规驯岁月里 ············· 219
三、远行者勉绍斯文之传 ········· 223
四、桐城派的遗产 ············· 225

后 记 ············· 229

论桐城派的现代转型

清代道咸之后,中国与西方相遇,被迫卷入肇端于西欧的全球现代化运动,成为这场运动的东方回响和重要组成部分。经历现代化的百年激荡,中国的政治制度、物质生活和精神世界,或先后,或同时,发生了由表及里的嬗变。由于中国原有文明的渊茂,这一嬗变无法一蹴而就,迄今仍在途中。紧随整个国家现代化的步伐,桐城派或被动、或主动地开始了现代转型。由于桐城派思想、艺术的繁复和精微,其转型不免一波三折。尽管如此,转型毕竟开始,并在各个层面跌宕起伏地展开了。

一、导乎先路

从清代咸同开始到新中国建政初期,在乾旋坤转的现代化运动中,桐城派从学问领域跨入实际政治运作,参与引领并推动中国走向现代世界。这期间,两位重量级政治家曾国藩、徐世昌的主持风会,对于桐城派的现代转型和国家的进步具有里程碑意义。

曾国藩私淑并终生服膺姚鼐,又与梅曾亮长期切磋学问。他的出现,把桐城派推向峰巅,以至于胡适说:"姚鼐、曾国藩的古文差不多统一了十九世纪晚期的中国散文。"①首先,曾国藩以其在军政学界的崇高地位,把桐城派带向政治和文坛中心。在与太平天国战争中,曾国藩以捍卫礼教相号召,吸引大量抱道君子来归。当时曾幕人才几半天下,曾氏又待"堂属略同师弟"②,因此,幕中从事学术文事者多以其学问祈向为转移。曾氏俯首桐城,幕宾也多心向桐城。后来,曾幕移动到哪里,曾门弟子游走到哪里,就把桐城派的种子播向哪里。当曾氏晚年总督直隶时,经过他和弟子张裕钊、吴汝纶的拓荒,朴野少文的冀南之地形成了一个规模巨大、绵延百年、文风雄奇、志在经世的莲池学者群体。其次,曾国藩作为洋务新政的领袖,在朝野懵昧之时,倡导学习西方科学技术,发展军工产业,选派幼童留学;在中外冲突之时,他以其对国内外大势的深刻洞见,一反桐城派前辈邓廷桢、姚莹曾经的主战姿态,而力持和局。曾氏的洋务理论和实践推动中国从农业社会向工业社会转变,也为桐城派带来了宽阔的国际视野,为桐城派向现代的转型提供了契机。③

在曾国藩洋务理论和实践的陶铸下,其身旁走出了一群富有远见卓识、尊奉桐城之学的中国第一代外交家兼政治家。最著名者有郭嵩焘、黎庶昌和薛福成。他们突破了数千年历史中形成的华夏中心观,走向盘古开天地以来华族闻见所不及的高度文明世界。郭嵩焘意识到西洋立国自有本末,其末在工商,其本则在政教修明、以法治国。薛福成意识到中国与强大的西方相遇,已经无法闭关独治,必须变古就今。他推崇西洋器物技艺,更推崇君民共主的君主立宪制度。黎庶昌为西欧的议会民主、政党政治和军事力量所震撼,深感忧患。郭、黎、薛是优秀的外交家,也是一流的桐城派古文家。他们描写异域的大量作品为桐城派,也为中国文学史,带来了新的思想情感、新的风

---

① 胡适:《建设理论集导言》,见《中国新文学大系导言集》,天津:天津人民出版社,2009年,第2页。
② 曾国藩:《题金陵督署官厅》,见《曾国藩全集》第14册《诗文》,长沙:岳麓书社,2011年,第100页。
③ 王达敏:《曾国藩总督直隶与莲池新风的开启》,载《安徽大学学报》,2014年第6期,第61~70页。

情、新的词汇和新的艺术魅力。

　　清民之际,莲池群贤传承祖师曾国藩倡导的经世致用精神,投身实际政治。他们多半留学日本,熟悉东洋、西洋的现代政治,渴望中国从专制向民主过渡,实行宪政。清廷在退出历史舞台前夜,为预备立宪,成立资政院。莲池学子籍忠寅、刘春霖当选资政院议员。他们在资政院常会上张扬立宪精神,支持速开国会,反对封疆大吏越权,弹劾军机大臣,抵制皇权胡为。1911年六月四日,他们又积极组织宪友会,为国家从官僚政治向政党政治转型尽力。① 进入民国,籍忠寅、常堉璋、王振尧、谷钟秀、李景濂、张继、李广濂、邓毓怡、王树枏等当选国会议员。他们中,籍忠寅、常堉璋等是改良派,张继、谷钟秀是革命党。无论改良或革命,他们在国会内外都忠于职守,为中国实现真正宪政而勤奋工作。1914年一月,谷钟秀在上海主办《正谊》杂志,锤击袁世凯欲帝制自为,撰《中华民国宪法草案释义》,捍卫宪政理想。② 邓毓怡热心参与制订宪法,1922年发起宪法学会,手译欧战后各国宪法,终因生逢乱世,壮志不酬,忧愤而亡。③ 此外,张继曾任参议院议长和国民政府委员、刘若曾任直隶省长、王瑚任江苏省长、傅增湘任教育总长、谷钟秀任农商总长、吴笈孙任总统府秘书长、何其巩任北平市长。他们悉皆民国政局中的要角,曾为中国的现代化事业付出过大量心血。

　　徐世昌是继曾国藩之后把桐城派推向另一座峰巅的政治家。他曾任军机大臣、东三省总督、体仁阁大学士;袁氏当国时,任国务卿;1918—1922年出任"中华民国"总统。他与盟兄弟袁世凯一文一武,左右清季民初政局近二十年。他与桐城派渊源甚深。其外祖刘敦元籍贯桐城,为刘开族父行,与姚氏为亲故。刘氏俪体文经过河南巡抚桂良揄扬,为道光帝所知;其诗文全稿藏于桐城姚氏。徐世昌数次刊布外祖诗文集,曾请吴汝纶赐序。吴序揭示了

---

① 侯宜杰:《刘春霖》《籍忠寅》,见《逝去的风景——清末立宪精英传稿》,北京:北京师范大学出版社,2013年,第333～341页,第350～354页。
② 谷钟秀主编:《正谊》第1卷第1号,正谊杂志社,1914年1月15日。
③ 籍忠寅:《邓君家传》,见《困斋文集》卷四,壬申(1932)冬日籍氏家藏,第10～14页。

徐氏与桐城文脉的关联。① 贺涛、柯劭忞为吴汝纶弟子,徐世昌的同年。徐氏1917年初曾说:"丙戌同年多文人。贺松坡,余从之学文;柯凤荪,余从之学诗。"②徐世昌与曾国藩一样,对国内外大势有卓越洞察,很早就觉悟到,中国只有改革才能挺立于世界。他是中国早期现代化的著名推手,在主政东三省时建树尤多。他凭着对新旧文化的湛深造诣和对共和政治的深刻理解,宽容而文明地面对新文化运动的兴起和五四运动的展开。他的宏通之识和在中国现代化中所起的先导作用使他誉满海内外,1921年巴黎大学授予他博士学位。徐世昌为桐城派做了大量工作。他重建桐城文统,以明清八家归有光、方苞、姚鼐、梅曾亮、曾国藩、张裕钊、吴汝纶、贺涛上绍唐宋八家之绪。他再造桐城道统,把弘扬实学的颜李学派引入桐城派中,以分程朱理学之席。他主纂《大清畿辅先哲传》,将北方的区域意识植入莲池学者群体之中。而他所具有的比曾国藩更为深广的现代视野,尤其把桐城派带向新的境界。必须道及的是,徐世昌于1920年一月颁令,命国民学校一、二年级的教材改用语体。这一决策是对时代新潮的顺应,是新文化运动的重大成果,也是对包括桐城派在内的古典学术的釜底抽薪。

二、文学蜕变

与西方相遇之后,桐城派的文学观念和文学创作发生蜕变。桐城诸老的原创在文论;经过桐城后学从西学视角所作的创造性阐释,这些文论成为现代美学的组成部分。桐城诸老忌古文中掺入小说;其后学则不惟引小说因素入古文,而且开手翻译小说、创作小说。桐城诸老忌古文沾染语录中语言的

---

① 徐世昌:《先太宜人行述》,见《退耕堂文存》,己巳(1929)秋八月天津徐氏开雕,第9页;《敬跋先外祖悦云山房集》,见《退耕堂题跋》卷一,己巳(1929)秋九月天津徐氏开雕,第12~13页。吴汝纶:《刘笠生诗序》,见吴汝纶著、施培毅和徐寿凯校点:《吴汝纶全集》(一),合肥:黄山书社,2002年,第200页。
② 贺葆真:《贺葆真日记》(三)1917年2月1日,见李德龙、俞冰主编:《历代日记丛钞》第133册,北京:学苑出版社,2006年,第17页。

鄙俚俗白;其后学则自觉破此清规,甚至在前贤古文中寻觅引车卖浆者语,以与新文学对接。桐城望族在桐城派兴起后多守程朱之道、韩欧之文;在西潮汹涌时代,这些望族开新而不忘守本,但鲁谼方氏激进的后辈则积极投身新文学运动,一去而决绝地不再回返。

在桐城派文论的现代转型中,朱光潜贡献最大。朱氏籍贯桐城,在桐城中学受到桐城派的严格训练;留学欧洲时,对西方美学有精深研究,后来成为新文学阵营中杰出的理论家。他对桐城派文论的现代阐释,是从中西汇通角度转化传统精神资源的范例。桐城派首重的文以载道,受到周作人等新文学家诟病。朱光潜则以为,中国文学与西洋文学的大不同处,是其骨子里重实用、道德,文以载道之说"把文学和现实人生的关系结得非常紧密","在中国文学中道德的严肃和艺术的严肃并不截分为二事",这是中国文学的特点,不容一笔抹倒。[①] 桐城派重视声音节奏在欣赏和创作中的价值,提出了因声求气说。朱光潜对此说作了新的发挥。他以为,声音与意义本不能强分,古文对声音节奏很讲究,白话文同样离不开声音节奏,只是比起古文来,白话文的声音节奏较为"不拘形式,纯任自然"罢了。[②] 姚鼐论述文章风格时,提出阳刚阴柔说。朱光潜以为,姚鼐之说在西方美学中同样存在。姚鼐所说的阳刚之美、阴柔之美,在西方分别被称为雄伟、秀美。他引申西哲之论曰:"'秀美'所生的情感始终是愉快","外物的'雄伟'适足激起自己焕发振作"。[③] 姚鼐论述文章最高境界时,提出了神妙说。他推尊一种不可言说的与天道合一的超越、神秘、疏淡、含蓄的艺境。朱光潜继承包括姚鼐在内的前贤之说,提出"艺术的作用不在陈述而在暗示","含蓄不尽,意味才显得闳深婉约,读者才可以自由驰骋想象,举一反三"。[④] 朱光潜在中西美学比较中,对桐城派的文

[①] 朱光潜:《文艺心理学》,合肥:安徽教育出版社,1996年,第100页。

[②] 朱光潜:《谈文学·散文的声音节奏》,见《朱光潜美学文集》(二),上海:上海文艺出版社,1982年,第301~307页。

[③] 朱光潜:《文艺心理学》,合肥:安徽教育出版社,1996年,第225页。

[④] 朱光潜:《谈文学·情与辞》,见《朱光潜美学文集》(二),上海:上海文艺出版社,1982年,第355页。

学思想进行了融会贯通的解说。他的解说彰显了桐城派文论的普适性和现代价值,也使其不露痕迹地渗入新文学的理论系统之中。

在创作中,桐城派最忌小说因素掺入古文中。方苞在论述义法的雅洁原则时,对吴越间遗老的用笔放恣,"或杂小说",极表不满。① 此一见解后来成为桐城派家法。与西方相遇后,桐城派一部分学者自觉扬弃这项禁忌,不仅在古文中引入小说因素,而且大量翻译西方小说,直至亲自动手写起小说来。在翻译方面,林纾是"介绍西洋近世文学的第一人"②。他用古文翻译的一百八十余部作品是中国文学史上的丰碑,给文坛打开了通往西洋文学之门,向读者展示,西方不仅有别样的器物和制度,也有可以与司马迁的《史记》并驾齐驱的深邃精美之作。他以辉煌的业绩改变了包括桐城派在内的中国学者千百年来视小说为小道的观念。在小说创作方面,吴闿生的弟子潘伯鹰成就最为卓著,其作品在民国时代甚获好评。关于小说,潘氏以为:"摹画世情,抒心意,为体深博,奇而法,庄而肆,造极幽远,感人尤至者,莫善于小说。"③小说在他眼中已非闲书,而是高雅艺术。这就难怪他在撰作时那么苦心经营、一丝不苟。潘伯鹰的代表作《人海微澜》1927 年起在《大公报》连载,两年始毕;1929 年出版单行本,翌年即告再版。这部风靡京津之作写尽新旧交替、礼坏乐崩时代北京城的社会乱像和众生百态,得到吴宓等名家激赏。吴氏推潘伯鹰为"今日中国作小说者第一人"④,且向陈寅恪等力荐,并将《人海微澜》列入清华大学和西南联合大学学生的必读书目。⑤ 潘伯鹰的小说创作得到同门诸子支持。《凫公小说集》出版时,其中《隐刑》剪辑之册残缺甚多,谢

---

① 沈廷芳:《书方望溪先生传后》,见《隐拙斋文钞》卷四,乾隆庚午(1750)刻本,第 7 页。
② 胡适:《五十年来中国之文学》,见《胡适文存》(二),合肥:黄山书社,1996 年,第 193 页。
③ 潘伯鹰:《著者赘言》,末署"民国十八年三月慧因室记,凫公"。见《人海微澜》卷首,大公报馆,1929 年 8 月天津第 1 版。按:凫公是潘伯鹰笔名。
④ 吴宓:《吴宓诗话》,北京:商务印书馆,2005 年,第 218 页。
⑤ 刘淑玲:《〈人海微澜〉与新人文主义》,载《中国现代文学研究丛刊》,2012 年第 7 期,第 70~85 页。

国祯在北平图书馆从报刊上为之抄补,齐燕铭为封面作画,贺培新为封面题字。①《人海微澜》付梓时,吴兆璜以文、贺培新以诗序之。此外,1902年至1903年,吴汝纶的弟子邓毓怡、籍忠寅成立了小说改良会,拟对小说进行改良。②上述事实表明,突破桐城先正设置的忌小说的界限,已成为新时期桐城派部分学者的共识。桐城诸老忌小说,与小说同样不登大雅之堂的戏曲自然也在禁忌之列。但民国时代,吴闿生的弟子周明泰、张江裁、王芷章和齐燕铭均以戏曲研究名家,齐氏还主创了饮誉红区的京剧《逼上梁山》和《三打祝家庄》。

方苞在论述义法的雅洁原则时说:"古文中不可入语录中语。"③语录语的特点就是鄙俚俗白,与雅洁有碍,因而被桐城诸老悬为厉禁。清季民初,这一戒律也被桐城派诸家突破。光绪三十年(1904)陈独秀在安庆创办《安徽俗话报》,负责纂辑小说、诗词稿件的吴汝澄和李光炯均为吴汝纶的弟子,负责纂辑教育稿件的房秩五是吴汝纶创办的桐城学堂五乡学长之一。该报以开启民智为旨归;在思想上提倡科学、男女平等、实业救国、现代教育;在文学上提倡白话写作、戏曲变革;在语言上使用鄙俚俗白。在新文化运动前后,就连桐城派的嫡传姚永朴也开始试写白话文了。为教育家中小儿,姚氏撰写过一部简明中国通史《白话史》。此书用新史学的章节体写成,语言是较为纯正的白话。④姚氏在理论上并不反对使用鄙俚俗白。1935年春,他对弟子吴孟复

---

① 潘伯鹰:《著者赘言》,末署"民国十九年五月慧因室记,凫公"。见《人海微澜》卷首,北平世界日报,1930年7月北平印刷。按:《人海微澜》1927年至1928年连载于《大公报》。1929年8月由天津大公报馆出版。1930年7月,该书作为《凫公小说集》第一种,由北平世界日报代印,发行2000册。北平版增加序文两篇,分别是吕碧城撰《高阳台·为凫公先生题人海微澜》,徐英撰《题凫公人海微澜》;同时,潘伯鹰撰《著者赘言》也比大公报馆版增写了《凫公小说集》印行经过的说明文字,本文所引内容即为作者新增。

② 周兴陆:《"小说改良会"考探》,见《第二届清代文学国际学术讨论会论文集》,安徽大学文学院,2015年8月,第756~767页。

③ 沈廷芳:《书方望溪先生传后》,见《隐拙斋文钞》卷四,乾隆庚午(1750)刻本,第7页。

④ 姚永朴:《白话史》,钞本,安徽省图书馆藏。笔者在安徽省图书馆阅览此书和其他古籍时,得到石梅、张秀玉和周亚寒三位女士帮助,谨致谢忱!

说:"'奋臂拨眦',几何不为引车卖浆者语耶?昔在京中,林琴南与陈独秀争,吾固不直琴南也。若吾子言,桐城固白话文学之先驱矣。"①姚氏以方苞的《左忠毅公逸事》为证,说明桐城派本来就不排斥引车卖浆者之语。其说自然并非事实,但也具体而微地显示,桐城派面对新文学的紧逼,如何调整自己以适应新的时代。

进入清季民国,在桐城派诸世家中,鲁谼方氏从桐城之学转向新文学最为彻底,也最有成就。鲁谼方氏自方泽始,人文蔚起。方泽以姚范、刘大櫆为友,以姚鼐为弟子。方泽孙方绩、曾孙方东树皆从姚鼐问学。方宗诚师事族兄方东树,又入曾国藩幕府。方宗诚之子方守彝、方守敦视曾国藩为神圣,身际西潮横决之世,谨守中体西用之旨。在方守彝、方守敦培养下,其子孙辈二十余人龙腾虎跃,皆成新时代的弄潮儿。其中,方守敦子方孝岳、女方令孺、孙方玮德和舒芜,方守彝外孙宗白华,从桐城派起步,朝新文学迈进,最终成为新文学中的名家。方孝岳在上海圣约翰大学毕业后,任教于北京大学预科,后留学日本。对于新文化运动中的文白之辨,他1917年四月在《新青年》发表《我之改良文学观》,以为"白话文学为将来文学正宗",但今日应"姑缓其行",只做"极通俗易解之文字"即可。②此后,方孝岳用西洋方法整理国故,对自己所从出的桐城派作了独到研究。方令孺、方玮德姑侄是闻一多、徐志摩为首的新月派中人物,其学养虽以桐城派为根底,其诗文面貌则焕然一新。宗白华生于方家大院,与桐城之学的关系千丝万缕,五四后则以《流云》小诗和兼通中西美学而著称于世。舒芜童年、少年时代浸润于桐城派氛围之中,受鲁迅、周作人影响后,对家学反戈痛击,死而后已。其文之骨有桐城之影,其文之表则与桐城若不相干了。③

---

① 吴孟复:《书姚仲实先生〈文学研究法〉后》,见《吴孟复安徽文献研究丛稿》,合肥:黄山书社,2006年,第51页。
② 方孝岳:《我之改良文学观》,见《新青年》第三卷第二号,1917年4月,第101~104页。
③ 方宁胜:《桐城文学世家的现代转型》,见《桐城派研究论文集》,北京:中国文联出版社,2006年,第83~105页。

三、传播方式的更新

桐城派早先主要通过政治、书院、家门之内互为师友和刊刻自家著作等渠道进行传播。与西方相遇后,桐城派除了旧有流布渠道外,更通过出报纸、办刊物、建立出版机构、结社等现代方式进行传播。传播手段的改变是桐城诸家趋新的表现,也加速着桐城派向现代转型。

桐城诸家对报纸等新媒体非常敏感。他们在阅报中睁眼看世界和中国;在报端发表见解以经世济民,并播扬自家的文学观念和审美趣味。吴汝纶是桐城派中办报的先行者。在庚子乱局中,他对朝野因茫昧而祸国的惨剧有切肤之痛,起意办报以启愚蒙。在避难深州、兵火仓皇中,他即致信弟子常堉璋,对诸如集股、购置印刷机、组织机构、安排人事等办报事宜作切实指导。由于总理朝政的庆亲王奕劻唯恐私报讥刺时政,而谕批从缓,使吴汝纶的办报计划胎死腹中。① 时隔四十余载,桐城派学者再次与报纸结缘。抗战结束后,国民党中宣部派时任华北宣传专员的卜青茂恢复《天津民国日报》。卜氏是贺涛之孙贺翊新、贺培新好友,但他和部下毫无办报经验,贺培新当仁不让地将自己那些受过现代教育的友朋、门生三十余人推荐到报社工作,隐主该报笔政。贺氏弟子俞大酉任总主笔,主持撰写数百篇社论,倡导民主、宪政、法治、女权、新闻自由和学术自由等。贺氏弟子刘叶秋任副刊主编,编发数百版文艺作品。就形式而论,这些作品有旧文学,也有新文学。就内容而论,这些作品所表现的思想悉与战后时代风尚合拍,同时又引领着新的时代风尚。据初步统计,有不下四十五位桐城派的学者为《天津民国日报》撰稿,成就显著者有:吴闿生、阎志廉、谷钟秀、尚秉和、傅增湘、邢赞亭、冒广生、贺葆真、张继、贺翊新、贺培新、贺又新、陈汝翼、傅筑夫、陈保之、陈诵洛、陈病树、吴君

---

① 舒芜:《先行者》,见《文汇报》2004年2月5日第12版《笔会》,也见《大公报》2004年2月17日第4版。按:此文是舒芜先生为李经国先生纂《观雪斋所藏清代名人书简》所作序,由李先生见示,谨致谢忱。

琇、吴防、潘伯鹰、曾克耑、俞大酉、刘叶秋、张厚载、齐纪图、高準、孙贯文、朱光潜、刘国正等。王树枬、柯劭忞彼时已经下世,其遗作经整理也在副刊刊出。《天津民国日报》非常畅销,在最好的时候,每日发行达七万份之多。其读者网络遍布全国,尤其是覆盖东北、华北地区。这是桐城派退出文坛前的最后辉煌。经过新文化派持久的批判,在新文学逐渐占领文坛高地的情势下,桐城派尚能组织起这样一支整齐的队伍,爆发出如此巨大的能量,显示出经过新学洗礼后的古典传统仍会焕发出惊人活力。

清民易代之际,桐城派学者主持过《经济丛编》和《青鹤》等刊物。《经济丛编》半月刊以吴汝纶为精神导师,由廉泉、常堉璋董其事,邓毓怡负责编纂,光绪二十八年(1902)二月十五日在京创刊,自三十年(1904)三月二十九日出版的第42期、第43期合刊起,取名《北京杂志》,不久停办。该刊宗旨为经世济物,以牖民智。"经济"取《中庸》"经纶天下"、《论语》"博施济众"之义。陈灨一主编的《青鹤》半月刊创办于1932年十一月十五日,1937年七月三十日停刊,共出版114期。该刊意在新旧相参,发挥中国灿若光华之古学,以与世界思想潮流相融贯。江西新城陈氏自陈用光师事姚鼐后,一门数代浸润于桐城之学。陈灨一继起于清民易代之际,虽不为桐城所囿,却也不悖家学。在《青鹤》特约作者中,桐城派名家有王树枬、冒广生、柯劭忞、袁思亮、傅增湘和叶玉麟等。①

清民易代之际,桐城派学者主持的出版社主要有华北译书局、京师国群铸一社。光绪二十八年(1902),吴汝纶办报受挫,命弟子常堉璋、邓毓怡等苦心经办华北译书局。清季开办译书局成风,华北译书局的成就与湖北译书局(1894)、京师大学堂译书局(1902)等相比虽有不逮,但因其主办者为学坛重镇,该局也颇受关注。除发行《经济丛编》外,书局将吴汝纶到日本考察教育时数十家当地报刊有关载文汇为一编,取名《东游日报译编》出版。这部作品集中反映了吴汝纶为中国之崛起而不辞劳苦考察日本现代教育的热诚,塑造

---

① 魏泉:《1930年代桐城派的存在与转型》,载《安徽大学学报》,2013年第6期,第60～68页。

了桐城派大师笃信新学、挺立时代潮头的苍劲形象,既为桐城派赢得盛誉,也推动了当时正在进行中的教育变革。京师国群铸一社由吴汝纶弟子高步瀛主持,其业务主要有两项:一是设立通俗演讲社向公众发表演说;二是出版书籍。通俗演讲社以"扶共和宪政稳健进行"为宗旨,其成员贾恩绂、梁建章、韩德铭、步其诰等均为高步瀛就读莲池书院时的学侣。高步瀛撰《共和浅说》、韩德铭撰《民政心说》即为当时的演讲词。京师国群铸一社所出书籍的作者也多属莲池群体成员。① 此外,由吴汝纶侄婿兼弟子廉泉参与创办的上海文明书局(1902)和北京分局不仅出版桐城先正的著作,也印刷了吴汝纶纂《吴京卿节本天演论》、严复译《群学肄言》、吴闿生译《万国通史》《改正世界地理学》等。这些作品既传播了新学,也彰显着桐城派学者思想的新锐和为重塑中华文明所作的努力。

民国建立后,吴闿生主盟的大型社团"文学社"在京师文坛影响颇大。在内忧外患、新文化运动方兴未艾之时,文学社成员竭力融新知于旧学,以再造文明。文学社由吴闿生及其弟子组成。吴氏最早的弟子是辛亥革命元老张继。张氏父亲张以南是张裕钊、吴汝纶的得意门生。年十六,他遵父命拜吴闿生为师,时吴氏年才十九。② 但吴氏真正抗颜为师,则在新文化运动兴起之后。至1920年底,吴氏门人贾应璞、张庆开等集同学六十二人,次其名字、年岁、乡里,为《文学社题名录》,以张继冠首。"文学社"之名由吴氏所赐。1924年夏、1936年底,在贺培新主持下,《文学社题名录》又经二刻、三刻,分别增入吴门弟子六十二人、一百四十人。数十年间,《文学社题名录》共录吴门弟子二百六十四人,知名当时与后世者有:张继、李葆光、周明泰、李濂堂、柯昌泗、于省吾、贺翊新、贺培新、齐燕铭、吴兆璜、潘伯鹰、谢国桢、徐鸿玑、李鸿翱、曾克耑、何其巩、陆宗达、贺又新、王芷章、张江裁、李钜、陈汝翼、王汝

---

① 许曾会:《清季民国桐城派史学研究》,博士学位论文,北京师范大学历史学院,2014,第38~39页。

② 吴闿生:《记张溥泉》,载《天津民国日报》,1948年3月11日,第6版。

棠、王维庭、吴君琇、吴防等。① 这些吴门弟子或为革命家，或为抗日志士，或为学者，或为小说家、戏曲家，等等，多非传统意义上的桐城文士。他们在大转折时代，以其所学，散发出光芒和热力。

四、从闺阁到社会

清代安徽女性文学昌盛，桐城才媛的成绩尤为斐然可观②。这些才媛多生于诗礼之家，嫁于簪缨之族，有父兄陶铸，有姐妹共笔砚，有夫君伴吟，才情因得施展。综而观之，她们虽各有精彩，也间有不让须眉之作，但因受礼教闺范限制，心灵难得自由；诗词常撰于绣余织余灶余，视野难得开阔，因此其作品往往题材狭窄，风格单调，也缺乏现实关照。③ 进入清季民国，属于桐城一脉的才媛，除了籍贯桐城者外，也有隶籍外省者出入其间。杰出者有桐城姚倚云（1864－1944）、吴芝瑛（1867－1934）、方令孺（1897－1976）、吴君琇（1911－1997），天津俞大䤵（1908－1966）等。这些女性作家生活于大转折时代，栉欧风，沐美雨，产生了较强的女权意识。她们离开闺阁，服务社会，甚至劳心国事。这一切殊非桐城前代才媛所能梦见。

这些桐城派女性作家皆生活于衣被新学的旧家。姚倚云为桐城麻溪姚氏嫡脉，其父姚濬昌为姚莹之子，颇得曾国藩赏识。兄弟姚永朴、姚永概曾在北京大学内外经受新文化运动考验。夫君南通范当世习闻吴汝纶绪论，"颇

---

① 《文学社题名录》，1920年12月第1版，1924年夏第2版，1936年12月第3版。
② 单士厘撰《清闺秀艺文略》收录女性作家两千三百一十人，安徽达一百一十九人之多，紧随江苏、浙江之后，位居第三。光铁夫撰《安徽名媛诗词征略》收录安徽清代女作家近四百人，桐城达九十三人之多，位居各县之冠。见胡适：《三百年中的女作家——〈清闺秀艺文略〉序》，《胡适文存》（一），合肥：黄山书社，1996年，第530～536页；光铁夫：《安徽名媛诗词征略》，合肥：黄山书社，1986年。
③ 祖晓敏：《清代桐城女性文学创作的文化内涵》，硕士学位论文，安徽大学历史学院，2006。吕菲：《清代桐城女性诗词初探》，载《安庆师范学院学报》，2008年第11期。温世亮：《清代桐城麻溪姚氏闺阁诗歌繁兴的文化因素》，载《地方文化研究》，2013年第6期。聂倩：《桐城方氏家族女性诗歌研究》，硕士学位论文，曲阜师范大学文学院，2014。

主用泰西新学"①。侄儿姚焕、姚昂,继子范罕、范况曾负笈东洋。② 吴芝瑛为吴汝纶侄女,夫君无锡廉泉倾心维新,支持革命;清末在上海参与开办文明书局,编印新式学堂教科书、西学译著等;民初东渡日本。③ 方令孺之父方守敦曾随吴汝纶考察日本学制,喜读《大公报》社评。其兄弟诸侄多是新文化运动后成长起来的新人。④ 吴君琇之父吴闿生为吴汝纶独子,曾游学日本。夫君金孔章留学法国,获巴黎大学法学博士学位。⑤ 俞大酉世父俞明震为晚晴显宦、诗人,父亲俞明谦曾负笈东瀛。⑥ 五位女性作家的家风兼容新旧。家风之旧,使她们如清代桐城才媛一样,古典学养深厚;家风之新,使她们能够超越清代桐城才媛,开辟新的人生道路。这种融汇新旧的家庭是过渡时代的产物。家庭与时代把她们造就成为具有古典风韵的新女性。

这些桐城派女性作家走出家庭后,很热心教育事业,为国造就人才甚众。姚倚云光绪三十一年(1905)三月发表公开演说,为办学筹募经费;同年十二月起受张謇之聘,担任通州公立女子学校校长。1919 年后担任安徽女子职业学校校长达六年之久。1925 年回任通州女校讲席。吴芝瑛捐出父亲遗产,光绪三十二年(1906)在家乡创办鞠隐小学堂。方令孺留美归国后,长期任青岛大学、复旦大学教授。吴君琇、俞大酉也转徙于各地中学、大学任教。

这些桐城派女性作家或关心国事,时发惊心之鸣;或在民族存亡关头,奋起救亡御侮,并以柔翰抒发国仇家恨。袁世凯当国后醉心帝制,吴芝瑛不避斧钺,上书力阻。她说:"帝制至于今日,已为我国四万万同胞之公敌。公竟

---

① 马其昶:《范伯子文集序》,见《抱润轩文集》卷五,癸亥(1923)刊于京师,第 9 页。
② 徐丽丽:《姚倚云年谱》,见《清末民初才媛姚倚云研究·附录》,硕士学位论文,苏州大学文学院,2014,第 113 页,第 118 页。
③ 王宏:《廉泉年谱初稿》,见《近代中国》第二十辑,上海:上海社会科学院出版社,2010 年,第 382~427 页。
④ 子仪:《新月才女方令孺》,青岛:青岛出版社,2014 年。
⑤ 金之庆:《金孔章吴君琇大事年表》,见金孔章、吴君琇:《琴瑟集》,香港:香港天马图书有限公司,2002 年,第 339 页。
⑥ 俞大酉:《花朝雨后放歌呈孔才师用觚庵世父均》《先考行述》,见《涵苍室诗文》,稿本,国家图书馆藏。

冒不韪,甘为众矢之的,是公自遭其毙也。以满清二百余年之基,其潜势不为不厚,当武昌义旗一起,而天下如洛钟响应,清室卒为之墟。此无他,民气固也。公今以新创之业,遽欲抗五千年来蓬勃将起之民气,是犹以鸡卵而敌泰山,其成败利钝,不待龟卜而知其必败也。"①其胆识深得并世名流汪精卫、章太炎、吴稚晖称誉。抗战军兴后,俞大酉时任北平中国大学讲师,秘密加入国民党,与日伪周旋,被捕入狱。方令孺在安庆访问伤兵,支持子侄辈汇入抗日洪流。年近八旬的姚倚云避地马塘、潮桥,吴君琇流离四川,均有大量诗作抒写家国飘零、九州锋镝引起的孤愤。姚倚云以诗激励后生:"齐家治国男儿志,还我河山属少年。"②

在桐城派女性作家中,吴芝瑛具有强烈的女权意识,俞大酉则把经济独立视为妇女解放的保证。吴芝瑛随夫定居北京不久,就组织妇人谈话会,讨论男女平权等问题。光绪三十二年(1906),她筹款赞助秋瑾创办以倡导妇女解放为宗旨的《中国女报》。1912年,民国肇造,她作为女界代表之一,致书南京临时政府,要求在宪法正文中写明男女一律平等,均有选举权和被选举权。时隔数日,她又与神州女界共和协济社同仁一起上书孙中山,请其支持创立女子法政学校和《女子共和时报》,并在国会设立女界旁听席位。③ 俞大酉在做《天津民国日报》总主笔时,曾在1946年和1947年三八节领衔写过两篇主旨相近的社评。她以为,"真的妇女解放,决不仅在妇女参政、谋与男子同权,而在争取经济独立"。"惟有经济独立的人,才有自由平等之可言"。同时,新的女性应以献身精神,负起建国责任,"参与国家各部门工作,然后才能开拓自己的自由之路"。④ 俞大酉强调经济独立对于女性解放的意义,比吴芝瑛的争取男女平权更进了一层。

---

① 《吴芝瑛》,载《兴华周刊》,第31卷第28期,第22页。
② 姚倚云:《己卯潮桥商校暑假三年级学生倩曾孙临乞诗赋此贻之》,见《沧海归来集·消愁吟上》,范当世著、马亚中和陈国安校点:《范伯子诗文集》附录,上海:上海古籍出版社,2003年,第802页。
③ 周爱武:《近代女子参政的呐喊者——吴芝瑛》,载《安徽史学》,1992年第2期,第76页。
④ 俞大酉等:《纪念国际妇女节》,载《天津民国日报》,1946年3月8日,第1版社论。

在桐城派女性作家中,吴芝瑛支持民主革命,俞大酉则对民主和宪政作过深入论述。辛亥革命前,吴芝瑛是民主革命的支持者。她与秋瑾相结金兰后,毅然筹款帮助秋瑾东渡留学。秋瑾成为革命家后,她始终支持其事业。秋瑾就义后,她撰写大量诗文,颂扬其功绩,并与好友徐自华一起,冒死义葬烈士,挑战清廷威权。辛亥革命后,吴芝瑛走到上海街头,发表演讲,呼吁年轻人为国从军,撰《从军乐》六章鼓动之,且斥巨资以助军饷。① 俞大酉在抗战胜利后主持发表的社评以为:民主政治的"第一个最明显的象征,就是人民的言论自由"②。1946 年底,制宪国民大会召开前后,她以为:"国家者乃全体国民的国家,非任何党派任何阶级的国家,所以全民的意志和利益高于一切,先于一切。因此,这次所制订的新宪法必须建筑在全民的意志和利益上面,以全体国民的要求为根据为依归,不能为了迁就某一党派和阶级的偏见而置全体人民的意志于不顾,以致留下未来国家的大患。"③又说:"现在只有实施宪政,才能使中国富强康乐。"④

五、终结与不灭

桐城派为什么会发生现代转型?

桐城派的现代转型当然由发端于西欧的全球现代化运动所催发。没有这一不可遏阻的惊涛骇浪的冲击,中国将依然是过去的中国,桐城派也将依然是过去的桐城派。未与西方发生实质性接触前,中国也常处变易之中。但这变易在中国内部发生,如珠走玉盘而不飞离玉盘一样。但与西方发生实质性接触后,数千年华夏中心的大梦顿时惊破,中国带着精神巨创展开了惊心

---

① 周婧程:《吴芝瑛对民主革命的贡献——以相助秋瑾为例》,载《齐齐哈尔大学学报》,2012 年第 3 期,第 12~15 页。
② 俞大酉等:《民主政治与言论自由》,载《天津民国日报》,1946 年 9 月 21 日,第 1 版社论。
③ 俞大酉等:《中国人民所希望的新宪法》,载《天津民国日报》,1946 年 11 月 15 日,第 1 版社论。
④ 俞大酉等:《对于宪法应有的认识》,载《天津民国日报》,1947 年 1 月 31 日,第 1 版社论。

动魄的现代化运动。桐城派的现代转型也由此启动。

桐城派的现代转型是桐城诸家持守"变"的观念的结果。姚鼐在开宗立派时就提出,"天地之运,久则必变"①;"为文章者,有所法而后能,有所变而后大"。② 在姚鼐之前,其师刘大櫆就已提出,"天地之气化,万变不穷"③。"世异则事变,时去则道殊"④。在姚鼐之后,其弟子梅曾亮明确提出:为文者应"通时合变,不随俗为陈言"⑤。"文章之事,莫大乎因时"⑥。稍后曾门弟子薛福成更提出,"通变方能持久,因时所以制宜"⑦。"今古之事百变,应之者无有穷时"⑧。有关"变"的观念虽为《易经》等经典所固有,但它并非传统思想的主流。传统思想的主流是天不变,道亦不变。桐城诸家从古典资源中提炼出一个"变"字,将其转化为一种思想,转化为一种信念,转化为派内家法,而一代代传承下来。当桐城诸家将"变"的观念与其持守的经世致用精神结合起来迎接西方挑战时,其现代转型便已不可避免。后来,桐城诸家又将"变"的观念与进化观念对接,形成了更富理据的、线性的、向前发展的世界观。当这一世界观成为思想和行动的指南时,桐城派便朝着现代化的纵深方向挺进了。

---

① 姚鼐:《赠钱献之序》,见姚鼐著、刘季高校点:《惜抱轩诗文集》,上海:上海古籍出版社,1992年,第110页。

② 姚鼐:《刘海峰先生八十寿序》,见姚鼐著、刘季高校点:《惜抱轩诗文集》,上海:上海古籍出版社,1992年,第114页。

③ 刘大櫆:《息争》,见刘大櫆著、吴孟复校点:《刘大櫆集》,上海:上海古籍出版社,1990年,第16页。

④ 刘大櫆:《答周君书》,见刘大櫆著、吴孟复校点:《刘大櫆集》,上海:上海古籍出版社,1990年,第122页。

⑤ 梅曾亮:《复上汪尚书书》,见梅曾亮著、胡晓明和彭国忠校点:《柏枧山房诗文集》,上海:上海古籍出版,2005年,第30页。

⑥ 梅曾亮:《答朱丹木书》,见梅曾亮著、胡晓明和彭国忠校点:《柏枧山房诗文集》,上海:上海古籍出版,2005年,第38页。

⑦ 薛福成:《强邻环伺谨陈愚计疏》,见《出使奏疏》卷下,无锡薛氏传经楼重刻本,光绪二十年(1894),第26页。

⑧ 薛福成:《出使四国日记自序》,见《出使四国日记》,北京:中国社会科学文献出版社,2007年,第9页。

桐城派的现代转型造成了怎样的结果呢？

桐城派发生现代转型的直接结果，就是导致了它自身的终结。桐城诸家热情拥抱西方。西方的民主宪政、法治制度、人权、自由、平等的价值理念，西方完备的教育制度、精好的器物、博大的学术和文学艺术，以及优异的风土人情，桐城诸家惊叹之，赞美之，介绍之，学习之，并用以改造自己，也改造着中国。为了救亡和启蒙，当桐城诸家分别成为洋务派、立宪派、革命派的时候，以西学为圭臬的时候，甚至用白话文创作的时候，桐城先正所尊奉的孔孟程朱之道、秦汉唐宋之文已经无处安放。可以说，当西潮涌来那一日起，当中国踏上现代化之路那一日起，当桐城派开始转型那一日起，桐城派式微的命运就已经注定。桐城诸家在吸收西方文化之时，有的不忘民族本位，有的起而卫道，但均改变不了其最终命运。学界普遍以为，桐城派受五四新文化运动打击而陷入绝境。其实，新文化派在相当长一个时段中力量极为有限。鲁迅在《呐喊自序》中曾说：新文化派当时"不特没有人来赞同，并且也还没有人来反对"①。而钱玄同、刘半农演出的双簧更道尽了新文化派的寂寞。几声"桐城谬种"、"十八妖魔"的诅咒，绝难打倒桐城派。最终打倒桐城派的，是桐城派自己，是桐城派在面对西方时所进行的现代转型。1949年后，当仍处在转型中的桐城派遭遇"要同传统的观念实行最彻底的决裂"的政治氛围时，其彻底走入历史的结局已经无可挽回。

桐城派虽因现代转型而走向终结，但它为新文学开启端绪的历史功勋不可磨灭。对于桐城派作为新文学开端的地位，一些新文学家有着清醒认识。例如，周作人批判桐城派比胡适、陈独秀、钱玄同、傅斯年还要持久与深刻，但他在三十年代初反思桐城派与新文学的关系时就认为："到吴汝纶、严复、林纾诸人起来，一方面介绍西洋文学，一方面介绍科学思想。于是，经曾国藩放大范围后的桐城派，慢慢便与新要兴起的文学接近起来了。后来参加新文学运动的，如胡适之、陈独秀、梁任公诸人都受过他们的影响很大。所以我们可

---

① 鲁迅：《呐喊自序》，见《鲁迅全集》（一），北京：人民文学出版社，1981年，第419页。

以说,今次文学运动的开端,实际还是被桐城派中的人物引起来的。"①按周作人的说法,桐城派所介绍的西洋文学、科学思想对新文学的领袖们具有决定性影响。这一结论正与历史实际相符。陈独秀、胡适、鲁迅等以新旧划分时代和文学,崇新而贬旧,并且相信新会战胜旧。这一思路是他们倡导、推动新文化运动的理论基础。背后支配这一思路的,就是进化史观。而进化论的译介、传播,恰是严复和吴汝纶的功绩。因此,说桐城派为新文学开启了端绪,并非无根之谈。

桐城派虽因现代转型而走向终结,但在走向终结过程中,桐城诸家对于桐城派,对于桐城派所从出的古典传统仍然怀有敬意和深情。他们以为,在现代化进程中,虽说古典传统中一部分内容已不周于用,或在舍弃之列,但古圣先贤的精神则是民族之根,不可毁弃。而古圣先贤的精神就隐藏在精美的文学中。因此,欲得古圣先贤的微言奥义,必以文学为津筏。吴汝纶说:"因思《古文辞类纂》一书,二千年高文略具于此,以为六经后之第一书。此后必应改习西学。中国浩如烟海之书行当废去,独留此书,可令周孔遗文绵延不绝。"②又说:"欲求研究国故,必须从文学入手。因中国数千年之陈籍,都是文言。古今多少英豪俊杰,他们著作书籍,莫不极意讲求文章之精美,所有精心结撰的微言奥义,大抵埋藏于隐奥之间,隐约于言辞之表。苟非精通文学,何能了其奥义。所以欲通国故,非先了解文学不可。"③贺涛"以文章为诸学之机械","诏学者必以文词为入学之门,亦以此要其归"。他"虽极推服西国大儒学说,而以吾国文词为学术之本源"。④ 相信古圣先贤的精神有绵延的价值,相信通过文学能进入古圣先贤的精神堂奥,因此文学不可不研读。这

---

① 周作人:《中国新文学的源流》,上海:华东师范大学出版社,1995年,第48页。
② 吴汝纶:《答严几道》,见吴汝纶著、施培毅和徐寿凯校点《吴汝纶全集》(三),合肥:黄山书社,2002年,第231页。
③ 吴闿生:《莲池讲学院开学演词》,见《莲池讲学院讲义》,保定协生印书局印。
④ 贺葆真:《先刑部公行述》,见贺培新纂:《贺氏文献录》,国家图书馆地方志家谱文献中心编:《清代民国名人家谱选刊续编》第十四册《吴强贺氏家谱》附,北京:北京燕山出版社,2009年,第248~251页。

是桐城诸家在桐城派终结前对古典传统所作的最后守望。中国的现代化还在进行中,桐城诸家对于古典传统的敬意和深情,对于民族之根的固守,对于达此根本的学问门径的亲切指引,迄今仍闪耀着智慧之光。

中国与西方相遇之初,面对神州三千年未有之奇变,桐城诸家属于中国最先觉醒的一群。他们秉承数代一脉相承的"变"的观念和经世致用的观念,与时俱进,勇敢地踏上从古典向现代转型之路,也参与引领并推动中国告别中世纪、走向现代世界。他们发起洋务运动,提倡宪政,译介包括进化论在内的西方科技和文艺;他们突破老辈藩篱,在文学创作和文学传播方式上进行全新探索;他们中的女性作家也以出身旧家的新人姿态登上文坛。这一切,与桐城派原有的精微理论和深邃艺术相浑融,构成一个浩大而富有魅力的存在。这一存在,是中国现代化历史进程的重要组成部分,是桐城派对中华民族的卓越贡献,也是其不朽之所在。

(原载《安徽大学学报》2015年第6期)

曾国藩总督直隶与莲池新风的开启

曾国藩于同治七年（1868）七月二十七日接奉上谕，由两江总督调补直隶总督。十一月初四日自金陵登舟启程，至直隶境，每日按舆图稽查山川原委，详考水利，延访官绅贤否；十三日抵都后，趋朝面觐，就直隶要政等奏对数四。翌年正月十七日陛辞；二十日出都，沿途巡视永定河堤工；二十七日抵达保定。二月初二日接篆视事。同治九年（1870）八月初四日，天津教案未结，再奉诏命，回督江表。九月二十三日由天津入京请训。十月十五日南旋。[①]

曾国藩抱风烛颓败之躯，撑柱兵燹后百疮千孔的畿甸残局，两年励精图治，却全未政通人和。他奋力治河，所筑河堤在反复与洪水缠斗中最终溃漫，被交部议处；奋力治兵，所上奏折遭中枢痛驳，练兵计划到其卸任远未完成；奋力治吏，略见成效，但官场习气并未根本转移；奋力治农，而遭遇奇旱，灾黎嗷嗷，日虑煽诱滋变；奋力查办天津教案，则见讥清议，内疚神明。而督署内医药相寻；他自己也右目全盲，晕眩不断，浮肿酸软。他衰老了；这个他与之休戚与共的皇朝也到了末世。他再不能像战天京那样斡旋乾坤。就在处理

[①] 曾国藩：《曾国藩全集》第 18 册《日记三》同治七年七月二十七日、十一月初四日至同治八年二月初二日、八月初四日、九月二十三日、十月十五日，长沙：岳麓书社，1989 年，第 1536 页，第 1567～1610 页，第 1771 页，第 1785 页，第 1792 页。

教案最难时刻,他语于长子纪泽:"自到直隶,无日不在忧恐之中。"①细阅其此期日记、书信、奏稿、诗文,可知此语所道,字字不虚。

曾国藩两年宵衣旰食,其不朽的成就不在其它,而在文教。他心萦莲池书院,力倡桐城之学,将桐城之学与北地豪侠之风结合,与经世致用的时代精神结合,与明断大势、师夷自强的洞见结合,为朴陋的北方学术创辟了新路。走在这条新路上的学者,后来形成了一个庞大的群体,绵延近百年不绝。他们绍继经过曾氏创造性转换的桐城之学,不断丰富与超越之,在中国现代化历史进程中,参与了民族新精神的塑造。曾氏最初在文教上坚苦卓绝的努力,当时并未出现"虎气遽腾、豹文骤变"②局面,日后却星火燎原,在燕赵大地上形成磅礴壮丽景观。

一、心萦莲池

曾国藩甫到保定,下车伊始即下榻莲池公馆,连住十有七日。期间,他周览莲池藻泳楼、射圃等名胜,与山长李嘉端多次交谈,至文庙丁祭,考书院诸生,等等。③自搬离莲池到交回督篆近两年中,他视文教为大政,深涉莲池教务,开设礼贤之馆,为聘任资深书院山长、礼贤馆导师而苦心孤诣,为勖勉以莲池为中心的直隶士子而精撰劝学之篇,力倡桐城之学。他以斯文泽润这片吏治窳败、民风浇薄、文风朴陋的广袤土地。

曾国藩介入莲池书院教务至深。为了解院务和诸生学业,他在一年中与李嘉端往还至密,单是见于明确记载者,就有十四次之多。④他曾四次考核

---

① 曾国藩:《谕纪泽》同治九年六月十四日,见《曾国藩全集》第 20 册《家书二》,第 1373 页。
② 曾国藩:《复张裕钊》同治九年正月二十日、《复倭仁》同治九年三月初四日,见《曾国藩全集》第 30 册《书信十》,第 7022~7023 页,第 7074 页。
③ 曾国藩:《曾国藩全集》第 18 册《日记三》同治八年一月二十七日至二月十三日,第 1608~1615 页。
④ 曾国藩:《曾国藩全集》第 18 册《日记三》,第 1609 页,第 1614 页,第 1621 页,第 1628 页,第 1633 页,第 1644 页,第 1645 页,第 1690 页,第 1693 页,第 1708 页,第 1720 页,第 1722 页。

莲池诸生,每考必亲自命题、亲到考棚号舍巡视、亲手检阅试卷、亲笔写榜发摺。为题旨新颖,或则静夜"沉吟良久",或于庶务纷错之隙"室中徘徊"。① 他极重批阅试卷。同治八年(1869)二月十二日,他首次甄考诸生,令局门监试。试毕,他先请州县官数人阅卷;为避免不当,他复请幕宾吴汝纶等复校;最后,他自己又将各卷逐一清点。② 对于取得佳绩者,他奖饰有加,面施教诲,使受教者终生感沦肌髓。此外,他还送诸生入学两次、送考一次。③

曾国藩为莲池书院聘任资深山长而煞费苦心。原任山长李嘉端早年就读于莲池书院,道光九年(1829)进士,曾任云南、福建和安徽学政,仓场、兵部和刑部侍郎,安徽巡抚兼提督。咸丰三年(1853)因抵御太平军不力而褫职。五年(1855)主讲陕西关中书院。同治四年(1865)主讲保定莲池书院。在书院,他"每值课日,其一切法度,若先年试士时阅文,必细心商榷。人有劝者,则曰:'讲席之位,风气所关,若草草了事,必致贻误众生。'"④ 李氏曾身居高位,亦非不知文和不负责任者,但在莲池的教学与管理中,间有差池,使诸生"习为宽纵"⑤,因而师弟子间"不甚相洽"⑥,"士子时有违言"⑦。就在曾国藩督直不久,同治八年(1869)五月十三日,莲池诸生罢考闹场。那天,"书院馆课,诸生多不交卷,一哄而散"⑧。曾氏闻知,次日即赶往莲池找李嘉瑞商谈。

---

① 曾国藩:《曾国藩全集》第18册《日记三》同治八年二月十一日,第1614页;同治八年七月十一日,第1661页。
② 曾国藩:《曾国藩全集》第18册《日记三》同治八年二月十二日,第1614~1616页;同治八年七月十二日,第1661~1662页;同治八年十二月十二日,第1307页;同治九年二月十二日,第1724~1727页。
③ 曾国藩:《曾国藩全集》第18册《日记三》同治八年二月二十四日,第1618页;同治九年三月二日,第1730页;同治八年五月十八日,第1645页。
④ 缪荃孙:《李嘉端传》,见《续碑传集》卷二五,台北:文海出版社,1980年,第81-82页。
⑤ 吴汝纶说:"书院规矩,自李铁梅先生以后,皆习为宽纵,官斋两课,从无扃试之事。"见吴汝纶撰、施培毅和徐寿凯点校:《上李相》己丑五月十三日,见《吴汝纶全集》(三),合肥:黄山书社,2002年,第644页。
⑥ 曾国藩:《复李鸿裔》同治七月初二日,见《曾国藩全集》第29册《书信九》,第6802页。
⑦ 曾国藩:《复吴廷栋》同治八年九月二十五日,见《曾国藩全集》第30册《书信十》,第6936页。
⑧ 曾国藩:《曾国藩全集》第18册《日记三》同治八年五月十四日,第1644页。

十八日补行斋课,他摆落其他政务,亲到莲池送考。①罢考风波后,李氏不安于位,迅即提出辞职,拟别就天津问津书院。从六月初十日起,到十二月初十日聘定王振纲止,曾氏为征聘莲池新山长,致书在都门的大学生倭仁和好友黄倬、在金陵的理学家吴廷栋和孙衣言,又致信朱学勤、庞际云、陈廷经等,乞请留心,代为延访合适人选。

曾国藩对于拟聘莲池山长悬格甚高,要求"须超越时流"②,堪为"经师人师"③。具体而论,新山长应端正、有德望,庄敬挚恳;应腹笥富赡,学有根柢,淹贯经史,究心性理;应有文采,擅长诗、赋、时文、古文;应善于接纳讲解,启诱后学。其《复黄倬》曰:"京中有讲求根柢而兼长于时文、试律者,仍望代为延访。"④《加倭仁片》曰:"思欲得一德成而学富者为多士之楷模,或作山长,或别为位置,总求庄敬挚恳,与士类旦夕切磋。……老前辈当世仪型,群流归仰,敬乞代为留心。凡学徒所崇奉者,德望固为先务,文采亦不可少,不审尚易于访求否?"⑤《复朱学勤》曰:"莲池讲席犹未得人。欲求一品端学优、兼长诗文、足以诱启后进者,补鄙人之不逮。不知果可遇之否?"⑥《复吴廷栋》曰:"欲得笃古好道者诱进于大雅之林,延访尤难。阁下意中有堪膺此选者否?"⑦《复孙衣言》曰:"拟另请一品端学赡、兼长诗文者主此讲席,并教礼贤

---

① 曾国藩:《曾国藩全集》第18册《日记三》同治八年五月十八日,第1645页;《致王振纲》同治八年十二月初十,见《曾国藩全集》第30册《书信十》,第7005页。
② 曾国藩:《复黄倬》同治八年六月初十日,见《曾国藩全集》第29册《书信九》,第6796页。
③ 曾国藩:《复吴廷栋》同治八年九月二十五日,见《曾国藩全集》第30册《书信十》,第6936页。
④ 曾国藩:《复黄倬》同治八年六月初十日,见《曾国藩全集》第29册《书信九》,第6796页。
⑤ 曾国藩:《加倭仁片》同治八年八月初五日,见《曾国藩全集》第29册《书信九》,第6814页。
⑥ 曾国藩:《复朱学勤》同治八年九月二十日,见《曾国藩全集》第30册《书信十》,第6931页。
⑦ 曾国藩:《复吴廷栋》同治八年九月二十五日,见《曾国藩全集》第30册《书信十》,第6936页。

馆所留人才。而延访经时,迄未能得,未审尊意中有其人否?"①《复陈廷经》曰:"山长一席,必经淹贯经史,兼工时文、诗、赋。不得已而思其次,则须勤于接纳,善于讲解,方足诱进后学。"②《致王振纲》曰:"此间莲池书院主讲乏人……必欲得一学邃品端、堪胜经师人师之任者。"③

由于标准綦严,曾国藩在聘选莲池书院山长中费尽周折。他所相中者,人不能来④;品学皆优而年长者愿意来就,他又担忧其年齿太高,穷年口讲指画,难以承受,只好婉谢⑤。最后不得已求其次,经人推荐,他择定了新城在籍进士王振纲。王氏与曾国藩为道光十八年(1838)同科进士,淡于荣利,终身不仕。生平能谨言动,忍嗜欲,劳体肤,侍亲至孝。为学尊奉朱熹,尤邃于礼。教授乡里,著录门下甚众。⑥ 有"后进仰为宗匠,乡里奉为大师"⑦之誉。曾国藩明知王氏"淹贯经史、研究性理"有所不逮,但以为其"人品高洁……讲授时文、帖括之学,当可胜任"⑧,在亲与交谈后,决定聘用。⑨ 王氏接受盛邀,开年便移家保定,履莲池山长之任了。⑩

---

① 曾国藩:《复孙衣言》同治八年九月二十七日,见《曾国藩全集》第 30 册《书信十》,第 6950~6951 页。

② 曾国藩:《复陈廷经》同治八年十二月初六日,见《曾国藩全集》第 30 册《书信十》,第 6993 页。

③ 曾国藩:《致王振纲》同治八年十二月初十日,见《曾国藩全集》第 30 册《书信十》,第 7005~7006 页。

④ 曾国藩:《复朱学勤》同治八年十月二十八日,见《曾国藩全集》第 30 册《书信十》,第 6970 页。

⑤ 曾国藩:《复陈廷经》同治八年十二月初六日,见《曾国藩全集》第 30 册《书信十》,第 6993 页。

⑥ 徐世昌纂:《大清畿辅先哲传》(上),北京:北京古籍出版社,1993 年,第481~483 页。

⑦ 曾国藩:《致王振纲》同治八年十二月初十日,见《曾国藩全集》第 30 册《书信十》,第 7005~7006 页。

⑧ 曾国藩:《复倭仁》同治八年十一月十六日,见《曾国藩全集》第 30 册《书信十》,第 6980 页。

⑨ 曾国藩:《致王振纲》同治八年十二月初十日,见《曾国藩全集》第 30 册《书信十》,第 7005~7006 页。

⑩ 曾国藩说:"山长王仲山同年振纲来拜,与之一谈。旋即出门回拜山长,谈颇久。"见《曾国藩全集》第 18 册《日记三》同治九年二月二十一日,第 1727 页。

曾国藩在莲池书院特开礼贤馆以造士。他接篆旬余,在同治八年(1869)二月十九日夜晚,开始撰写《直隶清讼事宜十条》,二十九日完稿,翌日发出。① 其中第十条,他分立三科,饬令所属各州县访贤举能,加以奖借:"凡孝友为宗族所信、睦姻为亲党所信者,是为有德之科;凡出力以担当难事、出财以襄成义举者,是为有才之科;凡工于文字、诗赋,长于经解、策论者,是为有学之科。"② 莲池学子以生员为主;而各州县所荐俊才已学有所成,程度较高。因此,曾国藩拟在书院别辟一区,设礼贤馆,另启津筏,请被荐者入馆肄业,优给膏火,礼聘名师殷勤训诲;他自己也拟每月一二次延之入署,亲与讲论,俾使"下不虚此一行,上不虚此一招"③。其实,在撰写《直隶清讼事宜十条》前,他就请学使贺寿慈在巡学中留心俊彦。《直隶清讼事宜十条》尚未颁布,贺氏即践前约,将其按试永清、遵化时所得佳士名单呈寄,每人名下各系考语,胪列梗概,令曾氏"至为佩慰"④。

曾国藩坚毅地推进礼贤馆的工作,尽管颇不顺利。同治八年(1869)六月初,他传檄时任知府的门下士李传黼来莲池主持馆务。⑤ 自二月三十日颁令迄九月底,各州县所举贤才次第来省,不料使其满意者寥寥。他怀疑"各牧令仍视为虚文,以致真才未能搜采"⑥。又经数月督促,到此年岁杪,各属甄拔之士先后踵至者已将及百人。其中无出众之才,不免令他失望,他只好以借

---

① 曾国藩:《曾国藩全集》第18册《日记三》,第1617~1620页。
② 曾国藩:《直隶清讼事宜十条》,见《曾国藩全集》第14册《诗文》(修订版),岳麓书社,2011年9月长沙第1版,第481~482页。按:此文作于同治八年二月十九日至三月初五日。
③ 曾国藩:《加贺寿慈片》同治八年三月初十日,见《曾国藩全集》第30册《书信十》,第6722页。《复庞际云》同治八年九月二十六日,同册,第6938页。
④ 曾国藩:《加贺寿慈片》同治八年三月初十日,见《曾国藩全集》第29册《书信九》,第6722页。
⑤ 薛福成说:"佛笙新奉爵相檄,设礼贤馆于莲花池。"李传黼,字佛笙,亦作佛生。见《薛福成日记》(上)同治八年六月十二日,长春:吉林文史出版社,2004年,第36页。
⑥ 曾国藩:《复庞际云》同治八年九月二十六日,见《曾国藩全集》第30册《书信十》,第6938页。

此"通上下之情谊,访民间之疾苦"①自慰。略可道及者,乐亭举人史梦兰学有本原,令他欣喜。同治八年(1869)五月八日,他翻阅乐亭令蔡志修所上史氏各种著作后,寓书敦请。史氏性本淡泊,无意应征,但为其诚意所动,于十一月中旬抵省。李传霨出面相迎,连称"我们天天盼,中堂亦天天盼"。曾国藩于十三日、十八日两次接见史氏,询以书籍学术、地方利病、贤才几何、守令贤否,赞其所纂《全史宫词》《叠雅》,对其考语为"学问渊博",甚至欲以莲池讲席畀之。但史氏以亲老力辞。曾国藩叹息者再,临别赠以自刻《王船山遗书》,并手书"德侔欧母"以寿其母。②曾国藩以为,各地所举者"保送到省,亦须有一二明贤与之讲求奖劝"③,这"明贤"的职责是"专课各属所举之士"④,诱之"进于大雅之林"⑤,其资质、身份与书院山长并驾。因此,他把招聘书院山长和物色礼贤馆明贤合成一事进行⑥;甚至拟请书院山长"并教礼贤馆所留人才"⑦。虽最终无果,其良苦用心则昭然于莲池内外。

曾国藩量移畿疆半载,对北地吏治、民俗和文风谙熟后,大为不满。经历

---

① 曾国藩:《复陈廷经》同治八年十二月初六日,见《曾国藩全集》第30册《书信十》,第6993页。

② 曾国藩:《曾国藩全集》第18册《日记三》同治八年五月八日、十一月十三日、十一月十八日,第1642页、第1695页、第1696页。史梦兰:《与邑侯蔡公少川》,见《尔尔书屋文草》;《古莲花池歌》,见《尔尔书屋诗草》卷二,光绪乙亥(1875)开雕,止园藏板,第16页。方宗诚:《节孝史母王太宜人八十寿叙》,见《柏堂集后编》卷九,光绪七年(1881)十二月开雕,第4页。

③ 曾国藩:《复庞际云》同治八年九月二十六日,见《曾国藩全集》第30册《书信十》,第6938页。

④ 曾国藩:《复黄倬》同治八年六月初十日,见《曾国藩全集》第29册《书信九》,第6796页。

⑤ 曾国藩:《复吴廷栋》同治八年九月二十五日,见《曾国藩全集》第30册《书信十》,第6936页。

⑥ 曾国藩说:思欲得一品端学优者"或聘作山长,或于书院之外另立一席,专课各属所举之士,均无不可";"或作山长,或别为位置";"于书院山长之外,别立门庭,另启津筏,多方陶铸"。分别见《复黄倬》同治八年六月初十日、《加倭仁片》同治八年八月初五日,《曾国藩全集》第29册《书信九》,第6796页、第6814页;《复庞际云》同治八年九月二十六日,《曾国藩全集》第30册《书信十》,第6938页。

⑦ 曾国藩:《复孙衣言》同治八年九月二十七日,见《曾国藩全集》第30册《书信十》,第6951页。

了莲池诸生闹学、李嘉端请辞、开馆纳贤乏才、聘选山长和明贤遭遇坎坷,他对直隶士风尤感不称心愿。同治八年(1869)七月初四日,他着手撰作《劝学篇示直隶士子》,初六日写毕,约一千四百字。由于"莲池书院为通省士子聚会之所"①,他对莲池又最为垂注,因而此文虽标以"示直隶士子",却主要是对莲池士子说法,殆无疑问。

本文以下两节拟分别对《劝学篇示直隶士子》的内蕴和曾国藩振兴文教、力倡桐城之学的动力试作阐述。

二、力倡桐城之学

《劝学篇示直隶士子》笔势低昂,思想湛深,是曾国藩学术生涯中的绝作,也是中国近代学术史上的名篇。作者力倡桐城之学,把桐城之学与燕赵特有的豪侠之风、当世鼓荡着的经世致用精神相结合,用以陶铸包括莲池诸生在内的直隶士子。他希冀有一二好学好仁者出,带动数辈力追先哲、康济斯民,数辈再传诸同志,以至无穷。他相信,这样先觉觉后觉,互相劝诱,不过数年,必有体用兼备之才彬蔚四出,使北地吏治、民俗、文风有所转移。

第一,在《劝学篇示直隶士子》中,曾国藩力倡桐城之学。

曾国藩勖勉直隶士子立志"入圣人之道"。而达于圣道的为学途径有四端:"曰义理,曰考据,曰辞章,曰经济。"他把四端与孔门四科和清代学术对应起来:"义理者,在孔门为德行之科,今世目为宋学者也。考据者,在孔门为文学之科,今世目为汉学者也。辞章者,在孔门为言语之科,从古艺文及今世制义诗赋皆是也。经济者,在孔门为政事之科,前代典礼、政书及当世掌故皆是也。"②

---

① 曾国藩:《复陈廷经》同治八年十二月初六日,见《曾国藩全集》第30册《书信十》,第6993页。

② 曾国藩:《劝学篇示直隶士子》,见《曾国藩全集》第14册《诗文》(修订版)同治八年七月初四日至初六日,第486页。此节史料不标明出处者皆引自该文。

由于上哲少而中下多,且人生苦短,遍观四端势必不能,因此学者应择取最急者致力。曾国藩说,切于身心不可造次离者,"则莫急于义理之学"。关于义理之学,他说:"凡人身所自具者,有耳、目、口、体、心思;日接于吾前者,有父子、兄弟、夫妇;稍远者,有君臣,有朋友。为义理之学者,盖将使耳、目、口、体、心思各敬其职,而五伦各尽其分。又将推以及物,使凡民皆有以善其身而无憾于伦纪。夫使举世皆无憾于伦纪,虽唐虞之盛有不能逮。"关于义理与经济的关系,他说:"苟通义理之学,而经济该乎其中矣。程朱诸子之遗书具在,曷尝舍末而言本、遗新民而专事明德?观其雅言,推阐反复而不厌者,大抵不外立志以植基,居敬以养德,穷理以致知,克己以力行,成物以致用。义理与经济初无两术之可分,特其施功之序,详于体而略于用耳。"

曾国藩知道,遍观尽取很难,故允许学者根据自己才性所近而有所偏科,但其为学理想仍是义理、经济、考据、辞章兼而有之。早在咸丰元年(1861)七月初八日的日记中,他就说:"四者缺一不可。"①在《劝学篇示直隶士子》中,他告诉学者,欲达圣道之志立定,"然后取程朱所谓居敬穷理、力行成物云者,精研而实体之;然后求先儒所谓考据者,使吾之所见证诸古制而不谬;然后求所谓辞章者,使吾之所获达诸笔札而不差。择一术以坚持,而他术固未敢竟废也"。这里明白指示,学贵兼有。

由于曾国藩认为,经济该乎义理之中,因而其所谓为学四端,实际仍是三端;四者缺一不可,实际仍是三者缺一不可。他把以程朱理学为内核的义理之学摆在首要地位,又以为考据、辞章"二途皆可入圣人之道"。这些论点完全植根于桐城之学而变化出之。桐城派的开宗立派者姚鼐曾在《述菴文钞序》《复秦小岘书》《尚书辨伪序》和《复林仲骞书》中,对义理、考据、辞章的关系作了深刻阐述。他说:"鼐尝论学问之事有三端焉,曰义理也、考证也、文章也。是三者苟善用之则皆足以相济,苟不善用之则或至于相害。……夫天之

---

① 曾国藩:《曾国藩全集》第16册《日记一·绵绵穆穆之室日记》(修订版)咸丰元年七月初八日,长沙:岳麓书社,2011年,第588页。

生才虽美,不能无偏,故以能兼长者为贵。"①又说:学问三端,"异趣而同为不可废";"必兼收之乃足为善"。② 又说:"鼐所云学有三途,以义理为其一途者,谓讲明而辨说之,犹是文字中之事,未及于躬行为己也。躬行为己,乃士所以自立于世根本所在,无与之并者。安得同列而为三乎?虽然,言义理虽未逮于躬行,而终于躬行为近。若文章、考证之事,举其极亦未必无益于躬行也,然而以视义理之学,则又远矣。子曰:'学之不讲,吾忧也',非义理之谓乎?若古文之学,须兼三者之用,然后为之至。"③在躬行为己的前提下,姚鼐强调以程朱理学为内核的义理相对于考据、辞章的优先地位;强调考据、辞章同样有益于躬行;而解释经典的微妙处,从辞章、义理角度下手则更优于考据;强调古文之至乃是义理、考据、辞章兼有。曾国藩与姚鼐的学说略有异同,大旨则无二致。

曾国藩与姚鼐学说若合符节,殊非偶然。在京都为官时,他与姚门高第弟子梅曾亮风仪兼师友,常与梅门诸子朱琦、龙启瑞、王锡振、冯志沂、吴嘉宾、孙鼎臣、邵懿辰、刘传莹、陈学受等诗酒唱和,谈文论道。通过这一学者群体,他发现了姚鼐和桐城派,也发现了自己的性情和学术趣味在此而不在彼。他曾心怀崇敬地说:"国藩之粗解文章,由姚先生启之也。"④他视姚鼐为古今三十二位圣哲之一;终生把《惜抱轩文集》《古文辞类纂》作为案头涵咏之作。他与姚鼐如此心灵相契,以至于曾在一年之内两次梦之。同治三年(1864)十二月十七日,他"梦见姚姬传先生颀长清癯,而生趣盎然"⑤;同治四年(1865)十二月十日,他"梦见姚姬传先生,谈文颇久"⑥。他对姚鼐持守程朱信仰、与

---

① 姚鼐撰、刘季高标校:《述菴文钞序》,见《惜抱轩文集》卷四,《惜抱轩诗文集》,上海:上海古籍出版社,1992年,第61页。
② 姚鼐撰、刘季高标校:《复秦小岘书》,见《惜抱轩文集》卷六,《惜抱轩诗文集》,上海:上海古籍出版社,1992年,第61页。
③ 姚鼐:《复林仲骞书》,稿本,安徽省博物馆藏。
④ 曾国藩:《圣哲画像记》,见《曾国藩全集》第14册《诗文》(修订版)咸丰九年正月十九日至二十一日,第152~152页。
⑤ 曾国藩:《曾国藩全集》第17册《日记二》同治三年十二月十七日,第1088页。
⑥ 曾国藩:《曾国藩全集》第17册《日记二》同治四年十二月初十日,第1213页。

汉学派孤军奋斗极表敬重，也接受了其阴阳刚柔、因声求气诸说，更接受了其有关义理、考据、辞章的见解。关于后者，他在《圣哲画像记》中说："姚姬传氏言学问之途有三：曰义理，曰词章，曰考据。"①在这篇名文中，他根据姚说而稍变之，把古今圣贤之学作了系统分类。

曾国藩向湖南善化大儒唐鉴问学，被学者视为其成学过程和近代理学史上的大事。道光二十一年(1841)七月十四日，他向唐氏请业。唐曰："当以《朱子全集》为宗"，"身体力行"；"又言为学只有三门：曰义理，曰考核，曰文章。考核之学多求粗而遗精，管窥而蠡测。文章之学非精于义理者不能至。经济之学即在义理内"。②余英时认为："这番谈论对曾国藩以后的学术生命实有再造之功；他的治学规模就此奠定了。"③事实上，唐鉴之学乃间接得之于姚鼐。唐鉴之父唐仲冕推尊姚鼐之学，乞请姚氏为其尊人唐焕所撰《尚书辨伪》和其自撰《陶山诗录》《陶山四书义》作序。就是在《尚书辨伪序》中，姚鼐重申了对学问三分及其相互关系的见解。他说："学问之事有三：义理、考证、文章是也。夫以考证断者，利以应敌，使护之者不能出一辞，然使学者意会神得，觉犁然当乎人心者，反更在义理、文章之事也。"④唐鉴家学渊源，精通祖、父之书，必对姚序烂熟于心。因此，曾国藩从唐鉴处所闻学问三分及其相互关系之说，实是姚鼐绪论。

第二，在《劝学篇示直隶士子》中，曾国藩把力倡桐城之学与燕赵之地特有的豪侠之风紧密结合。

为了解直隶学术传统，曾国藩于同治八年(1869)四月初九日与李嘉端谈话后，开始阅读《北学编》；为撰写《劝学篇示直隶士子》，他于七月初四日再阅

---

① 曾国藩：《圣哲画像记》，见《曾国藩全集》第 14 册《诗文》(修订版)咸丰九年正月十九日至二十一日，第 153 页。
② 曾国藩：《曾国藩全集》第 16 册《日记一》道光二十一年七月十四日，第 92 页。
③ 余英时：《曾国藩与"士大夫之学"》，见《现代儒学的回顾与展望》，北京：三联书店，2004 年，第 304 页。
④ 姚鼐撰、刘季高标校：《尚书辨伪序》，见《惜抱轩文集·后集》卷一，《惜抱轩诗文集》，上海：上海古籍出版社，第 251 页。

《北学编》。① 《北学编》由清初孙奇逢弟子魏一鳌撰,清中叶尹会一续纂,戈涛和尹会一之子嘉铨再续;初刻于乾隆二十九年(1764),重刻于道光二十四年(1844)。同治六年(1867),李嘉端先是将北学诸贤袝祀于莲池圣殿;后又因《北学编》原版散失,乃于同治八年(1869)三刻此书,并补入自撰孙承宗传。此书是一部以理学为核心的简明北学史,正传收北地自汉至清学者五十三位,诸贤"皆经术湛深,事功卓著,立身制行非托空谈"②。

曾国藩研读《北学编》、默寻前史和考察现实后以为,自古迄今,直隶士林充盈着一种豪侠之风。他说:"前史称燕赵慷慨悲歌,敢于急人之难,盖有豪侠之风。"又说:"即今日士林,亦多刚而不摇,质而好义,犹有豪侠之遗。"论到古代先正,他以《北学编》所载晚明杨继盛、赵南星、鹿善继、孙奇逢为例,说明四贤后来成就各殊,但"其初皆于豪侠为近"。他把四贤的精神概括为"能艰苦困饿,坚忍以成业";"能置穷通、荣辱、祸福、死生于度外";"能以功绩称当时,教泽牖后世"。

曾国藩认为,豪侠之质与圣人之道略近或相类。这体现在三个方面:一是"侠者薄视财利,弃万金而不眄;而圣贤则富贵不处,贫贱不去,痛恶夫墦间之食、龙断之登。虽精粗不同,而轻财好义之迹则略近矣";二是"侠者忘己济物,不惜苦志脱人于厄;而圣贤以博济为怀。邹鲁之汲汲皇皇,与夫禹之犹己溺,稷之犹己饥,尹伊之犹己推之沟中,曾无少异。彼其能力救穷交者,即其可以进援天下者也";三是"侠者轻死重气;圣贤罕言及此。然孔曰成仁,孟曰取义,坚确不移之操,亦未尝不与之相类"。由翌年所撰《谕天津士民》可知,曾国藩对豪侠之质的缺陷有清醒认识。他说,如果不善造就,好义任侠就会不明事理,秉持刚气就会缺乏远虑,此"皆足以偾事而致乱"③。但是,在《劝学篇示直隶士子》中,曾氏因意在劝学,对豪侠之质的缺陷避而不谈,而对其

---

① 曾国藩:《曾国藩全集》第18册《日记三》同治八年四月初九日,第1633页;七月初四日,第1659页。
② 王发桂:《补刊北学编序》,见《北学编》卷首,同治八年(1869)刻本。
③ 曾国藩:《谕天津士民》,见《曾国藩全集》第14册《诗文》(修订版),同治九年六月初八日、初九日,第489页。

不悖于圣人之道处备极称誉。

曾国藩认为,直隶士子受豪侠之风熏染,入圣人之道较他省为易,因此更应致力于学。而力学的途径就是姚鼐所指示的义理、考据、辞章之说,和曾氏所附丽的"经济"。他鼓励直隶多士"以义理之学为先,以立志为本,取乡先达杨、赵、鹿、孙数君子者为表"。期待他们"洗除旧日晻昧卑污之见,矫然直趋广大光明之域;视人世之浮荣微利若蝇蚋之触于目而不留。不忧所如不耦,而忧节慨之少贬;不耻冻馁在室,而耻德不被于生民"。期待他们沿着桐城派所开辟的学术门径,达于圣道。

第三,在《劝学篇示直隶士子》中,曾国藩把倡导桐城之学与经世致用的时代精神紧密结合。

曾国藩的政治理想是建立"唐虞之盛有不能逮"的社会。他认为,要实现这一理想,究心义理之学者必须做到两点:一是内圣,通过养德,使感官各敬其职;二是外王,在养德的基础上,使五伦各尽其分,然后更进一步向外拓展,德被于生民,使生民皆善其身,最终达到"举世皆无憾于伦纪"的境界。内圣是本,外王是末。程朱诸子之书并没有"舍末而言本,遗新民而专事明德",其反复推阐而不厌者,"不外立志以植基,居敬以养德,穷理以致知,克己以力行,成物以致用"。在曾氏看来,义理兼摄内圣和外王。内圣就是修身,外王就是济世。学者施功的程序是"始于修身,终于济世",修身的目的是济世,是为济世作准备。这个济世,就是经世济民,就是他所谓的"经济"。因而他说:"义理与经济初无两术可分",经济就涵容于义理中,是义理的两个组成部分之一。程朱虽然并不忽视致用,但其致力的重心和最大贡献,乃在内圣一面。姚鼐信仰程朱义理,不忽视躬行,但其用功的重点也在养德。曾氏把经济涵于义理之中,强调经济是修身的终极目标,无疑是对姚鼐的超越,也是对程朱义理的丰富和发挥。

曾国藩强调"经济",是经世致用的时代精神的集中体现。嘉道之际,学坛重心逐渐从汉学考证转向经世致用。学者受内忧外患逼使,无法再从容走汉学考证老路,普遍要求改变现状。他们深究礼制、掌故、边疆和域外史地,探研漕运、盐法、河工、兵饷等时务,以期有益于世。研究今文经学的学者也是为了给变法改制提供经典依据。① 顾炎武学兼经学考证和经世致用,乾嘉学者取其前者,而道光后学者景仰其后者。在这股经世致用的思潮中,桐城学者群体和湖湘学者群体的经世思想、实践对曾国藩影响尤巨。

　　姚门高第弟子皆有经世之志。方东树虽一介穷儒,但"锐然有用世志,凡礼乐兵刑、河槽水利、钱谷关市、大经大法,皆尝究心。曰:'此安民之实用也,道德、义理所以用此之权衡也。圣人从广大心中流出,一以贯之。偏才僻儒分而不能合,则交相蔽。讲用者遗体,讲体者不达用。此道术所以衰、政治所以敝也。'"② 管同在《禁用洋货议》等文中,表达了强烈的忧患意识。其著作中有关经济的史料被后世学者辑录成秩。③ 刘开认为,"古者道术治体统以学,而人才出于一;后世学与治术二,而人才之途分。古时士习六经,凡兵、农、刑、政之事无不推寻致详,故内以资身心,而出可备天下国家之用"。"余固好言兵、农、刑、政之事,而不甘于记诵辞章者也"。④ 梅曾亮在《答朱丹木书》中强调创作要因时而变。姚莹在经世致用方面的表现在姚门最为突出。方宗诚说:姚莹"洞达时务,长于经济";桐城学者自姚氏后"多务为经济之学"。⑤ 经世可谓姚氏平生为人、为文、为学、为政的灵魂。曾国藩对姚门弟子的学问颇熟,对姚莹尤为服膺。姚莹曾踵武姚鼐学问三端之论而略作变化,提出为学"要端有四:曰义理也,经济也,文章也,多闻也。四者明贯谓之通儒,其次则择一而执之,可以自立矣"⑥。他把姚鼐倡导的考据,换成含蕴博大的"多闻",另增"经济"一端,具体而微地说明学坛风向从汉学考证向经

---

① 余英时:《曾国藩与"士大夫之学"》,见《现代儒学的回顾与展望》,第294~299页。
② 方宗诚:《仪卫先生行状》,见《柏堂集前编》卷七,光绪六年(1880)二月开雕,第9~10页。
③ 管同撰、无名氏抄录:《管同著作经济史料》,中国社会科学院近代史所图书馆藏。
④ 刘开:《沈晓堂七十寿序》,见《孟涂文集》卷六,道光六年(1826)二月同里姚氏檗山草堂刊本,第13~14页。
⑤ 方宗诚:《桐城文录序》,见《柏堂集次编》卷一,光绪六年(1880)八月开雕,第20~21页。
⑥ 姚莹:《与吴岳卿书》,见《东溟外集》卷二,《中复堂全集》,同治六年(1867)重刊于吉安之安福,第1页。

世致用的转移。咸丰元年(1851),曾国藩奏请重用姚莹。他说:"今发往广西人员不为不多,而位置之际未尽妥善。姚莹年近七十,曾立勋名,宜稍加以威望,令其参赞幕府。若泛泛差遣委用,则不能收其全功。"①姚门四杰本为方东树、刘开、梅曾亮、管同;而曾氏在叙述桐城派源流时左袒姚莹,以之取代刘开。②可以说,曾国藩为学的经世致用祈向,是时代风气使然,也与姚莹等姚门后学的激荡有关。

湖湘学派在宋代一度称盛。嘉道之际,湘籍士大夫继承湘学传统,务为经世之学。汤鹏、魏源等在著述中力倡之,陶澍、贺长龄等大吏在行政中力践之。③汤鹏撰《浮邱子》以经世为旨,名动都门内外。曾国藩为汤鹏之友,钦佩其才思,汤死,撰《挽汤海秋侍御鹏》《祭汤海秋文》痛悼之。魏源为贺长龄辑成的《皇朝经世文编》是晚清经世思潮的代表作。曾国藩道光二十一年(1841)七月初九日收到家寄魏著,二十日即开始阅读;同治四年(1865)正月二十二日,又再阅之。陶澍位高权重,一度是湖湘经世派的核心。曾国藩曾在道光二十一年(1841)七月十七日拜读其《陶文毅公全集》。④ 就在阅读魏、陶之作的同月,曾氏开始向唐鉴问学。唐鉴为陶澍、贺长龄、魏源之友,其学以性理为体,以经世为用。正是在曾氏请业时,唐氏在所承姚鼐学说之外,另加"经济"一项,显出其为学的经世取向。可以说,曾国藩为学的经世致用祈向,是时代风气使然,又与湖湘经世人物的濡染有关。

桐城学者群体和湖湘学者群体多有交往,在经世致用方面甚为相契。梅曾亮在京师与汤鹏定交,在铭幽之文中,称其《浮邱子》"大抵言军国利病,吏

---

① 曾国藩:《敬呈盛德三端预防流弊疏》咸丰元年四月二十六日,见《曾国藩全集》第1册《奏稿一》,第24页。
② 姚莹:《感怀杂诗》,见《后湘二集》卷四,《中复堂全集》,第11页。曾国藩:《欧阳生文集序》,见《曾国藩全集》第14册《诗文》(修订版)咸丰八年十二月十一日至十二日,第204页。
③ 赵焱:《近代湖湘文化概论》,长沙:湖南师范大学出版社,1996年,第2~34页。
④ 曾国藩:《曾国藩全集》第16册《日记一》道光二十一年七月初九日、二十日,第90页、第93页;第17册《日记二》同治四年正月二十二日,第1105页。

治要最,人事情伪,开张形势"①。姚莹在任淮南监掣同知和护理两淮盐运使时,与时任两江总督陶澍尝论盐政改革,有《复陶制军言盐务书》《上陶制府淮北溢课融销南引议》《再上陶制府淮北溢课融销南引议》等作;同时就闽省政事向布政使贺长龄建言,有《复贺耦庚方伯书》。方东树在读了魏源的经世之作《海国图志》后,"不禁五体投地,拍案倾倒,以为此真良才济时切用要著,坐而言可起而行,非迂儒影响耳食空谈也"②。魏著出版后二十年,阅者寥寥,而方氏激赏不胜,可知方、魏在经世致用方面的心有灵犀。曾国藩与湖湘学者群体有地缘、学缘关系,与桐城学者群体有学缘关系。两个学者群体在经世方面的共识是曾氏经世致用思想赖以生成的最佳土壤。

直隶学术也有经世致用传统。③ 远者勿论,曾国藩所提到的先正孙奇逢不仅气节彪炳青史,其经世致用精神也影响深巨。方苞说他"少倜傥,好奇节,而内行笃修,负经世之略,常欲赫然著功烈,而不可强以仕"④。孙氏著作丰赡,贯彻其中的思想就是学以致用。此后颜元、李塨创立新派,专重实践。夏峰学派和颜李学派是北学的精华,也是明清之际实学的代表。

嘉道之际以降,学坛重心从汉学考据转向经世致用。桐城学者群体和湖湘学者群体中涌动的经世致用潮流,正是时代学术精神的体现。曾国藩是这一时代学术精神的受惠者,也是这一学术精神的发扬光大者。他在《劝学篇示直隶士子》中力倡桐城之学时,把经世致用的时代学术精神与直隶学术传统中固有的经世致用因素相浑融,希冀以莲池书院为中心的直隶士子追步时代潮流,能有所作为。

---

① 梅曾亮撰、彭国忠和胡晓明校点:《汤海秋墓志铭》,见《柏枧山房文集》卷十四,《柏枧山房诗文集》,上海:上海古籍出版社,2005 年,第 314 页。
② 方东树:《与魏默深书》,见《考槃集文录》卷六,光绪甲午(1894)仲春开雕,第 48 页。
③ 梁世和:《北学与燕赵文化》,载《河北学刊》,2004 年第 4 期,第 173 页。
④ 方苞撰、刘季高校点:《孙征君传》,见《方苞集》(上),上海:上海古籍出版社,1983 年,第 213~214 页。

三、振兴文教的动力

曾国藩总督畿辅,视振兴文教为大政。为造就多士,他亲自坐镇,旷日持久地兴师动众。近两年间,他心萦莲池,念兹在兹,动力主要在于:在他心目中,兴教乃牧民者之责;学问为改良吏治、民俗之本。自己老病浸寻,来日无多,而学无所成,愧悔无及;又身处末世,前路微茫,因而期盼豪俊继起,以支柱将倾之大厦。桐城之学就是在这种情况下,成为他扶危救世的工具。

中国历来政教不分、官师合一。头等领袖往往身兼双重资格:即管事,又管教。① 曾国藩就正是这样。他说:"督抚之道,即与师道无异。"②从前,他带兵,是主帅,也是精神领袖,时时不忘以孔孟之道激励忠勇;他节制两江,是封圻,也是导师,视僚属为弟子③,严课勤教,对江宁士子尤其诲之不倦、属望殷殷。移督畿辅后,他认为,作为疆臣,不仅要练兵、饬吏和治河,也要兴贤育人。他说:"古者乡大夫宾兴贤能,考其六德、六行、六艺而登进之。……今之牧令,即古乡大夫之职,本有兴贤举能之责。"④宾兴贤能是牧令之职,当然更是封疆大吏之责。他又说:"鄙意书院山长必以时文、诗、赋为主,至于一省之中,必有经师人师名实相符者一二人,处以宾友之礼,使后进观感兴起,似亦疆吏培养人才之职。"⑤他明确表示,培养人才、为士子择聘经师人师,自己责无旁贷。他把"宏奖人才,诱人日进"⑥当成平生三乐之一,即源自这份强烈的历史责任感。

---

① 蒋廷黻:《中国近代史》,武汉:武汉出版社,2012年,第45页。
② 曾国藩:《曾国藩全集》第17册《日记二》同治元年三月初三日,第726页。
③ 曾国藩说:"凡堂属略同师弟,使僚友行修名立,乃尽我心。"见《曾国藩全集》第17册《日记二》同治三年十月初四日,第1065页。
④ 曾国藩:《曾国藩全集》第14册《诗文》(修订版),第482页。
⑤ 曾国藩:《复吴廷栋》同治八年九月二十五日,见《曾国藩全集》第30册《书信十》,第6936页。
⑥ 曾国藩:《曾国藩全集》第16册《日记一》咸丰九年十一月初二日,第432页。

曾国藩认为,学为一切之本。直隶吏治窳败,民风刁健,皆由文教颓靡、文风朴陋所致。因此,若欲激浊扬清,化民成俗,非振兴文教莫由。虽明知收效迂远,而不能置之不讲。① 关于吏治窳败,他说:直隶"吏治风俗颓坏已极"②,"积狱太多,羁累无辜";官员"玩上则簸弄是非,虐民则毫无忌惮。风气之坏,竟为各省所未闻"。③ 又说:"此间吏治极坏。"④为清除官邪,他以刚猛霹雳手段,前后两批共参劾大小官员十九名。这些劣员,或"性情卑鄙,操守不洁",或"貌似有才,心实贪酷",或"品行卑污,工于逢迎",或"专事夤缘,贪而多诈",或"浮征勒派,民怨尤甚",等等,不一而足。⑤ 其共同处,是人品卑鄙、贪污腐败。关于民风刁健,他说:此邦"近日风气朴陋"⑥;"淫乱灭伦之案层见叠出……风俗日薄"⑦。"民则健讼成性,蔑然于宪典"⑧。直隶讼案之繁甲于他省,曾国藩莅任后,最沉重的工作就是清讼。同治八年(1869)四月至十一月间,他主持审结的旧案新案多达四万一百九十五起⑨。讼案纷繁,可知民风浇薄;尘牍淹滞,说明官场疲玩。尽管经过整顿,吏治、民风比先自有不同,但并未彻底好转。他说:"年内两次举劾,虽舆论尚谓不谬,而官场习

---

① 曾国藩:《加倭仁片》同治八年八月初五日,见《曾国藩全集》第 29 册《书信九》,第 6814 页。
② 赵烈文撰、廖成良整理:《赵烈文日记》(三)同治八年六月二十八日,长沙:岳麓书社,2013 年,第 1258 页。
③ 曾国藩:《略陈直隶应办事宜并请酌调人才酌拨银两折》同治八年正月十七日,见《曾国藩全集》第 10 册《奏稿十》,第 6187 页。
④ 曾国藩:《复黄翼升》同治八年四月十五日,见《曾国藩全集》第 29 册《书信九》,第 6729 页。
⑤ 曾国藩:《参劾直隶劣员并报贤员折·附直隶劣员清单》同治八年三月十六日,见《曾国藩全集》第 10 册《奏稿十》,第 6228~6230 页。
⑥ 曾国藩:《复吴廷栋》同治八年九月二十五日,见《曾国藩全集》第 30 册《书信十》,第 6936 页。
⑦ 曾国藩:《加倭仁片》同治八年八月初五日,见《曾国藩全集》第 30 册《书信十》,第 6814 页。
⑧ 赵烈文撰、廖成良整理:《赵烈文日记》(三)同治八年六月二十八日,第 1258~1259 页。
⑨ 曾国藩:《直隶清讼完竣请将办理勤奋各员酌奖折》同治九年二月初二日,见《曾国藩全集》第 10 册《奏稿十》,第 6746~6747 页。

气全未转移"①;视事逾九月,"而阖省情形总未见有起色"②。他以为,要治本,只有兴起文教,奖借人才。他说,访求正士,扶雅道,振士风,就是为了"感化刁风,以为清讼之源";只有宏奖士类,导其向善之机,作其精进之气,才能"暗化其刁健之风",③"渐挽薄俗"④。他又说,劝学目的,就是希望"体用兼备之才彬蔚而四出",以"化民成俗"。⑤

  直隶人文朴陋,"不逮江南远甚"⑥。关于此点,曾国藩深为契重的幕宾兼弟子赵烈文任职磁州后有仔细观察。他说:有一位叫金德晟的贡生,喜博览,涉猎释道书,因小邑无读书人切磋,眼界太窄,不得径路,遂流入魔道,"已不可救药矣"⑦。又说:这里咸丰元年(1851)采访节孝三百二十九名,已奉部准,而众皆不知;忠义祠则为居民侵占,牌位字迹剥落,享堂割为卧室。他感慨"礼乐之废坠久矣夫"⑧。又说:此地文庙行释菜礼,仪文简陋,乐点不作,俗工吹笛于堂下。自先师、四配,主祭官三献外,十二哲、两庑,皆分祭官以一献概之。他又感慨"礼之不讲,未有如此邦之甚者"⑨。直隶人文朴陋,由磁州可见一斑。由于此地文化贫瘠,殊不足恃,曾国藩为彻底改善吏俗民风,只好自起炉灶,从基础性的作育人才抓起。

  曾国藩在为学方面自我期许至高。通籍之后,他在都门诸多师友夹持下,追求立德立功之外,尤希冀由立言而不朽。此后岁月中,即使在车尘马足

---

① 曾国藩:《复刘典》同治八年九月二十六日,见《曾国藩全集》第 30 册《书信十》,第 6939 页。

② 曾国藩:《致各府厅州》同治八年十月二十七日,见《曾国藩全集》第 30 册《书信十》,第 6965 页。

③ 曾国藩:《加贺寿慈片》同治三年三月初十日,见《曾国藩全集》第 29 册《书信九》,第 6722 页。

④ 曾国藩:《复李鸿裔》同治七月初二日,见《曾国藩全集》第 29 册《书信九》,第 6802 页。

⑤ 曾国藩:《劝学篇示直隶士子》,见《曾国藩全集》第 14 册《诗文》(修订版),第 488 页。

⑥ 曾国藩:《加贺寿慈片》同治三年三月初十日,见《曾国藩全集》第 29 册《书信九》,第 6722 页。

⑦ 赵烈文撰、廖成良整理:《赵烈文日记》(三)同治八年十二月初六日,第 1304 页。

⑧ 赵烈文撰、廖成良整理:《赵烈文日记》(三)同治九年正月二十四日,第 1313 页。

⑨ 赵烈文撰、廖成良整理:《赵烈文日记》(三)同治九年正月朔日,第 1315 页。

间,或军书旁午,他也几乎无日不与书籍为伴。无奈其盛年主要在军旅、临民中度过,有限的述作实难副其自期,他因此而时常自怨自艾。这种愧悔交集的情绪,在其督直期间,在其预感生命即将走到尽头之际,达于极峰。从同治八年(1869)五月初三日至九年四月初十日,在不下二十篇日记中,他为自己衰老日逼、学无所成,而感到"愧恶"、"愧恨"、"自伤"、"忧郁"、"愧赧何极"、"愧悔无及"、"愧悔之至"、"深可叹愧"、"忧愧曷已"、"悔恨甚多"、"悔恨丛生"、"焦灼无已"、"愁闷异常"、"愀然不乐"。① 例如,他说:"念余日衰老而学无一成,应作之文甚多,总未能发奋为之。忝窃虚名,毫无实际,愧悔之至! 老迈如此,每日办官事尚不能毕,安能更著述耶"②? "念学术一无所成,欲为桑榆晚盖之计,而精力日颓,愧恨无已"③。"近以衰老日逼,学问无成,日日忧郁,若无地自容者"④。"梦在场中考试,枯涩不能下笔,不能完卷,焦急之至,惊醒。余以读书科第,官跻极品,而于学术一无所成,亦不能完卷之象也"⑤。"余病目则不能用眼,病晕则不能用心。心眼并废,则与死人无异,以是终日忧灼,悔少壮之不努力也"⑥。"此生一无所成,无可挽救;而目下天津洋务十分棘手,不胜焦灼,故仅阅笔记、小说,而此心实未半刻恬愉也"⑦。同治九年(1870)六月初四日,他在赴天津处理教案前夕留下遗嘱,内中一条,就是命儿子纪泽、纪鸿,其身后古文"尤不可发刻送人,不特篇秩太少,且少壮不克努力,志亢而才不足以副之,刻出适以彰其陋耳。如有知旧劝刻余集者,婉言谢之可也"⑧。人生即将完结,而对自己的名山事业完全失去自信,其内心之沉痛,由以上所引段落可知。为弥补遗憾,他加紧督导儿子读书,此期日记

---

① 曾国藩:《曾国藩全集》第 18 册《日记三》同治八年五月初三日、六月二十四日,第 1641 页,第 1656 页。
② 曾国藩:《曾国藩全集》第 18 册《日记三》同治八年五月初三日,第 1641 页。
③ 曾国藩:《曾国藩全集》第 18 册《日记三》同治八年六月二十四日,第 1656 页。
④ 曾国藩:《曾国藩全集》第 18 册《日记三》同治八年七月初九日,第 1656 页。
⑤ 曾国藩:《曾国藩全集》第 18 册《日记三》同治九年正月二十七日,第 1720 页。
⑥ 曾国藩:《曾国藩全集》第 18 册《日记三》同治九年五月初三日,第 1747 页。
⑦ 曾国藩:《曾国藩全集》第 18 册《日记三》同治九年五月月三十日,第 1754 页。
⑧ 曾国藩:《曾国藩全集》第 20 册《家书二》同治九年六月初四日,第 1370 页。

几乎页页皆见课子读书的记录;同时,他"自愧学无本原,不足仪型多士"①,而勖勉以莲池为中心的直隶士子,学习乡贤,努力向学,以优入圣域。

曾国藩深刻意识到,自己身处末世,清廷面临土崩瓦解,但他抗争绝望,仍希望通过奖借人才,端本善俗,"用一方之贤士,化一方之莠民。芳草成林,荆棘不锄而自悴,鸾凤在境,枭不逐而自逃"②,从而扶危救难。他的末世之感,最早起于在京都之时③,而深化于与太平军激战之中。咸丰十年(1860)六月二十七日,他说:"盛世创业垂统之英雄,以襟怀豁达为第一义;末世扶危救难之英雄,以心力劳苦为第一义。"④同治元年(1862)十二月二十九日,他恐前军粮路被断,"忧灼之至,绕屋旁皇";并说,日内公私忧迫,惶惶如不终日,"固由治心素欠工夫,亦足见末世当大任,为人生之大不幸也"。⑤

太平天国烟销火灭后,曾国藩最关切的是:满清朝廷究竟还能苟存多久。就在总督畿辅前后,他与赵烈文多次就此事窃议于密室。同治六年(1867)六月二十日,师生问对。曾曰:京中来人说,"都门气象甚恶,明火执仗之案时出,而市肆乞丐成群,甚至妇女亦裸身无裤。民穷财尽,恐有异变,奈何?"赵云:"天下治安一统久矣,势必驯至分剖。然主威素重,风气未开,若非抽心一烂,则土崩瓦解之局不成。以烈度之,异日之祸,必先根本颠仆,而后方州无主,人自为政,殆不出五十年矣。"曾蹙额良久曰:"然则当南迁乎?"赵云:"恐遂陆沉,未必能效晋宋也。"曾曰:"本朝君德正,或不至此。"赵云:"君德正矣,而国势之隆,食报已不为不厚。国初创业太易,诛戮太重,所以有天下者太巧。天道难知,善恶不相掩,后君之德泽,未足恃也。"曾曰:"吾日夜望死,忧

---

① 曾国藩:《劝学篇示直隶士子》同治八年七月初四日至初六日,见《曾国藩全集》第14册《诗文》(修订版),第488页。
② 曾国藩:《直隶清讼事宜十条》,见《曾国藩全集》第14册《诗文》(修订版),第482页。
③ 曾国藩在道光二十八年说:"末世称颂女史,或有刲臂徇身之事骇人听睹。"见《曹颖生侍御之继母七十寿序》,《曾国藩全集》第14册《诗文》(修订版),第264页。
④ 曾国藩:《曾国藩全集》第16册《日记一》咸丰十年六月二十七日,第515页。
⑤ 曾国藩:《曾国藩全集》第17册《日记二》同治元年十二月二十九日,第830~831页。

见宗祐之陨,君辈得毋以为戏论?"①赵烈文预言,五十年之内,清廷必土崩瓦解。曾国藩说自己"日夜望死,忧见宗祐之陨",可知其对清廷命运已有主见。过了一日,曾、赵再晤对一室,这次曾氏的另一亲信钱应溥亦与。曾判断,朝廷恐难长久。他说:"京师水泉皆竭,御河断流,朝无君子,人事偾乱,恐非能久之道。"赵同意曾论,以为"后事殊不可想"。钱则持异论,以为"我朝流泽甚厚,决不遽亡"。②半月后,曾、赵又议此事,曾氏对自己早前的持论有所修正,赵则固执己见。曾曰:"本朝君德甚厚,即如勤政一端,无大小当日必办,即此可以跨越前古。又如大乱之后而议减征,饷竭之日而免报销。数者皆非亡国举动,足下以为何如?"又曰:"本朝乾纲独揽,亦前世所无。凡奏折事无大小,径达御前,毫无壅蔽。即如九舍弟参官相折进御后,皇太后传胡家玉面问,仅指折中一节与看,不令读全文。比放谭、绵二人查办,而军机恭邸以下尚不知始末。一女主临御而威断如此,亦罕见矣。"赵一一驳之,曾氏无以应。③同治八年(1869)六月,正是曾国藩训士子、选山长、开礼贤馆纳士最起劲的时候,赵烈文从南方来保定入幕。二十八日,师生畅论政事。曾氏谈了自己这次还都的切肤之感:"两宫才地平常,见面无一要语。皇上冲默,亦无从测之。时局尽在军机恭邸、文、宝数人,权过人主。恭邸极聪明,而晃荡不能立足。文柏川正派,而规模狭隘,亦不知求人自辅。宝佩衡则不满人口。朝中有特立之操者尚推倭艮峰,然才薄识短。馀更碌碌,甚可忧耳。"④庙堂之上,满汉皆无一流之才,国运绝难持久。

以上几则史料透出,曾国藩对于清廷前途完全绝望。但作为当世儒家传统最负盛名的担荷者,他别无选择,只能忠君,只能爱国。身临危局,他不能袖手一边,他要知其不可而为之,要在力所能及的范围内,以他服膺的桐城之学,兴文教,移风俗,泽被斯民,或延国祚于一线。

---

① 赵烈文撰、廖成良整理:《赵烈文日记》(二)同治六年六月二十日,第1068页。
② 赵烈文撰、廖成良整理:《赵烈文日记》(二)同治六年六月二十二日,第1071页。
③ 赵烈文撰、廖成良整理:《赵烈文日记》(二)同治六年七月初九日,第1078~1079页。
④ 赵烈文撰、廖成良整理:《赵烈文日记》(三)同治八年六月二十八日,第1258~1259页。

四、面对西方

天津教案是影响中国近代历史进程的大案。曾国藩处理此案的得失,学界迄无定论。本节拟对曾氏力保和局的办案思路及其在莲池的回响作出分析,意在说明:曾氏面对西方时对时代大势的卓越判断和顺应,为其在莲池倡导的桐城之学增添了新的内容。

同治九年(1870)春夏,天津城到处哄传,一些失踪儿童系由天主堂买通的拐匪迷拐,被修女们挖眼剖心,用以制药等。津民震怒,五月二十三日,群集天主堂,与教堂之人口角相争,并抛掷砖头。法国领事丰大业以为三口通商大臣崇厚弹压不力,找上衙署,口出不逊,咆哮不止,信手打破什物,且当面放枪,然后盛气而去。不料行至中途,他遇到遵崇厚之命前去弹压民众而归的天津知县刘杰,拔枪射之,误伤其随从高升。众人瞥见,忿怒已极,多年来积淀的民族怨恨、嫌恶、偏见,在迷信、谣言的煽惑和枪声的刺激下爆发,将丰氏和他的秘书西蒙当场殴毙。失去理性的人们接着焚毁了属于法国的望海楼教堂、领事馆、仁慈堂、洋行,也焚毁英国礼拜堂四处、美国礼拜堂两处;打死、烧死法国、比利时、意大利、爱尔兰、俄国等国人口十八名、中国教民十六名。事发后,七国公使联合向清廷施压。法国代理公使罗淑亚张大其事,除惩凶、赔偿外,提出让天津知府张光藻、知县刘杰等抵偿的过分要求,并以武力相要挟。①

清廷迅速作出反应。同治九年(1970)五月二十五日,谕令曾国藩赴津办案。他当时正休病假。这年二月二十九日,他右眼失明,旋即左眼也病;四月十六日早晨,他四次感到"大眩晕,床若旋转,脚若向天,首若坠水"②,此后眩

---

① 张海鹏主编、虞和平和谢放撰:《中国近代通史》第三卷《早期现代化的尝试(1865—1895)》,南京:江苏人民出版社,2007年,第200~201页。马士撰、张汇文等译:《中华帝国对外关系史》第二卷,上海:上海书店出版社,2006年,第259~261页。

② 曾国藩:《曾国藩全集》第18册《日记三》同治九年二月二十九日,第1729页;四月十六日,第1743页。

晕时常发生,需人左右扶掖。虽知此案重大而棘手,但他自谓从咸丰三年(1853)带兵起,即矢志效命疆场,因此,临难授命,绝不推诿,毅然带病冒暑就道。在津期间,经逐细研讯,他发现:挖眼剖心全系谣传,教堂指使迷拐也无确据。因立意不与法国开衅,他在罗淑亚的压力、崇厚的浮议和清廷的督促下,委曲求全,奏请将并无大过错的天津知府张光藻、知县刘杰交刑部治罪,二人最终被遣戍黑龙江;后又因缉凶困难而变通断案常例,从重定议,分两批奏请将二十人正法、二十五人军徒。①

曾国藩办理天津教案的核心思路,是力保和局,不启战端。接奉谕旨后,他即在陈奏中说:"立意不欲与之开衅。"②在从保定赶赴天津途中,他草拟文告说:"十载讲和,维持多方而不足;一朝激变,荼毒万姓而有余";谴责天津士民"但逞一朝之忿,而不顾干戈起于疆场,忧危及于君上"。③ 他上奏重咎天津府县,是因为不如此,无以慰服罗使之心,"恐致大局决裂"④;是"冀和局之速成"⑤。他告诉儿子:"余所办皆力求全和局者"⑥;"如果保定和局,即失民心,所全犹大"⑦。由于得到中枢执政者恭亲王奕䜣的支持,这一思路得以贯

---

① 曾国藩:《查明天津教案大概情形折》同治九年六月二十三日,见《曾国藩全集》第 12 册《奏稿十二》,第 6979~6982 页;《审明津案各犯分别定拟折》同治九年八月二十三日,同上,第 7084~7085 页;《天津府县解京请敕部从轻定拟并请嗣后各教堂由地方官管辖片》同治九年八月二十六日,同上,第 7095~7097 页;《续讯天津教案内第二批人犯分别定拟折》同治九年九月十三日,同上,第 7126~7127 页。

② 曾国藩:《钦奉谕旨复陈赴津查办夷务折》同治九年五月二十九日,见《曾国藩全集》第 12 册《奏稿十二》,第 6967 页。

③ 曾国藩:《谕天津士民》同治九年六月初八、九日,见《曾国藩全集》第 14 册《诗文》,第 489~490 页。

④ 曾国藩:《天津府张光藻知县刘杰革职请旨交刑部议罪片》同治九年六月二十三日,见《曾国藩全集》第 12 册《奏稿十二》,第 6979 页。

⑤ 曾国藩:《天津府县解京请敕部从轻定拟并请嗣后各教堂由地方官管辖片》同治九年八月二十六日,见《曾国藩全集》第 12 册《奏稿十二》,第 7095 页。

⑥ 曾国藩:《谕纪泽纪鸿》同治九年六月十七日,见《曾国藩全集》第 20 册《家书二》,第 1374 页。

⑦ 曾国藩:《谕纪泽》同治九年七月二十八日,见《曾国藩全集》第 20 册《家书二》,第 1383 页。

彻。曾国藩办案中所体现出来的智慧或失措，皆由此一思路所致。

曾国藩的办案思路因过于柔软而引起朝野上下物议沸腾，君子小人如出一口，幕府之内亦时有异论，同乡之间尤多违言，其声望一时降到低谷，可谓身仍在而名已裂。他这样综括诋诃之论："大约清议之责我者，率谓木兰北狩、淀园被焚，国仇未复，不应弃怨修好；况天主一教流毒中华，士民切齿；即挖眼剖心之谣，远近皆信以为实有其事，拙疏乃为之洗刷。"①"又谓津民出于义愤，不应过事摧抑"②。"论理者佥谓宜趁此机与之决战，上雪先皇之耻，下快万姓之心；天主教亦宜趁此去除。"③时论对时代大势懵然不知，站在津民一边，以仇教排外为事，期盼一战而胜，以雪前耻。

曾国藩力保和局、不启战端的思路，是从不可逆转的时代大势出发所作出的自觉选择。他说："鄙人则以为，中国兵力此时不能与彼族争锋，绿营规制隳颓已极，惟淮勇器械较精，然与穷年累月以战伐为事者尚难方驾。泰西各国内虽猜贰，其于中国则又狼狈相依，万无解散之法。议者多谓兵贵伐交，宜厚结英、俄以专制法国。而不知英法之交固于胶漆，英国威使之求逞于我，其毒计有数倍于法国罗使者。边衅一开，各国合从，势必兵连祸结，无有已时。今年幸胜，明年彼必复来；一处能防，各口实难兼顾。鄙人尝谓今之外夷乃前古未有之局，与汉之匈奴、宋之辽金迥不相侔，未可持汉宋之清议以定今日之大局。故反复筹思，终以曲全和议为完策。"④又说："中国目前兵力实不足以制洋人，沿海各口防务全未讲求，而海关洋税尤为饷源所出。一开兵衅，此源立断。今日西洋各国穷年累月讲求战事，约从连衡，窥伺衅隙，乃前古未有之局，与汉之匈奴、宋之辽金迥然不侔，更不敢以津民一朝之忿，贻国家累

---

① 曾国藩：《复周寿昌》同治九年九月初五日，见《曾国藩全集》第 30 册《书信十》，第 7262 页。
② 曾国藩：《复孙衣言》同治九年九月二十日，见《曾国藩全集》第 30 册《书信十》，第 7303 页。
③ 曾国藩：《复朱兰》同治十年二月十四日，见《曾国藩全集》第 30 册《书信十》，第 7351 页。
④ 曾国藩：《复周寿昌》同治九年九月初五日，见《曾国藩全集》第 30 册《书信十》，第 7262～7263 页。

世之忧。所以低首下心曲全邻好者,盖以大局安危所系,不敢轻于一试。"①又说:"在今日构衅泄愤,固亦匪难。然稍一蹉跌,后患有不堪设想者。故夏秋间办理此事,不惮委曲迁就,躬冒不韪,冀以消弭衅端。"②曾国藩曾在疆场征战时,为西洋落地开花炮的威力所震撼;经历过英法联军犯阙、銮舆北巡之痛,读和约条款时,"不觉呜咽,比之五胡乱华,气象更为不堪"③;自咸丰十一年(1861)底设立安庆内军械所制造洋枪洋炮始,师夷长技多年;两阅徐继畬所著《瀛寰志略》④,此书对英国议会制、美国选举等均有介绍;又曾在上海参观过法国领事白来尼之家,感慨"玉宇琼楼,镂金错彩,我中国帝王之居殆不及也"⑤。因此,他对时代大势的理解深度断非多数士大夫和民众可比。时代大势就是他所谓的中国面临"前古未有之局"。历史上,包括匈奴、辽、金在内的强大部族可以恃一时优越的武力凭陵华夏,但其文化落后,经不起长期磨炼而最终烟消云散。而近代西洋诸国大异于是,既有强大的武力,更有别具一格的政治制度、发达的商贸和以基督教为代表的高度文明。这亘古未有的劲敌潮水般西来,无计可退。中国藩篱已破,江山无地限华夷,曾经一统无外、万邦来朝的光荣不在,甚至出现了存亡系于旦夕的危局。中国欲走出危局,必须避战。由于把时代大势看得分明,曾国藩不愿拿国运孤注一掷,为免除兵连祸结,只好曲全和议。他多次表示,只要"大局尚得保全",即使"内疚神明,外惭清议",即使"一身丛毁",也在所不辞。⑥ 八年后,曾纪泽在出使前

---

① 曾国藩:《复孙衣言》同治九年九月二十日,见《曾国藩全集》第30册《书信十》,第7303页。
② 曾国藩:《复彭玉麟》同治九年十一月初一日,见《曾国藩全集》第30册《书信十》,第7335页。
③ 曾国藩:《曾国藩全集》第16册《日记一》咸丰十一年十一月三十日,第557页。
④ 曾国藩:《曾国藩全集》第18册《日记三》同治六年十一月初八日,第1438页。
⑤ 曾国藩:《曾国藩全集》第18册《日记三》同治七年闰四月十二日,第1503页。
⑥ 曾国藩:《复王振纲》同治九年九月十五日,见《曾国藩全集》第30册《书信十》,第7282页。

觐见请训时,将乃父当年拼却声名以顾大局的衷曲作了更为明确的表达。①

就在举国各怀义愤、大肆诋诃之时,曾国藩得到了来自莲池的精神支援。莲池山长王振纲在其困难时刻致书,"曲加慰藉"②。两年前,曾氏卸两江之任,北上督直,临行,观者如堵,家家香烛、爆竹拜送,戏台、酒席络绎,满城文武士友皆送至下关,舟楫仪从极盛,直如"好花盛开"③。两年后,曾氏卸直隶之任,顶着骂名,拖着残衰之躯,南下江表,临行,送者寥落,场面寂寞。而王振纲却不顾人言可畏,毅然从莲池赶来相送。王氏的一信一送,带来了莲池师生的深情。曾国藩在回信中除深感快慰之外,苦涩地抒发了不惜丛毁和疢惭而力保和局的心曲,祈盼"莲池多士,渥荷教泽,自必蒸蒸日上,克登大雅之林"④。

曾国藩在《复王振纲》中最可注意者,是保和局隐图自强之论。他说:"此次幸获无事,将来仍须励精求治,隐图自强之策。"⑤此语绝非虚论。就在表达此论半月后,他上奏朝廷,希望选派留学生出洋学习,以图自强。他说:"江苏抚臣丁日昌屡与臣言,宜博选聪颖子弟赴泰西各国书院及军政、船政等院分门学习,优给资斧,宽假岁时,为三年蓄艾之计。行之既久,或有异材出乎其间,精通其法,仿效其意,使西人擅长之事,中国皆能究知,然后可以徐图自强。"⑥回任两江后,他果然迅速做成此事,并且反对主事的陈兰彬以经史为主来教出国幼童:"第以西法精奥,必须专心致志,始克有成。汉文之通否,重

---

① 曾纪泽撰、刘志惠点校辑注:《曾纪泽日记》(中)光绪四年八月二十八日,长沙:岳麓书社,1998年,第776~777页。
② 曾国藩:《复王振纲》同治九年九月十五日,见《曾国藩全集》第30册《书信十》,第7282页。
③ 曾国藩:《曾国藩全集》第18册《日记三》同治七年十一月初四日,第1567~1568页。
④ 曾国藩:《复王振纲》同治九年九月十五日,见《曾国藩全集》第30册《书信十》,第7282页。
⑤ 曾国藩:《复王振纲》同治九年九月十五日,见《曾国藩全集》第30册《书信十》,第7282页。
⑥ 曾国藩:《奏带陈兰彬至江南办理机器片》同治九年九月十六日,见《曾国藩全集》第12册《奏稿十二》,第7134页。

在挑选之际先行面试一二,以决去留,此后之宜专学洋学。"①在如此早的时期,他没有紧抱晚清多数人视为命根的中学之体不放,而是目标明确,直奔西方而去。面对西方,曾国藩对时代大势的判断、办理津案的主和思路及其师夷自强的卓识,未必能得到莲池多数师生的理解,但这一切必在莲池引起波澜,给与其脉联的士子留下不可磨灭印象。

吴汝纶为曾门高第弟子,始终预于津案的处理。初至津门,吴氏一时不很能接受曾国藩以和为主的思路。他先是与幕府中人咎曾氏不应随崇厚作计,一味示软,以至于"名裂而无救于身之败"②。接着,他又与李勉林等向曾氏进筹战之策。但"侯相辩论敌情,以为各国不可猝灭,诸将不可常恃。且谓夷非匈奴、金、辽比,天下后世必另有一段论断。将来有能制此敌者。然必内外一心,困心衡虑,未可轻率开衅也"③。他毕竟追随曾氏历有年所,较为谙于洋务,因此经过解说,略能体会主和思路,与其步调很快一致起来。同乡方宗诚时在曾幕,以主和为非,他"与之讦辩抵牾,殊伤忠厚"④。后来面对甲午、庚子乱局,他不避浊流之讥,力主和议;主莲池讲席时,以开阔胸襟接纳西学,为桐城之学增添新的因子,其源皆在曾国藩当年之启诱。

五、不祧之宗

李鸿章是曾国藩事业的继承者,后来居上。李氏早年就学曾门,后长期在曾幕磨砺,终于出将入相。他与曾氏同为洋务事业的拓荒者,同对不可逆转的时代大势有深刻认识。李督直后,依然力振文教。曾氏以吴汝纶相讬:

---

① 曾国藩:《复陈兰彬》同治十年三月初一日,见《曾国藩全集》第30册《书信十》,第7362页;《复李鸿章》同治十年四月十五日,同册,第7414页。
② 曾国藩:《谕纪泽》六月二十四日未刻,见《曾国藩全集》第20册《家书二》,第1376页。
③ 李兴锐撰、整理:《李兴锐日记》同治九年七月十三日,第27页。
④ 李兴锐撰、整理:《李兴锐日记》同治九年九月初三日,第36页。

"吴挚甫文学迈伦,志趣卓越,实珂乡后起之秀。"[①]李氏先后聘请深受曾氏浸润的张裕钊、吴汝纶叠长莲池达十八年之久。张、吴接过曾氏衣钵,张大桐城之学,在桐城派内部拓展出一个新的支脉。王树枏将这一支脉径呼为"河北文派"[②]。属于此支脉的学者群体早期多以莲池书院为中心展开学术活动,此后也多与莲池直接间接相关,笔者曾试将其命名为莲池派。[③]

莲池派若从曾国藩督直(1868)算起,到俞大酉弃世(1966)为止,绵延近百年,相承历六代。其成员多半来自畿辅,活跃在保定、北京、天津、沈阳、石家庄等地;主要任职于教育界、政界、新闻界;有姓名可考者约四百人,有文学成绩者不下百人。举其要者,第二代张裕钊、吴汝纶门下优异者有陈永寿、纪钜湘、贺涛、严修、阎志廉、弓汝恒、阎凤阁、刘若曾、张以南、安文澜、蔡如梁、刘登瀛、李刚己、刘乃晟、马锡蕃、马鉴滢、傅增湘、吴笈孙、贾恩绂、常堉璋、刘春堂、刘春霖、王振尧、王瑚、谷钟秀、韩德铭、李景濂、梁建章、刘培极、尚秉和、高步瀛、籍忠寅、邓毓怡、邢之襄、李广濂、柯绍忞、廉泉、吴芝瑛、中岛裁之等。王树枏曾得吴汝纶指授。第三代贺涛门下优异者有吴闿生、赵衡、武锡珏、张宗瑛、贺葆真等。徐世昌曾向贺涛学文、柯绍忞学诗。第四代吴闿生门下优异者有张继、李葆光、周明泰、李濂镗、齐燕铭、贺培新、贺又新、柯昌泗、于省吾、吴兆璜、潘式、谢国桢、徐鸿玑、曾克耑、何其巩、陆宗达、王芷章、张江裁、陈汝翼、王汝棠、王维庭、吴君琇、吴防等。第五代贺培新门下优异者有俞大酉、刘叶秋、刘征、孙梅生、孙贯文等。第六代俞大酉等在1949年后没有替人,一脉文心,就此了断。

莲池学者群体中,除张裕钊、吴汝纶外,惟陈永寿、王树枏亲炙过曾国藩。同治八年(1869)十二月十二日,曾氏主持月课,年方十六岁的陈永寿脱颖而出,获其嘉奖。陈氏后来回忆:"余方应童子试,肄业莲池书院,会岁暮,公亲

---

① 曾国藩:《复李鸿章》同治十年四月十五日,见《曾国藩全集》第30册《书信十》,第7415页。
② 王树枏纂:《故旧文存》卷首,陶庐丛刻第三十三,民国十六年(1927)刊,第1页。
③ 王达敏:《张裕钊诗文集前言》,见张裕钊撰、王达敏校点:《张裕钊诗文集》,上海:上海古籍出版社,2007年,第21~22页。

临试,以诗《古蒙》取高等,试卷留署备选,其奖进后学为何如耶? 继从诸生后上谒,亲挹言论风采,洵一代伟人也。昔东坡先生以不及见范文正公为生平之憾,余小子获此知遇,可云荣幸。"①陈氏后又受知于张、吴等,光绪甲午(1894)进士,诗古文辞、书篆皆有所成。曾纂《曾文正公楹联》以志感。自著有《莲漪馆诗存》四卷、《慎初堂文集》四卷等。王树枏为王振纲之孙。同治九年(1870)四月,他同其五叔父"谒见曾公,询问周至,并为指示读书作文之法,谈至两时许"②。王氏为光绪丙戌(1886)进士,官至新疆布政使。其学从文字、音韵、训诂入,博涉古今中外;其诗文以渊雅雄奇胜。平生著述数十种,主要收入《陶庐丛刻》。③

　　莲池学者群体与晚清民国政坛结下了不解之缘。桐城派能从一隅流布全国,姚门弟子中身居高位者陈用光、姚莹、邓廷桢、鲍桂星、姚元之、李宗传、康绍镛、周兴岱等的推波助澜功不可没;其在清季文坛的至尊地位,也与曾国藩以军政领袖身份主盟有关。由曾氏引其端绪的莲池派,一开始就打上了权力的烙印。首先,莲池诸子得到政界鼎力支援。曾国藩之后,李鸿章总督直

---

① 陈永寿:《曾文正公楹联序》,见《莲漪馆遗稿》卷七;陈孟麟:《清奉政大夫内阁中书显考陈府君行述》,见《莲漪馆遗稿》卷首,钞本,国家图书馆藏。据陈孟麟所撰行述,陈永寿,字同山,保定府清苑县人。生于咸丰二年(1852)六月初十日,光绪乙亥(1875)举于乡,曾受知于新城王振纲、贵筑黄彭年、桐城吴汝纶、武昌张裕钊诸先生。甲午(1894)成进士,用内阁中书。次年截取知县,签分河南。此后不再升迁。卒于中华民国二年(1913)二月三日,即壬子年(1912)十二月二十八日,享年六十一岁。肆力诗古文辞,精汉隶,工篆刻。夙性刚直,与大官语,有不合时,面斥之不少假借。大官虽貌为敬惮,而心实忌之,是以所如辄不合。自著有《莲漪馆诗存》四卷、《慎初堂文集》四卷、《竹所词存》一卷、《秋松老屋手札》二卷、《莲漪馆随笔》三卷、《联语》一卷。辑有《家乘搜遗》一卷、《曾文正公楹联》一卷、《五禽图纂注》一卷。

② 王树枏:《陶庐老人随年录》,见《陶庐老人随年录·南屋述闻》,近代史料笔记丛刊,北京:中华书局,2007年,第18～19页。按:王树枏将此事系在同治八年(1869)四月,误。曾国藩于同治九年(1870)二月初二日宴请莲池书院原山长李嘉端,当为送其赴天津之馆。王振纲于当月二十一日以新山长身份来督署拜见曾国藩,曾氏旋即出门回拜。可知王振纲履任在同治九年(1870)二月。故王树枏谒见曾国藩只能在同治九年(1870)二月之后,而非上年。见曾国藩:《曾国藩全集》第18册《日记三》同治九年二月初二日、二月二十一日,第1722页,第1727页。

③ 王维庭:《王晋卿先生传略》,载《文献》,1998年第2期。

隶二十余载,支持张裕钊、吴汝纶在莲池拓大桐城之学。袁世凯继李督直,以弘扬斯文自任,力请贺涛主持文学馆;待其登上总统大位,又聘吴闿生等为助。徐世昌本就以桐城派中人自居,入主总统府后,以文治相号召,维持文教不遗余力。其幕府往来者,多见莲池之子。此后张学良办萃生书院于沈阳、宋哲元开莲池讲学院于保定,主讲席者,除吴廷燮外,无一非莲池旧侣。其次,莲池派诸子传承曾国藩张扬的经世致用精神,积极参与实际政治。籍忠寅、刘春霖作为晚清资政院议员,在第一次常年会议上分别发言一一八次、二十九次。[1] 进入民国,常堉璋、王振尧、谷钟秀、李景濂、张继、李广濂、邓毓怡、王树枏等先后任国会议员。其中,张继任参议院议长。此外,刘若曾任直隶省长、王瑚任江苏省长、傅增湘任教育总长、谷钟秀任农商总长、吴笈孙任总统府秘书长。他们在中国政治从专制向民主的转型中,在经世济民的政治实践中各显风采。莲池学者群体在五四新文化运动后仍能延桐城学脉于一线,政坛的支持和他们对实际政治的参与起了决定性作用。

一部分莲池学者顺应时变,从事新闻出版事业,为桐城之学的演进和传播做出了贡献。吴汝纶在北京创办华北译书局,刊行《经济丛编》。廉泉在上海创办文明书局。张继编辑《国民日日报》《民报》和《新世纪》等。谷钟秀参与并主持泰东图书局、《中华新报》和《正谊》杂志。1945年九月,《天津民国日报》复刊,贺培新隐主业务,主笔、副刊主编等亦皆为贺门弟子。包括莲池学者在内的近四十位桐城派学者在该报发表文章。

当举国懵然不知时代大势而争相抗拒西学时,莲池学者传承曾国藩师夷自强的理念,以西学倡天下,以息嚣庞、启愚昧为己任。张裕钊已在莲池以西学课徒、接待外国来访学者和招收外国留学生。吴汝纶以为,欲救时变,必先讲求西学,造成英伟奇崛之人才,因此更进而开办西文学堂和东文学堂,请外国教习任教。同时,他为严复译《天演论》作序,备极揄扬。庚子变起,愚民排外如狂,焚教堂,杀洋教习,蜂拥入书院,挺矛露刃,哗噪叫謼,遍搜吴氏。所

---

[1] 李启诚点校:《资政院议场会议速记录:晚清预备国会论辩实录》,上海:上海三联书店,2011年,第747~748页,第754页。

幸他已挈家出走,避地深州。光绪二十八年(1902),他以京师大学堂总教习身份到日本考察学制。① 受张、吴激励,莲池学子留学日本者不绝于道。这些学子学成归国后,或佐行新政,或以新学诱导后进,开一时新风。

当新学大兴,狂者诋毁中学不遗余力时,莲池学者又毅然挺出,守卫古典传统中那些他们认为足以不朽的元素。就文而论,他们视古文为至尊。吴汝纶以为,周孔之教,独以文胜。故其教人,一主乎文。② 吴闿生以为,天地之间文最贵,因为"圣贤豪杰闳功伟业,各发其精光伟气,前后落落以相标映于其间,而求所以传载其精神以永垂于不朽者,则唯文字乎是赖。文字存而后事功著,而名烈昭。文不可见,则乾坤或几乎息矣"③。在理论上,他们主张因声求气,以为声调乃古文欣赏与写作的神髓。此说发自姚鼐,变于曾国藩,倡大于张裕钊、吴汝纶,而贺涛、吴闿生、贺培新等守之不移。在风格上,他们最重先秦西汉之文的雄奇之美,并将其与燕赵固有的慷慨悲歌之风相浑融,形成以阳刚为特征的群体创作风貌。

数代莲池学者无不仰曾国藩若山斗。张裕钊、吴汝纶亲承曾氏耳提面命,终身感激其再造之恩,敬之如神明,自不必论。吴闿生论曾文:"光气熊熊,倚天曜日,喷薄昌盛而不可已。此则文家至难得之境,虽唐宋大家不数数觏者,而公一握管则浩然之气奔赴腕下。盖其学识高出一代,而积诚养气之功有独至者。亦由其得于天者为独优,不可以强袭者也。公之精神照耀千古不可磨灭者在此,其规模度量足以建一代之勋名而收揽一代之才俊者亦出于此。盖其事有出于文章之外者,而文章得之益以闳伟矣。"④ 贺培新说:"曾

---

① 李景濂:《吴挚甫先生传》,见吴汝纶撰、施培毅和翁寿凯校点:《吴汝纶全集》(四)附录,第 1126~1138 页。
② 李景濂:《吴挚甫先生传》,见吴汝纶撰、施培毅和翁寿凯校点:《吴汝纶全集》(四)附录,第 1131 页。
③ 吴闿生:《明清八家文钞序》,见徐世昌纂:《明清八家文钞》卷首,民国二十年(1931)天津徐氏开雕。按:此文署名徐世昌。
④ 吴闿生:《古文范》下编二,中国书店藏板整理,戊子年春月重刊,第 25 页。

文正公包挈众长,贯串百氏,扫除门户之见,以正学倡天下。"①吴、贺之评表达了莲池学者群体对曾氏的由衷钦敬。

  曾国藩是有卓见、有创造性、有历史深度的人。当预感到人生即将谢幕、清廷大厦即将倾覆之际,他仍然不灰心、不懈怠,以儒者的大胸襟、大担当,为生民立命,勉力以斯文教化一方,以期收大效于方来。当他把桐城之学带给这块朴陋土地时,他同时带来了经世致用的时代精神和对中外大势的洞见,带来了他所钩沉并作新解的豪侠之风。他把这一切糅合起来,去重塑以莲池为中心的直隶士子之魂。莲池新风由此开启,燕赵大地此后数十年的面貌也由此而一变。

(原载《安徽大学学报》2014年第6期,发表时有删节)

---

  ① 贺培新:《北江先生文集序》,见《天游室集·文一》,民国二十六年(1937)梓于北平,第17页。

张裕钊与清季文坛

张裕钊在清季以古文焜耀于文坛。曾国藩、刘熙载皆许其文为当世"海内第一"[1]。吴汝纶说：皇清足与文章之事者，姚鼐、梅曾亮和曾国藩后，惟张裕钊而已[2]；"廉卿死，则广陵散绝矣"[3]。孙雄说："裕钊之文，亦实足以传世行远"；近世除曾国藩外，"鲜足与裕钊抗手者"。[4]

张裕钊的名山事业，实由曾国藩陶铸而成。立雪曾门，使他由乡隅之士一跃而为国之精英。其学融通汉宋，以礼为归，预于清季学术主流。其文继轨桐城，又不为所囿，雄奇而兼平淡，自成一家面目。其感时忧国的吟咏，是多难之世最为沉郁的歌哭。而其勋绩中尤为不可磨灭者，乃是他与吴汝纶联袂创辟了绵延于清季、民国文坛的莲池派。

---

[1] 光绪七年(1881)，张裕钊在《九枝》"湘乡薨亡兴化逝，独持卮酒看青天"句下注："曾文正师于余文，兴化刘庸斋先生于余文及书，皆许为海内第一"，见《张廉卿先生诗文稿》，台湾：台湾文海出版社，1982年影印版，第280页。张后沆、张后浍在《哀启》中说："光绪初年，兴化刘融斋宫允，称先严文章为当代之冠，书法则本朝一人耳。"叶贤恩先生藏稿。

[2] 吴汝纶：《答严几道》，见施培毅、徐寿凯校点《吴汝纶全集》第3册《尺牍》卷二，合肥：黄山书社，2002年，第236页。

[3] 吴汝纶：《与吴季白》，见《吴汝纶全集》第3册《尺牍》卷一，第63页。吴汝纶在《与刘际唐》中说："今自濂亭逝后，海内随空。"见《吴汝纶全集》第3册《尺牍补遗》，第570页。

[4] 孙雄：《濂亭文集提要》，见《续修四库全书总目》第12册，济南：齐鲁书社，1996年，第578页。

一、见知曾氏

张裕钊成学过程中的决定性事件,是他与曾国藩的遇合。曾国藩品行超卓、事功赫奕,而且学识闳通、文章轩茂,其知人喜才,尤超轶群伦。张裕钊自初晤曾国藩见知(1850),到曾氏过世(1872),始终备荷垂注。曾国藩的日记、书信,详细记录着他对张裕钊的勤教严绳、提携顾念。正是在曾国藩薰蒸下,张裕钊终成学界名家、文坛巨擘。

张裕钊初识曾国藩,即被激赏。道光三十年(1850)八月,张裕钊在京门应试国子监学正学录。曾国藩时任礼部侍郎,为读卷官,悦其文,拔之于稠人之中。待张裕钊来见,曾国藩即问:"子岂尝习子固文耶?"①张裕钊自幼谙熟曾巩之文,笔下不期然而有所流露。曾国藩敏锐地察知并郑重道及,令张裕钊欢喜无极。同时,曾国藩特为张裕钊引声朗诵王安石《泰州海陵县主薄许君墓志铭》,"抑扬抗堕,声敛侈,无不中节,使文字精神意态尽出";而张裕钊"言下顿悟,不待讲说而明";"自此研讨王文,笔端日益精进"。② 初见得宠,给张裕钊的烙印如此之深,以至于数十年后,他回念往事,仍心潮难平。他说:"忆昔平原入洛时,侍郎一见叹权奇。"③又说:"湘乡老眼赏神骏,一见识是渥洼姿。"④张裕钊初逢曾国藩,年已二十有八。他原本幽居乡邑,父兄既非特出,投分无间的师友也多属平常;虽幸领乡荐,也不过熟于帖括之学而已。而他首度入京,一试即见赏于庙堂清要曾国藩。这给予他多少自信和光荣,无怪他对此铭感终生。

曾国藩激励张裕钊修养心性、刻苦振拔,以期有成。咸丰九年(1859)八月廿二日至九月八日,张裕钊谒见曾国藩。十余日内,师弟子谈文无虚日。

---

① 赵尔巽主纂:《清史稿》(四四)卷四百八十六,北京:中华书局,1977年,第13442页。
② 吴汝纶:《王介甫〈泰州海陵县主薄许君墓志铭〉评语》,见徐树铮纂《诸家评点古文辞类纂》卷四十八,都门书局,民国五年(1916)年刊本,第3页。
③ 张裕钊:《感兴》,见《濂亭遗诗》卷二,光绪乙未(1895)秋遵义黎氏刊本,第7页。
④ 张裕钊:《赠李芋仙士棻》,见《濂亭遗诗》卷二,第14页。

离别时刻,张裕钊依依眷恋;曾国藩也"笃爱不忍舍去"①,并书手卷一幅相赠。这幅手卷的内容,为曾国藩道光二十四年(1844)二月所作《五箴》。曾国藩撰写《五箴》时,已经三十四岁。他自戚时光荏苒,碌碌无成,因而痛自警诫。这五箴依次是:立志箴、居敬箴、主静箴、谨言箴、有恒箴。文章语语斩钉截铁,显出作者意欲振励之愿。关于立志,他说:"往者不可追,请从今始。荷道以躬,舆之以言。一息尚存,永矢弗谖。"关于居敬,他说:"女之不庄,伐生戕性";"驰事者无成,慢人者反尔";"人则下女,天罚昭昭"。关于主静,他说:"斋宿日观,天鸡一鸣。万籁俱息,但闻钟声。后有毒蛇,前有猛虎。神定不慑,谁敢予辱!"关于谨言,他说:巧语闲言,扰身搅神;道听途说,贻羞于人。"尤悔既丛,铭以自攻"。关于有恒,他说:"黍黍之增,久乃盈斗。"等等。② 曾国藩手书自箴之言以赠,对张裕钊可谓期待殷殷。

曾国藩引领张裕钊在创作中弃柔弱而趋雄奇。张裕钊从游曾门期间,每有述作,必呈诲于曾国藩之前。曾国藩虽军书旁午,每接张裕钊文,也必抽暇审阅评骘。张裕钊不在曾幕时,曾国藩与之函札往还,常常谈学论文。张裕钊在曾幕时,曾国藩更几乎无日不与之论学谈文。一部曾国藩日记,就满是曾氏与张裕钊痛论古文的记载。曾国藩论文绍绪桐城。但桐城诸老气清体洁,独少雄奇瑰玮之境。曾国藩则"出而矫之,以汉赋之气运之,而文体一变"③。曾氏推崇"雄奇瑰玮"④文境;期冀张裕钊研习扬雄、韩愈之文,参以两汉古赋,以救柔弱之短。咸丰九年(1859)三月十一日,他说:"足下为古文,笔力稍患其弱。昔姚惜抱论古文之途,有得于阳与刚之美者,有得于阴与柔之美者,二端判分,画然不谋。余尝数阳刚者约得四家:曰庄子,曰扬雄,曰韩愈、柳宗元。阴柔者约得四家:曰司马迁,曰刘向,曰欧阳修、曾巩。然柔和渊懿之中必有坚劲之质、雄直之气运乎其中,乃有以自立。足下气体近柔,望熟

---

① 曾国藩:《曾国藩全集》第 16 册《日记一》,长沙:岳麓书社,1994 年,第 418 页。
② 曾国藩:《五箴》,见《曾国藩全集》第 14 册《诗文》,第 146~147 页。
③ 吴汝纶:《与姚仲实》,见《吴汝纶全集》第 3 册《尺牍》卷一,第 51~52 页。
④ 曾国藩:《复吴敏树》,见《曾国藩全集》第 22 册《书信二》,第 1154 页。

读扬、韩各文,而参以两汉古赋,以救其短,何如?"①张裕钊谨承曾国藩之教,为文很快就由柔弱一变而为雄奇。

曾国藩学兼汉宋,对张裕钊深具影响。道光二十一年至二十三年(1841—1843),曾国藩在邵懿辰、唐鉴等师友夹持下,建立了对程朱理学的信仰。②对汉学考据,他本不以为然。道光二十三年(1843)正月十七日,他说:"考据之学,吾无取焉矣。"③但在学问成熟期,他的看法大异。咸丰九年(1859)四月二十一日,他训谕曾纪泽,若有志读书,不可不一窥顾炎武、阎若璩、戴震、江永、钱大昕、秦蕙田、段玉裁、王念孙"数君子之门径"④。同治元年(1862)十二月,他自谓:"一宗宋儒,不废汉学。"⑤这可说是其晚年定论。就在曾国藩下此断语前的九月八日,他与张裕钊有过一次"论国朝诸大儒优劣"⑥的谈话,其论旨自当不出宗宋而不废汉二端。张裕钊在《祭曾文正公文》中,称美乃师"导达汉宋,藩决途夷"⑦,可谓得其为学神髓。张裕钊论学兼容汉宋,即是在曾氏学术观笼罩下形成。

曾国藩接引张裕钊进入清季最负盛名的学术群体。咸丰三年(1853)二月,曾国藩兵起衡湘伊始,即招张裕钊入幕;⑧洪杨败后,又延其主江宁凤池书院达十一年之久。咸同之际,曾幕辟召,皆一时英俊,文采风流,冠绝海内。桐城方宗诚和吴汝纶、江宁汪士铎、仪征刘毓松、独山莫友芝、遵义黎庶昌、南汇张文虎、海宁李善兰和唐仁寿、德清戴望、宝应刘恭冕和成蓉镜等,并以学

---

① 曾国藩:《加张裕钊片》,见《曾国藩全集》第22册《书信二》,第934页。
② 余英时:《曾国藩与"士大夫之学"》,见《现代儒学的回顾与瞻望》,北京:三联书店,2004年,第300~307页。
③ 曾国藩:《曾国藩全集》19册《家书一》,第55页。
④ 曾国藩:《谕纪泽》,见《曾国藩全集》第19册《家书一》,第477页。
⑤ 曾国藩:《复夏教授》,见《曾国藩全集》第25册《书信五》,第3467页。
⑥ 曾国藩:《曾国藩全集》第16册《日记一》,第418页。
⑦ 张裕钊:《祭曾文正公文》,见《濂亭文集》卷八,光绪壬午(1882)秋七月,查氏木渐斋刊本,第10页。
⑧ 曾国藩:《与江忠源、左宗棠》,见《曾国藩全集》第21册《书信一》,第119页。

术风采相尚;暇则常从曾国藩游览燕集、雍容赋咏。① 张裕钊与这个群体中的主要成员,切磋琢磨,学问日进。

曾国藩对张裕钊奖饰纷纭。咸丰九年(1859)八月二十五日,曾国藩说:"张送古文四首,精进可畏。"②九月八日,又说:"廉卿近日好学不倦,作古文亦极精进,余门徒中可望有成就者,端推此人。"③咸丰十年(1860)闰三月十七日,曾国藩说:张文"日进不已,可畏可爱"④。同月二十七日,又说:张文"日进无疆,至为欣慰"⑤。咸丰十一年(1861)十一月十六日,曾国藩说:"日内与张廉卿屡谈,渠学问又已大进。"⑥同治七年(1868)八月二十四日,曾国藩说:"阅张廉卿近所为古文,喜其入古甚深。"⑦张裕钊作《答刘生书》,曾国藩评曰:"文入古甚深,而辞又足以达其所见,实已参透真消息。"⑧曾国藩褒奖张裕钊不容口,为其在曾幕内外,在整个学坛,赢得盛誉。

张裕钊一生学问,由曾国藩哺育而成。他在许多华章中,不遗余力歌颂曾国藩的伟绩;更对其知遇之恩,深致感激。在《赠方子白翊元》中,张裕钊把曾氏领袖的咸同文坛与欧阳修主盟的嘉祐文坛相提并论,把包括自己在内的曾门诸子拟为欧门苏曾;并"感怀知己",不能自已。⑨ 同治十一年(1872)二月初四日,曾国藩病逝,张裕钊悲不自胜。其悼文曰:"钘我小子,靡所比似。薄陋滞拙,世之所弃。辱荷公知,区区文字。譬海纳川,我乃涓涘。暇日请谒,公屡色喜。评榷古今,往往移晷。矜我诲我,我礲我砥。翼我焘我,畀我无已。……天下之恸,一身之私。哀来无端,涕陨如縻。公乎有知,其稔予

---

① 张裕钊:《唐端甫墓志铭》,见《濂亭文集》卷六,第2页。
② 曾国藩:《曾国藩全集》第16册《日记一》,第413页。
③ 曾国藩:《曾国藩全集》第16册《日记一》,第417~418页。
④ 曾国藩:《曾国藩全集》第16册《日记一》,第485页。
⑤ 曾国藩:《复张裕钊》,见《曾国藩全集》第22册《书信二》,第1352页。
⑥ 曾国藩:《曾国藩全集》第16册《日记一》,第685页。
⑦ 曾国藩:《曾国藩全集》第18册《日记三》,第1545页。
⑧ 张后沆、张后浍:《哀启》。
⑨ 张裕钊:《赠方子白翊元》,见《濂亭遗诗》卷一,第1页。

悲。"①他对曾氏的矜诲、礲砥、翼煮，表达了没世不忘之情。

二、会通汉宋

张裕钊尽管以文名世，但他终生所黾勉从事者，并非徒从文以求文，而固以学问植其根基。②张裕钊为学原本《六经》，推尊宋学义理，亦重汉学训诂，而以礼学为归。就学术史而论，汉宋之争是清代中叶后学坛重大主题。降至清季，世移时换，汉宋会通成为主流。而如何会通汉宋？学者不约而同选择了礼学。乾嘉时代，汉学家凌廷堪提出"以礼代理"说，受到宋学家痛责。③清季曾国藩、黄式三和黄以周父子等精研礼学，则皆泯灭汉宋疆域。④张裕钊的学术选择，正是顺学术潮流而动。由于张裕钊熔炼学问以为文，故其文"义粹以深，而必规乎道之大"⑤。

张裕钊为学首重宋学。其子后沆、后浍说："先严于学无所不窥，而以宋儒理学为本。"⑥张裕钊认为，古圣之旨因程朱而明，后世学者因程朱而知所趋。他说："自有宋程朱诸儒，倡明道学，古昔圣人所以觉世牖民之意，昭然大明于世，人乃始皆晓然于学者所以学为仁义也。为功于圣人，有裨于天下后世，岂不大哉！"⑦张裕钊理学素养湛深，并能力践其学，有儒者气象。他性宁静；与人交，辞气蔼如；间值窘乏，安之若素；生平处宾师之位，稍不合，辄讬故辞去，以求不失己；训子首惜名节，谓："人生通塞、行止、去住，皆有定分，非人

---

① 张裕钊：《祭曾文正公文》，见《濂亭文集》卷八，第11页。
② 张舜徽：《濂亭文集》，见《清人文集别录》（下）卷十九，北京：中华书局，1963年，第529页。
③ 张寿安：《以礼代礼——凌廷堪与清中叶儒学思想之转变》，石家庄：河北教育出版社，2001年。
④ 曾国藩：《孙芝房侍讲刍论序》，见《曾国藩全集》第14册《诗文》，第256页。
⑤ 查燕绪：《濂亭文集后跋》，见《濂亭文集》卷后，第2页。
⑥ 张后沆、张后浍：《哀启》。
⑦ 张裕钊：《翊翊斋遗书序》，见《濂亭文集》卷一，第12页。

之所能主。惟读书立品,则我之所能自必者。"①他在作品中,对信奉宋学的学人也深致敬意。②

张裕钊为学亦不废汉学。他认为,汉代儒者在秦火之后,兴亡继绝,卓然不磨。他说:"自秦政刬灭古文,而圣人之道几绝。汉兴,诸儒抱遗订坠,《六经》赖以粗明,厥用力甚勤。且其功亦诚不朽。又维时去古未远,经师转相传授,先圣遗绪,亦未泯绝。自诸儒所纂述,三代遗文坠典,逸礼旧制,往往而在。且其说经之词,时有精深闳博,曼邈绝伦,确然可信为洙泗之微言大义,非后世儒生之智所能及者。信可谓卓然不磨者欤!"③张裕钊尤钦敬当朝绍绪汉代学术的学者研经之功。他说:"自康雍乾嘉以来,经学号为极盛,非独远轶前明,抑亦有唐而后所未有也。"④汉学家治经强调由声音、文字以通其词,由词以通其道。张裕钊对此治学门径颇表认同。他说:"六书之恉,象形、象事、会意而外,形声、转注、假借三者,其本皆原由于声音。是故必明乎古音,而后训诂明;训诂明,而后六经之说可得而知。"⑤又说:"夫声音、训诂之不明,则古义诬。而其说经也,必多失乎圣人之旨。故学者必首事乎是也。"⑥张裕钊对清代汉学的先导陈确至为景仰。他说:"我朝经学,度越前古,实陈氏有以启之。虽其后顾、江诸贤之书,宏博精密,益加于前时,然陈氏创始之功,顾不伟哉!……陈氏生当有明之季,举世汩于浮游肤陋妄庸之学。独刻意稽古,覃精冥悟,卓为百代之先觉,斯至难能者耳!"⑦张裕钊对好友、

---

① 张后沆、张后会:《哀启》。
② 例如,他赞誉查绍箴"聪令凤成,尝所读书甚众,尤笃耆朱子之书"(《候选郎中查君墓表》,见《濂亭文集》卷五,第20页);赞誉冯作新"虽绝意进取,而耆学故不少闲。日取宋五子及诸儒先书,编摩讽诵,复而不厌,以是泽其躬行"(《汉阳冯府君墓表》,见《濂亭文集》卷五,第23页)。
③ 张裕钊:《策经心书院诸生》,见《濂亭遗文》卷三,光绪乙未(1895)秋遵义黎氏刊本,第11页。
④ 张裕钊:《与钟子勤文烝书》,见《濂亭文集》卷四,第4页。
⑤ 张裕钊:《重刊毛诗古音考序》,见《濂亭文集》卷一,第9页。
⑥ 张裕钊:《经心书院记》,见《张廉卿先生诗文稿》,第158页。
⑦ 张裕钊:《重刊毛诗古音考序》,见《濂亭文集》卷一,第8页。

汉学家莫友芝也甚为推重。他说：莫氏"于《苍雅》故训、《六经》名物制度，靡所不探讨。旁及金石目录家之说，尤究极其奥赜，疏导源流，辨析正伪，无铢寸差失。"①张裕钊不以汉学名家，但也精于此道。他所校雠的湖北江南书局官书，"人争购致，比之鸿都石经"②。他更撰有《左氏服贾注考证》《今文尚书考纪》等专门汉学著作。

张裕钊对宋学、汉学之弊有深刻觉悟。关于宋学末流之短，他认为至少有四：一是为学狭陋，不能博文约礼。他说："逮其后，原远而末分，学者或安于狭陋，偲偲奉一先生之言，而不能博文约礼，究极乎本末终始、广大精微之致，固已不免于通儒之讥已。"③二是束书不观，妄自著书。他说："又其甚者，肤学鲰生，束书不观。其于《六经》宏深之蕴，天人之故，古今之赜，懵乎未之有闻，乃捃拾诸朽腐熟烂之言，曼衍以为书，旦握管而暮已盈篋，用自号于世曰：'吾所为学，道学也。'不知其书，乃为有识者之所深鄙弃绝而不欲观。"④三是言行相悖。他说："又其益甚者，立身行事，大戾乎圣贤之教，乃亦捃拾语言，曼衍以为书，益侈然、义然号为世曰：'吾所为学，道学也。'膺秕以冒粟，身桀而口尧。"⑤四是摒弃考证。他说："或专从事于义理，而一切屏弃考证为不足道，蒙又非之。"⑥关于当朝汉学之短，张裕钊认为，其"患在穷末而置其本，识小而遗其大，而反诋訾宋贤，自立标帜，号曰汉学。天下承风相师，为贤君子病焉"⑦。

张裕钊由于洞悉汉、宋优劣，因而力主在尊奉宋学的前提下，会通汉宋。他认为，宋学重义理，侧重阐发圣人之道；汉学重考证，有助于通向圣人之道。二者固有本末、精粗、重轻之别，但治学中不容厚此薄彼。因为圣人之道寓于

---

① 张裕钊：《莫子偲墓志铭》，见《濂亭文集》卷六，第3~4页。
② 《张裕钊传》，见《清国史》（十二），北京：中华书局，1993年，第741页。
③ 张裕钊：《翊翊斋遗书序》，见《濂亭文集》卷一，第13页。
④ 张裕钊：《翊翊斋遗书序》，见《濂亭文集》卷一，第13页。
⑤ 张裕钊：《翊翊斋遗书序》，见《濂亭文集》卷一，第13页。
⑥ 张裕钊：《与钟子勤文烝书》，见《濂亭文集》卷四，第4页。
⑦ 张裕钊：《与钟子勤文烝书》，见《濂亭文集》卷四，第4页。

经,欲明经中之道,不循考证之途,就无由得之。只有汉与宋合,道与器备,方能得天下之理。他说:"夫学固所以明道。然不先之以考证,虽其说甚美,而训诂制度之失其实,则于经岂有当焉?故裕钊常以为,道与器相备,而后天下之理得。至于本末、精粗、轻重之数,是不待口说之辨而明者也。"①由于力主汉宋兼容,张裕钊对为学不设汉宋壁垒的顾炎武、王夫之至为服膺。他说:"二人初无此等门户之见,所以高出以后诸儒。大抵亭林、船山于许、郑、杜、马、程、朱之书,无所不究切,兼综考据、义理之长,精深宏博邈焉。"②

张裕钊把礼学视为会通汉宋的佳途,经世致用的根本。在经学中,张裕钊最重礼学。他说自己"晚学今耽小戴经"③。他认为,悠悠万事,惟礼为大。礼关乎修己、治人。有礼,则身得其安,家得其序,国得其治,天下得其理。礼失,则祸败随之。由于礼如此重要,圣人才将其作为施教核心,汉学大师郑玄、宋学大师朱熹才将其作为研治重点。张裕钊说:"礼之于道天下也宏远矣。盖自人之一身,耳目形体、饮食男女之事,推及乎天下国家,朝野上下,冠昏丧祭射御食飨之经,至于班朝治军,莅官行法,未有一事而不由乎礼者也。昔成周之肇建并以兴太平,弥纶万事,洪纤靡远,然一总蔽之曰:礼而已矣。故孔子曰:'周监于二代,郁郁乎文哉!'又曰:'吾学周礼,今用之。吾从周。'及孔氏之所以为教,学莫先于为仁,学者莫贤于颜渊。而其所以告之,则亦曰:'惟视、听、言、动之复乎礼而已。'由是而言,则礼者,教之极也。周公、孔子之圣,《六经》之赜,文成数十万,其指不可胜穷,究极终始,穷贯本末,岂有外乎是哉?自圣人不作,学术日敝,而风俗日坏。由千岁以来,其大无道之世,罔有不自其礼先失,而后祸败从之者也。三代以降,独汉、宋之世,兴学秉礼,崇化法度,犹为近古。是以人才奋兴,号称极盛。其博之大儒,若汉之郑康成,有宋朱子,尤措意于《三礼》,讲求订正,孳孳不倦。至于今日,以为宗阴。……施之于一身,而身得其安焉;施之于一家,而家得其序焉;施之于天

---

① 张裕钊:《与钟子勤文烝书》,见《濂亭文集》卷四,第4页。
② 张裕钊:《张裕钊批语》,国家图书馆藏齐令辰刻本。
③ 张裕钊:《秋夜》,见《濂亭遗诗》卷一,第2页。

下,而天下得其理焉。其居于上,则足以尊主庇民,更化矫俗;其居于下,亦不失为经明行修、明体达用之士。"①此段文字论述了礼之重要,和郑玄、朱熹对礼学的精研。关于汉学、宋学在礼学领域的会通,张裕钊补充说:郑康成于东汉"最为大儒,训释诸经,深明古义,而尤邃于《三礼》,学者宗之";朱熹作为宋学的集成者,"其训释文字,类皆原本汉儒,弥研精《礼经》,而亟称郑氏"。②从郑玄、朱熹的学术实践看,汉学、宋学在重礼和研礼方法方面,具有高度一致性和浑融性。

三、继轨与超越

清季文坛,桐城派如火如荼。张裕钊说:"昭代盛文藻,桐城今所推。崛兴得湘乡,大涂辟千期。"③桐城派的风靡,实由曾国藩推挽所致。张裕钊师出曾门,继轨桐城,自无足怪。但由于他对文事深具自信,且有千秋万岁名之期,因而,他终不甘因袭,而意欲超越桐城,则亦属自然之事。费行简说:曾门诸子"独裕钊脱桐城派最早"④。张裕钊平生并未与桐城派斩断葛藤。不过,他希冀在桐城之外另辟蹊径,费氏却是看得分明。

张裕钊钦敬、笃嗜桐城之文。他说:"国朝方、姚之徒出,以古文为海内倡,而桐城文章遂冠天下。"⑤又说:"学文不信桐城诸老绪论,必堕庞杂叫嚣之习。"⑥他认为,桐城文章之盛,由山川奇杰之气钟孕。他说:"裕钊自少时治文事,则笃耆桐城方氏、姚氏之说,常诵习其文。私尝怪雍乾以来,百有余年,天下文章,乃罕与桐城俪者。间独闻龙眠、浮渡诸山水,古所称绝胜也。

---

① 张裕钊:《经心书院记》,见《张廉卿先生诗文稿》,第157~160页。
② 张裕钊:《辨古今学术》,见《张廉卿先生诗文稿》,第169~171页。
③ 张裕钊:《赠朱生铭盘》,见《濂亭遗诗》卷一,第25页。
④ 费行简:《近代名人小传》,周骏富辑清代传记丛本第202册,台湾:文明书局,1985年,第345页。
⑤ 张裕钊:《汝南通判马府君墓表》,见《濂亭文集》卷五,第16页。
⑥ 姚永朴:《旧闻随笔》卷三,己未(1919)刊本,第17页。

姚氏之言,以谓黄、舒之间,山川奇杰之气,蕴蓄且千年,宜有儒士兴于今,理固当有是邪!向时往来楚、皖之交,泛舟浮大江中流,望皖西北诸山,隐然出云表,其隆崒秀异,绝可伟也。"①

张裕钊对方苞、姚鼐和梅曾亮,皆有佳评。他论方苞,"精与谨细";"规模绝大……文体自正。……自不能不推为巨手";"修辞极雅洁,无一俚语、俚字";"疏在实处,以质朴见之";其"叙事文,有言简而意深者,亦自妙远不测";其"为人严气正性,盖得力于《三礼》;而为文根源,出于《管》《荀》,故文章整肃严峻";方氏与归有光"皆性情醇古,每出一语,真气动人。其发于亲属,叙述家常文字,尤真朴恳至,使人生孝弟之心。此真《六经》之裔也"。②他论姚鼐之文:"略不道家常,意在避俗求雅。"③他尝写定姚鼐七律以及施闰章五律、郑珍七古各若干首,纂为《国朝三家诗钞》。他说:"姚姬传氏自述其作诗之旨,在镕铸唐宋。然以余观之,独七律为最工耳。"当朝诗人杰出者数十,"然其卓然自立,不愧古人,独此三家而已"。④他论梅曾亮胜处:"最在能穷尽笔势之妙,其修词诚愈于方、姚诸公。"⑤

张裕钊把桐城诸老有关声、气的论述,升华为"因声求气"论。"声"即文之字句节奏,"气"即文之气势及其内蕴情思。古之缀文者情思动而辞发。后人欲沿波讨源,由辞以见其情、其思,务须讽诵深久,在或纤徐、或疾促、或流荡、或凝滞的语调中,体悟文技、文势,进而得其情思。习文,桐城诸老最重由声音证入。刘大櫆说:"音节者,神气之迹也。字句者,音节之矩也。神气不可见,于音节见之。音节无可准,以字句准之。"⑥姚鼐说:"大抵学古文者,必

---

① 张裕钊:《吴育泉先生暨马太宜人六十寿序》,见《濂亭文集》卷三,第10页。
② 《张裕钊论文》,见吴汝纶撰《〈古文辞类纂〉评点》之《附录》,民国三年(1914)京师国群铸一社石印本。
③ 同上。
④ 张裕钊:《国朝三家诗钞序》,见《濂亭遗文》卷一,第7页。
⑤ 张裕钊:《与黎莼斋书》,见《濂亭文集》卷四,第13页。
⑥ 刘大櫆:《论文偶记》,见《海峰文集》卷首,同治甲戌(1874)冬刘继重刊本。

要放声疾读,又缓读,祇久之自悟。若但能默看,即终生作外行也"①。"诗古文各要从声音证入,不知声音总为门外汉耳"②。"急读以求其体势,缓读以求其神味"③。张裕钊承刘、姚之绪,极重声音,明确提出"因声求气"论。他说:"文章之道,须从声音证入。若取古人书,反覆朗诵而深思之,以意逆志,达于幽眇,所得必超出常解之上。"④又说:"文章之道,声音最要。凡文之精微要眇,悉寓其中。必令应节合度,无铢两杪忽之不叶,然后词足而气昌,尽得古人音节抗坠抑扬之妙。"⑤又说:"欲学古人之文,其始在因声求气。得其气,则意与辞往往因之而并显。而法不外是矣。"⑥

张裕钊尊奉桐城文统。姚鼐吸收方苞纂《古文约选》、刘大櫆纂《精选八家文钞》等成果,辑成《古文辞类纂》。在这部因、创并举的选本中,姚鼐建立了一个影响深远的文统。这一文统以唐宋八家之文为主轴,兼及先秦、两汉和明代归有光、清代方苞与刘大櫆之文,附之以楚汉辞赋,而将六朝骈体之文摒弃于外。其中,将传统中被视为"古诗之流"⑦的辞赋,作为古文一类,尤为姚鼐凌砾千古之处。这不仅为古文带来了讽喻和铺张,带来了诗意和词藻,甚至带来了神话的奇幻和虚构。张裕钊平生数百条论文之语,基本围绕姚鼐所立文统展开,少有越出雷池之处。⑧他对姚鼐将辞赋抬入古文领域,尤表

---

① 姚鼐:《与陈硕士》其八,见《惜抱先生尺牍》卷六,咸丰五年(1855)九月海源阁刊本,第6～7页。
② 姚鼐:《与陈硕士》其十三,见《惜抱先生尺牍》卷七,第14页。
③ 姚鼐:《与陈硕士》其二十,见《惜抱先生尺牍》卷六,第14页。
④ 《张裕钊传》,见《清国史》(十二),第741页。
⑤ 刘声木:《桐城文学渊源考》卷十,直介堂丛刻,民国十八年(1929)刊本,第1页。
⑥ 张裕钊:《答吴至甫书》,见《濂亭文集》卷四,第3页。在该文中,张裕钊继续说:"夫作者之亡也久矣。而吾欲求至乎其域,则务通乎其微。以其无意为之,而莫不至也。故必讽诵之深且久,使吾之与古人訢合于无间,然后能深契自然之妙,而究极其能事。若夫专以沉思力索为事者,固时亦可以得其意,然与夫心凝形释、冥合于言议之表者,则或有间矣。故姚氏暨诸家因声求气之说,为不可易也。"
⑦ 班固:《两都赋序》,见费振刚、胡双宝、宗明华辑校:《全汉赋》,北京:北京大学出版社,1993年,第311页。
⑧ 《张裕钊论文》,见吴汝纶撰《〈古文辞类纂〉评点》之《附录》。《张裕钊〈韩昌黎文集〉批语辑存》,见马其昶校注、马茂元整理:《韩昌黎文集校注》,上海:上海古籍出版社,1987年。

钦服。他说:"姚姬传氏《古文辞类纂》特列词赋一门,其识为宋以来言古文者所不及。"①

张裕钊固属桐城嫡派,但他并非亦步亦趋的模仿者,而是深具凌迈桐城之志。

张裕钊对桐城诸老之短,有清醒觉知。他认为,方苞"未能自然神妙";"未能缈远不测,风韵绝少";"其行文不敢用一华丽非常字。此其文体之正,而才亦不及古人也"。刘大櫆"字句都洁,而意不免芜近,非真洁也"。姚鼐"性情萧疏旷远,至于质朴醇厚,实不及归、方,即使效之,亦不能工。惜抱文别倡神韵一宗,然却受震川牢笼。其高者可追《史记》,得其风趣;其下者,修词雅伤,仅比元人。盖惜抱名为辟汉学,而未得宋儒义理之精密,故有序之言虽多,而有物之言则少"。② 姚鼐极重从声音证入。但张裕钊认为,从《惜抱轩文集》和《古文辞类纂》看,"似姚氏于声音之道,尚未能究极其妙"③。此外,梅曾亮之文也"不能穷极广大精微之致"④。

张裕钊对姚鼐所持"义理、考证、文章"三者合一之说,存有异议。他看重专精;认为人生精力、时光有限,势难兼综。他说:"学问之道,义理尚已。其次若考据、词章,皆学者所不可不究心。斯二者固相须为用,然必以其一者为主而专精焉,更取其一以为辅,斯乃为善学者。不然,人生只此精力,只此岁年。行歧路者不至,怀二心者无成。孙卿之言,不易之论也。"⑤

张裕钊虽尊奉桐城文统,但其关注的重心已与桐城诸老有别。姚鼐等人关注的重心在唐宋八家之文,而张裕钊关注的重心已经从唐宋八家之文转向周、秦、盛汉之文。唐宋八家之文在张裕钊心中当然始终占居相当地位,但他在谈论唐宋八家之文时,除强调其独创之外,更强调其对周、秦、盛汉之文的继承和脱化。其欲彰明的,显然仍在周、秦、盛汉之文。关于周、秦、盛汉之文

---

① 张裕钊:《策经心书院诸生》,见《濂亭遗文》卷三,第12页。
② 此段关于方、刘、姚之评,见《张裕钊论文》,吴汝纶撰《〈古文辞类纂〉评点》之《附录》。
③ 张裕钊:《与吴挚甫》其三十九,见《张廉卿先生论学手札》,民国间九思堂影印版。
④ 张裕钊:《答黎莼斋书》,见《濂亭文集》卷四,第13页。
⑤ 张裕钊:《复查翼甫书》,见《濂亭文集》卷四,第14页。

妙处,他说:"周、秦、盛汉之文,虽寻常语,冲口而出,自然高古雄骏,不可及";"昔人谓:'文忌爽。'非也。《孟子》乃文之至爽者,《史记》《国策》亦然。西汉之初,文章之高,犹有周、秦气,亦正以其爽耳。武帝以后,则文太做作矣"。①贾谊《过秦论上》"玮丽之辞,瑰放之气,挥斥而出之,而沛然其甚有余。惟盛汉之文乃有此耳"②。他尤视《史记》为"万古高文"③。他说:"史公但叙次一人行事,必使其性情品地,自其全体,至于隐微处,一皆曲肖此一人。如汲长孺之高风骏节、李将军之慈良简易、智略倜傥,以至李斯之怀禄苟容,田蚡之庸鄙怙势,刘安之妄庸,万石之醇谨,千载之下,即如遇其人于眉睫之前,而亲睹其状貌起居言笑者。至于屈信、盛衰、离合、得失,情事无不委折备具,庶几化工之妙者。"又说:"凡作文,从四面写来,似无伦次,如入汉武建章、隋炀帝迷楼,而正意止,瞥然一见,在空际荡漾,恍若大海中日影,空中雷声。此子长《河渠》《平准》《封禅》书,《伯夷》《孟子》《屈原》《酷吏》《游侠》列传法也。"又说:"太史公文,每于提掇关键处,有笔所未到气已吞之势。"④关于唐宋八家对周、秦、盛汉之文的继承与脱化,张裕钊的议论至多,吴汝纶撰《古文辞类纂评点》之《附录》、徐树铮纂《诸家评点古文辞类纂》中引录详备。例如,他说:"退之学《孟子》,其于理核词备、雄直奇肆处,尽得之。至于飘忽之势,缥缈之神,似犹未有得也。退之以扬子云化《史记》,子厚以《庄》《老》《国语》化六朝,介甫以周、秦诸子化退之,子固以《三礼》化西汉,老苏以贾长沙、晁家令化《孟子》《国策》,东坡以《庄子》《孟子》化《国策》。于此,可求脱胎之法,即可求变化之法。"⑤由于张裕钊推尊周、秦、盛汉之文,也不废八家之文,因此,其文即有前者之雄奇,又有欧曾等文之平淡。这与方、姚之文偏于柔婉,又自不同。

张裕钊凌跨桐城诸老的雄心至为分明。他本人与其友朋,以及后来的文评家,就认为《书元后传后》一文超越方、姚、梅,可与盛汉之文并驾。在《答李

---

① 《张裕钊论文》,见吴汝纶撰《古文辞类纂评点》之《附录》。
② 徐树铮纂:《诸家评点古文辞类纂》卷一,都门印书局,丙辰(1916)校印,第4页。
③ 张裕钊:《读史记》,见《濂亭遗诗》卷一,第17页。
④ 《张裕钊论文》,见吴汝纶撰《〈古文辞类纂〉评点》之《附录》。
⑤ 《张裕钊论文》,见吴汝纶撰《〈古文辞类纂〉评点》之《附录》。

佛生太守书》中,张裕钊说:"近者,撰得《书元后传后》一篇,乃忽妄得意,自以甚似西汉人。且私计国朝为古文者,惟文正师吾不敢望,若以此文校之方、姚、梅诸公,未知其孰先孰后也。"①吴汝纶说:"此五百年中无能办此者矣。"②黎庶昌说:"论醇辞足,突过姚、梅。"③郭象升也说:"《书元后传》文果佳。方、姚、梅无此境界也。"④其实,据《答李佛生太守书》手稿,张裕钊以为文境迈越方、姚、梅者,原为《广西巡抚方公家传》,而非《书元后传后》。⑤ 查燕绪刻《濂亭文集》,方将《广西巡抚方公家传》置换为《书元后传后》。可知,张裕钊心目中,其胜于桐城诸老者,并非个别篇章。

四、感时忧国

张裕钊身处乱世,面对亘古未有之变,焦灼、悲愤而悒郁。其诗文最为突出的主题,就是感时忧国。这是那个天崩地裂时代,志士仁人所能发出的最强音。

张裕钊对邦国不幸,心怀无边凄怆。他虽然自度其才不足拯当世之难,而长期伏处山泽之间,但却"未能一日以忘斯世。其耳之所闻,目之所接,怆焉感於其心"⑥。他伤情地吟出:"犹有忧时心未减"⑦、"有心同抱杞人忧"⑧、

---

① 张裕钊:《答李佛生太守书》,见《濂亭文集》卷四,第12页。
② 徐世昌纂:《张廉卿先生文钞》卷上,见《明清八家文钞》,民国二十年(1931)天津徐氏刊本,第2页。
③ 黎庶昌纂:《续古文辞类纂》卷十九,光绪十五年(1889)刊本,第65页。
④ 郭象升:《濂亭文集评语》。郭文学先生供稿。
⑤ 张裕钊:《答李佛生太守书》,见《张廉卿先生诗文稿》,第204页。
⑥ 张裕钊:《赠吴清卿庶常序》,见《濂亭文集》卷二,第16页。
⑦ 张裕钊:《秋夜》,见《濂亭遗诗》卷一,第2页。
⑧ 张裕钊:《金坛冯梦华煦副车相遇白云轮舟中以诗见赠次韵酬之》,见《濂亭遗诗》卷一,第11页。

"孤怀共杞忧"①、"时艰实可哀"②、"所悲蒸蒸民,焉得谢轗轲"③、"衰拙更作杞人忧,端居日效唐衢哭"④、"屈子歔欷哀下土,贾生痛哭感中流"⑤、"黄茅白苇满平原,凭高极目愁心颜。凤鸾排荡无消息,昆仑欹倾九河翻"⑥、"衰朽谁裁豪士赋,梦魂常抱杞人忧。敢云藿食忧天下,可禁横流遍九州"⑦,等等。"忧"、"哀"、"悲"、"哭"、"愁",便是张裕钊目睹邦残国破时沉痛心情的真实写照。

洪杨之变,是张裕钊身历最大之事,也是其心头最大之痛。至而立之年,张裕钊原本一直生活于宁静、太平之中。入京赶考、任职前,他裹足乡隅,与世相隔,尽享读书、田园之娱。自道光三十年(1850)八月考取国子监学正学录,到咸丰二年(1852)八月辞官南旋,他任职京师,恰好两年。此时,第一次鸦片战争的硝烟早已云散;洪杨虽已揭竿,却仅奔突于边陲;朝堂内外,一片盛世气象。在京都,他常与友人拍张跳荡,饮酒诙嘲,竞雕词赋,旁搜《苍雅》,穷极一时之乐。他日后回首往事,写下这样欢悦的诗句:"昔我与君游京师,拍张跳荡好男儿。……于时海寓方全盛,禹皋揖让夔龙咏。长安市上走轻车,纵酒夜阑看斗柄。竞雕词赋揖邹枚,旁搜《苍雅》诹许郑。瞠目大笑群儿愚,致身当辅天子圣。"⑧

然而,洪杨鼙鼓,刹那震碎帝国盛世幻象,也惊破张裕钊的欢乐之梦。张裕钊辞官不久,武昌即告不守。"一朝大盗起五管,风尘暗天箭满眼"⑨,写出了诗人面对突如其来事变的仓惶与错愕。是时,曾国藩踔起湖湘,以护持名

---

① 张裕钊:《奉酬姚慕庭丈潘昌见怀原韵二首》,见《濂亭遗诗》卷一,第25页。
② 张裕钊:《书院中枇杷一株同治辛未之岁余手种也今十载矣垂荫满庭而吾尚客此感时抚事为赋此篇》,见《濂亭遗诗》卷二,第3页。
③ 张裕钊:《无题》,见《濂亭遗诗》卷一,第3页。
④ 张裕钊:《对酒》,见《濂亭遗诗》卷二,第10页。
⑤ 张裕钊:《读史》,见《濂亭遗诗》卷二,第9页。
⑥ 张裕钊:《是日归来复得长句再呈佛生》,见《濂亭遗诗》卷二,第12页。
⑦ 张裕钊:《悲秋》,见《濂亭遗诗》卷二,第15页。
⑧ 张裕钊:《赠李芋仙士棻》,见《濂亭遗诗》卷二,第14页。
⑨ 张裕钊:《赠李芋仙士棻》,见《濂亭遗诗》卷二,第14页。

教激发忠愤,手提劲旅与洪杨之军对垒。张裕钊在十余年烽烟滚滚中,数度出入曾幕,亲历丧乱和战争全程。他在许多篇章中,立足清廷一面,对战争的惨烈,作了史诗般的记述。回荡在这些篇章字里行间的,是他对民族大不幸的深沉咏叹。

张裕钊对洪杨一役毁灭性的破坏,至为痛惜。他说:"当粤贼盗据金陵,环吴之疆,如崩如沸"①。"自军兴以来,文武搢绅,至于士民,遘会祸乱而死者,何可胜数"②?"东南经乱后,所在焚弃殚尽。自裕钊来江宁,访求往迹,荡然无一树石之遗"③。"咸丰中,粤贼蹂县境,饥敝之余,米粟腾跃,人无所得食"④。而战争对学术的摧残,尤令他耿耿于心。他说:"逮咸丰初兵起,区寓縻沸,东南尤被其毒。诸人士死亡转徙,典籍焚毁,斩焉无遗,学者亦益废坏"⑤。江宁"承乱后残剥,一无所闻。欲求故家文物,先贤遗迹,益渺焉无复存者矣"⑥。桐城"后更丧乱,风流笃厚,稍稍衰矣"⑦。张裕钊友人唐端甫"既负异禀,又其家饶于财,大购书,累数万卷,往往多秘笈珍本。乃益发愤钻研,尤究心于六书音训之学,雠校经史,文字疏讹舛漏,毛发差失,皆辨之。由是名誉益闻"。"及咸丰八年,粤贼蹂扰浙中,端甫奔走流离,田宅财物,扫地划绝;所购书亦荡尽"⑧。战火就这样无情毁弃着生命、资财,也埋葬着文物和学人的著述事业。

张裕钊在表现战争的毁灭性时,每每以之与康乾时代鲜花着锦之盛作比。强烈的落差,衬托着作者心灵的失衡和痛苦。在《题毘陵赵氏畊读传家图》中,张裕钊念及战后凋敝,不禁遥想康乾当年:"当圣祖仁皇帝休烈醲泽覆

---

① 张裕钊:《代湘乡曾相国重修金山江天寺记》,见《濂亭文集》卷八,第6页。
② 张裕钊:《庐江吴徵君墓表》,见《濂亭文集》卷五,第14页。
③ 张裕钊:《题完白山人石交图》,见《濂亭文集》卷一,第18页。
④ 张裕钊:《吴徵君墓志铭》,见《濂亭文集》卷六,第7页。
⑤ 张裕钊:《唐端甫墓志铭》,见《濂亭文集》卷六,第3页。
⑥ 张裕钊:《题毘陵赵氏畊读传家图》,见《濂亭文集》卷一,第17~18页。
⑦ 张裕钊:《汝南通判马府君墓表》,见《濂亭文集》卷五,第17页。
⑧ 张裕钊:《唐端甫墓志铭》,见《濂亭文集》卷六,第1页。

焘,薄海内外,于时臣主一德,倚付得人,皆得展其力用,销患折难,应时有功,海内用以无事。至于乾隆之世,天下晏然。百姓富乐寿考。而名臣之子孙,得以雍容翰墨。追述前光,敦庞纯固。文采功烈之美,照耀于来叶。岂非国家极盛之时,事乃有若是哉?乌乎,邈矣!"①在《唐端甫墓志铭》中,张裕钊念及东南学术之枯,不禁忆起康乾学术之荣:"国家自圣祖天纵睿智,右文稽古。列圣相继,益绍明制作,广厉学官。鸿生钜儒,应期并出,度越百代,而吴越为尤最。际会者,或被殊恩,蒙渥赉,遗闻盛事,为艺林传说。及乾隆中叶以还,薄海炽丰,天子命建三阁于杭、镇、扬诸郡,颁《四库书》庋其中。而江浙所至,家尚藏书,刊布珍册,流衍海内,弦诵相闻。其封圻大吏,若阮文达、毕尚书等,尤憙招延文儒之士,一时号为极盛。"②在《代湘乡曾相国重修金山江天寺记》中,张裕钊念及金山寺宇之毁,又不禁述及康乾之时:"圣祖、高宗省方巡守,相继驻跸于此。当是时,列圣深仁厚泽,涵濡薄海,中外禔福,翠华所莅,万姓欢忭鼓舞,寺观之作,增饰崇丽,踰于往昔。康熙中,诏赐江天寺额。天子先后赍龙章于其上,照耀江山,昭垂来叶,称说弗衰。游观之区,盖莫尚于此已。"③然而,盛世邈远不再,张裕钊因之陡生无限惆怅。

张裕钊对洪杨事变,作了深刻反思。这一反思,在《代湘乡曾相国重修金山江天寺记》中,有集中体现。金山寺宇的成毁,使张裕钊产生强烈的盛衰之感。他认为,"依古以来,金山之盛,未有过于我朝;其焚毁之烈,亦未有逾于今日者也"。"若是日中而移,月盈而亏。于西而夷,于东而隮。川流而泽止,谷坟而陵圮。古今者,盛衰、兴败、臧否、成毁,递相禅而成焉者也。人事与天运,故参会而乘于其机。天道培栽而覆倾,人道倾否而持盈。当其善败之既著,怳焉若出于虑表,而莫知所由。徐而觑之,则莫不有端焉,以浸而致乎其极也。自万事万物,洪纤钜细,靡不由是。若金山者,处江山之交,而据东南之胜,其兴若废,乃尤与时之治乱相为消息。以往者之盛,而至于废。既废矣

---

① 张裕钊:《题毘陵赵氏畊读传家图》,见《濂亭文集》卷一,第18页。
② 张裕钊:《唐端甫墓志铭》,见《濂亭文集》卷六,第2~3页。
③ 张裕钊:《代湘乡曾相国重修金山江天寺记》,见《濂亭文集》卷八,第4~5页。

而复兴于今。由今以往,废兴之运,成败之应,天固实主其间,抑岂非人之与有责者哉"?① 张裕钊意识到,人间的盛衰递禅,固然与自然界的变化一样,有不可易移之规,所谓"天固实主其间";但是,人间的盛衰递禅,到底又与自然界的变化不同:世事之变,除了天命之数,毕竟有人力推挽其间,所谓"人之与有责者"。因此,人间盛衰递禅,实乃天运与人事参会作用的结果。天运勿论。人间之盛,固人所力致;人间之衰,何尝非人所致之。洪杨事变之酿成,当轴者与有责焉。在撰于太平军败亡之年(1864)的《书感》中,诗人直接将祸乱之咎归于当道诸公:"诸公稔祸宁堪说,四十年来岁月迁。尽解藏身三窟固,岂知厝火一朝然。"②

西方文明的涌入和远人的侵逼,对张裕钊的震撼,仅次于洪杨事变。张裕钊对西方文明并不排拒。③ 但是,外敌之凌欺,则使他忧心忡忡。帝俄入侵,他"惊心问朔檄"④。为配合外交上的索回伊犁,清廷征调劲旅,分布边庭为备。张裕钊挢首期盼边将成功有日,刷荡国耻。⑤ 日本起衅朝鲜,欲进窥华土,引起他高度警觉:"何物东方小竖子,偷从织锦问天孙。"⑥光绪九年(1883)至十一年(1885)间,张裕钊对中法交涉、战事,投以极大关注:"议和议战国如狂,目论纷纷实可伤。"⑦战争的结局,令他绝望:"越南竟为法人所据,顷闻和议已妥,越南仍为我属国,朝贡如故,而一切之利尽归于彼。大概我受其名,彼取其实,如是而已。"⑧古人云:"昔伊洛竭而夏亡,河竭而商亡。今周

---

① 张裕钊:《代湘乡曾相国重修金山江天寺记》,见《濂亭文集》卷八,第5~6页。
② 张裕钊:《书感》,见《濂亭遗诗》卷一,第1页。
③ 张裕钊:《送黎莼斋使英吉利序》,见《濂亭文集》卷二,第4~6页。
④ 张裕钊:《奉酬姚慕庭丈潏昌见怀原韵二首》,见《濂亭遗诗》卷一,第25页。
⑤ 张裕钊:《送吴筱轩军门序》《送张生睿之山东序》,见《濂亭文集》卷二,第11页,第13页。
⑥ 张裕钊:《昆仑》,见《濂亭遗诗》卷二,第7页。
⑦ 张裕钊:《孤愤》,见《濂亭遗诗》卷二,第19页。
⑧ 张裕钊:《与二兄》,见张金科:《张裕钊主莲池书院时的几封家书》,载《人物春秋》,1996年,第20页。

德若二代之季矣。"①外患日深,张裕钊预感到大清已如夏、商季世,因而不禁发出"百年伊洛此其戎"②之叹。

像将洪杨事变归咎于当道者的不智一样,张裕钊同样认为,外患之殷乃由位居高层者的悖谬所致。他痛责虚伪不实之祸:"天下之患,莫大乎任事者好为虚伪,而士大夫憙以智能名位相矜。自夷务兴,内自京师,外至沿海之地,纷纷藉藉,译语言文字,制火器,修轮舟,筑炮垒,历十有余年,縻帑金数千万。一旦有事,责其效而茫如捕风。不实之祸,至于如此"!他斥责庸鄙误国:"公卿将相大臣,彼此之间,上下之际,一语言之违,一酬酢之失,刻绳互竞,忿恨懫忮,莫肯先下,置国之恤,而以胜为贤。挞于市而谇于室,忘其大耻而修其小忿,何其不心竞者欤?国之所以无疆,外侮之所以日至,其不以此欤?"③权豪如此不堪,国维岂能不破。

如何挽救天下危殆,张裕钊认为:其一在得人;其二在改良风俗。关于得人,他说:"得人为金汤,失人成沸糜。"④又说:"穷天下古今,尊主芘民,批患折难之要,一言以蔽之曰:得人而已矣。"⑤中国在越南败于法国,张裕钊感叹:"一言无过得人强。"⑥在"寇讧于内,敌伺于外,民穷而俗敝,兵疲而财匮"情势下,国家最需才俊。而恰在此时,人才却最为寡乏。张裕钊说:"幸有其人,又或有所抑沮牵系,而不获底于成。能成矣,而世或不能尽其用。需之如彼其急也,其成而为世用也,又如此其难!"⑦又说:"士之有蕴于内,不得其权与位,又不得其人,郁积奇伟,噎不得用,黯黮以终身,功不章于世,利泽不得施于人,何可胜道?"⑧张裕钊为才杰因抑沮牵系,或不获底于成,或不能尽其

---

① 徐元诰撰,王树民、沈长云点校:《国语集解》卷一《周语上》,北京:中华书局,2002年6月第1版,第27页。
② 张裕钊:《百年》,见《濂亭遗诗》卷二,第19页。
③ 张裕钊:《送吴筱轩军门序》,见《濂亭文集》卷二,第10页。
④ 张裕钊:《登燕子矶》,见《濂亭遗诗》卷一,第21页。
⑤ 张裕钊:《送张振轩宫保还粤东治所序》,见《濂亭遗文》卷二,第2页。
⑥ 张裕钊:《孤愤》,见《濂亭遗诗》卷二,第19页。
⑦ 张裕钊:《赠吴清卿庶常序》,见《濂亭文集》卷二,第15页。
⑧ 张裕钊:《送张生謇之山东序》,见《濂亭文集》卷二,第12~13页。

用,长太息以掩涕。关于改良风俗,他说:"风俗者,天下所以治乱安危者也,有天下者甚重之。风俗诚美,民气诚固,何忧乎寇乱,何畏乎远人,何惮乎邪说,何恤乎奇技淫巧!"①

张裕钊数十年跧伏草野,不过一介书生,其感时忧国,哀哭悲嚎,定计建策,总归荡若飘风。因此,他时常陷入极度悲抑和无奈之中。他有时万念俱灰:"休怪先生浑不出,年来心绪冷如冰"②、"屈子问天剧悲愤,鲁阳挥日空精诚"③、"后来谁氏者,知我念如灰"④;有时抱恨错生此间:"前有万万古,后有千亿年。我生胡独于此间?苍天,苍天,高高上无极,使我心悲抑塞侘傺不能言"⑤;有时梦想出世:"万事已逐江东逝,孤愤欲回天左旋。梗概书生今已矣,扁舟梦去五湖天"⑥;有时也梦想以酒解愁:"倾罢浊醪酣午枕,今来古往一时休。"⑦这一切,均刻画着他的忧伤、绝望之深。张裕钊幸卒于甲午(1894)之初。否则,老病侵寻的他,何能承受随后甲午、庚子惨局带来的椎心之痛。

五、雄奇与平淡

张裕钊对文风的探索颇历曲折。其文初始偏于柔弱;后经曾国藩教诲,一转而为雄奇。再后来,经过研磨,他领悟到,为文最高之境,不在雄奇,而在平淡。但到晚年,他又进一层认识到,为文当由雄奇入于平淡;只有将雄奇与平淡和合,才能创生新的趣味。张文最具特色者,即是那些寓平淡于雄奇之作。

---

① 张裕钊:《高淳县志序》,见《濂亭文集》卷一,第12页。
② 张裕钊:《新岁口占》,见《濂亭遗诗》卷一,第15页。
③ 张裕钊:《漫与》,见《濂亭遗诗》卷二,第2页。
④ 张裕钊:《书院中枇杷一株同治辛未之岁余手种也今十载矣垂荫满庭而吾尚客此感时抚事为赋此篇》,见《濂亭遗诗》卷二,第3页。
⑤ 张裕钊:《放歌行》,见《濂亭遗诗》卷二,第23页。
⑥ 张裕钊:《书感》,见《濂亭遗诗》卷一,第1页。
⑦ 张裕钊:《读史》,见《濂亭遗诗》卷二,第9页。

曾、张初会(1850)时,曾国藩即见张裕钊浸润于曾巩之文而带来的柔弱之短,希图以王安石之峻峭救之。约十年(1859)后,曾国藩更举扬雄、韩愈之文为范,进一步导其入于雄奇一路。在曾国藩循循善诱下,张裕钊孜孜酷练,终见成效。到咸丰十年(1860)初,张文雄奇风格,终告确立。这年闰三月十七日,曾国藩审读张文,喜不自胜,所下考语是:"有王介甫之风。"①同月二十七日,曾国藩在函札中说:"尊作古文著句,俱有筋力。"②"王介甫之风",倔强拗深,是雄奇;"俱有筋力",排奡劲悍,也是雄奇。

　　然而,张裕钊并不以雄奇为至境;在长期研索之后,他默会到"淡远"之可贵。同治七年(1868)九月朔,吴汝纶读张裕钊之文,以为"劲悍生炼"③,说明此时其文仍以雄奇为主。但同时,张裕钊内心却蕴蓄着对平淡之美的渴欲。据吴汝纶说,这年十月十二日,他"夜与张廉卿久谈为文之法。廉卿最爱古人澹远处"。④古人澹远处成为张裕钊的最爱,透露出他已经或行将别辟新径的消息。

　　此后,张裕钊历经十年苦心冥索,虽仍肯定雄奇之风,但最终把"萧疎闇淡"视为审美的最高境界。光绪四年(1878),他一度将平淡、雄奇一并推崇:"苦觅汗牛充栋地,可逢见虱似轮时。青天白日无纤翳,大泽深山足怪奇。解却此中三昧了,不劳扬马是吾师。"⑤"青天白日无纤翳",说的是平淡;"大泽深山足怪奇",说的显然是雄奇。而就在同一年,张裕钊更明白宣示:"少日苦求言语工,九天九地极溟鸿。岂知无限精奇境,尽在萧疎闇淡中。"⑥上穷碧落,下及黄泉,寻来觅去,他终于发现,"萧疎闇淡",才是至高境界。

　　此后又过十年(1888),张裕钊明确表示,由雄奇入于平淡,将雄奇与平淡和合,乃为作文康庄之道。吴汝纶与张裕钊一样,本也踵武曾国藩,务为雄

---

①　曾国藩:《曾国藩全集》第16册《日记一》,第485页。
②　曾国藩:《复张裕钊》,见《曾国藩全集》第22册《书信二》,第1352页。
③　郭立志:《桐城吴先生年谱》卷一,雍睦堂丛书本,第8页。
④　郭立志:《桐城吴先生年谱》卷一,第8页。同治七年。
⑤　张裕钊:《夜与友人论文》,见《濂亭遗诗》卷一,第16页。
⑥　张裕钊:《偶书》,见《濂亭遗诗》卷一,第22页。

奇。但在张裕钊箴规之下,吴氏遏抑雄奇,归于平淡。张裕钊认为,雄奇、平淡本来相合。若将二者熟掺,从容中道,就会奏出顺成和动之音,而与道大适。他致信吴汝纶说:"大文但降心下气,遏抑雄怪,归之平淡。一意务为顺成和动之音,则与道大适矣。此区区之私,所日夜以冀者,幸深念鄙言,勿以为刍荛而弃之也。"①又说:"阁下之文,往者抗意务为雄奇。顷果纳鄙说,乃抑而为平淡,而掺之未熟,故气不足以御其词而副其意。此亦自然之势。大抵雄奇、平淡二者本相合,而骤为之,常若相反。凡为文,最苦此关难过。以公之高才孤诣,终不难透过此一关。过此,则自尔从心所欲,从容中道。要而言之,曰:声调而已矣,熟读而已矣。"②张裕钊说这番话时,年寿六十有六,离其下世,已经不远。因此,这不妨视为其最后定论。

张裕钊之文,有雄奇者,也有平淡者。比较而言,其雄奇之作多,而平淡之作少。而在雄奇之作中,有意与辞俱雄奇者;有寓平淡于雄奇者。纵览濂亭文集,其最具个性者,则莫过于那些寓平淡于雄奇的篇章。

张裕钊寓平淡于雄奇的篇章,有的在整体雄奇中,自然衔入平淡的段落。例如,在作于光绪六年(1880)的《送吴筱轩军门序》中,张裕钊愤于办洋务者之虚浮,恨于当轴者之置国耻不顾,终使国弱而边患叠生。通篇慷慨低昂。而收尾处,当他写到吴长庆为防俄驻师登州而必其成功有日时,却顺势一荡,使文境由峻急一转而为舒缓平远:"吾闻登州城闉之上,有蓬莱阁焉,自昔海右雄特胜处也。异日者,公与周公大功告成,海寓清晏,裕钊虽老矣,犹思蹇裳往从二公晏集于斯阁,称述今日之言而券其信,俾倪东海之上,凭栏而举一觞,虽二公其亦韪裕钊为知言乎? 其为乐岂有极乎?"③以预想的欢快,调和全篇之沉郁闳肆。曲终奏雅,使文章平添隽永。

张裕钊寓平淡于雄奇的篇章,有的在意旨上,雄奇与平淡间错。例如,作于同治七年(1868)的《湘乡相国曾公五十有八寿序》,前幅气势雄丽,辞句廉

---

① 张裕钊:《致吴挚甫》其五十一,见《张廉卿先生论学手札》。
② 张裕钊:《致吴挚甫》其五十三,见《张廉卿先生论学手札》。
③ 张裕钊:《送吴筱轩军门序》,见《濂亭文集》卷二,第11页。

悍,极颂曾氏平定洪杨之功:"公提一旅起湘中,义声感动天下,豪俊魁杰,才节伟人,云兴而从之。渊谋群策,雷动神应,万众一呼,顺风而迈。遂南清江表,北至于河朔。匈妖荡息,天地清曙。手援赤子,出之水火之中。燕冒煦育,濒萎而苏。"后幅意思一换,由雄丽廉悍折入平易。作者说,曾氏在中外感戴声中,"则澹乎不以自有,若春风之被物,翛然飘浮云而过乎寥廓之表,而百菓草木皆甲坼也"。然后委婉议论,君子只有法天之道,成万物而不有其功,才能做到虽忧劳而内不扰,利泽被人、功高百世而不以己与;也才能神全无伤、保身长生。①

张裕钊寓平淡于雄奇的篇章,有的意旨雄奇,却以平淡之辞出之。例如,在作于光绪二年(1876)的《游狼山记》中,作者写江山之胜,界绝华夷;写阮藉咏叹世乱,悼时之无人;写大乱殄息,与蕃夷结约,海内无事,中外恬熙相庆,"深忧长计,复奚以为";然后写到自己:"余又益藁枯朽钝,为时屏弃。独思遗身世外,捐去万事,徜徉于兹山之上,荫茂树而撷涧芳,临望山海,慨然凭吊千载之兴亡,左挟书册,右持酒杯,歔歌偃仰,以终其身。人世是非理乱,天地四时变移,眇若坠叶与飘风,于先生乎何有哉?"②作者为国事而忧愤,乃整篇文章大关节。明明江山之险,绝难界隔华夷;明明暂安之日,恰是深忧长计之时;明明悬心世事,无时不忧,但作者却偏要正题反作、正话反说,遏郁勃为轻松,敛雄奇于平淡,而终使雄奇更显雄奇。那篇颇负盛名的《书元后传后》,由谴责汉代外戚之祸,论及人主修己正家之道,隐约指斥清季太后乱政。题旨奇崛,而文辞淡然。这是抑激越为平静的又一好例。

张裕钊主要以文名世。他的诗作数量较少,影响远非其文可比,而且其诗风与其文风也多有相叠之处。张诗主调是沉郁。这主要体现在那些讽喻时事、忧生念乱、厌恶尘俗、鄙弃奸佞、感士不遇和慨叹人生苦短、盛衰无常等篇章中。张诗的副调则略带牧歌之风。这主要体现在那些描写山水田园、幽居闲适题材的篇章中。张裕钊的全部创作弥漫着苍凉、压抑和沉重。而这类

---

① 张裕钊:《湘乡相国曾公五十有八寿序》,见《濂亭文集》卷三,第1~2页。
② 张裕钊:《游狼山记》,见《濂亭文集》卷八,第1~2页。

牧歌则带来了轻倩和亮色,因而显得珍贵。试看《幽居》中的一段:"隐几望青天,幽窗耿清虚。窗前数杆竹,凉阴覆庭除。清风时一来,披拂相虚徐。对此足永日,淡然意有余。"①再看《端居》中的一段:"端居无一事,出户信悠悠。东去喜平旷,稻畦间芋俦。园丁引清淮,汇此澄塘幽。一泓虽无多,豁然清远眸。野人资灌溉,朝夕得所求。幽事抒情话,真朴难为俦。为我说种物,荻芽及薜头。滕薛笋争长,子母瓜相钩。昨来一雨足,菌茁如浮沤。今朝乍放晴,鸣鸠复钩輈。闻此惬所遇,顿释心烦忧。"②此类作品在《濂亭遗诗》中占有相当分量。张裕钊曾说:"渊明五言贫更淡,放翁七绝老逾清。"③他的牧歌之作,正也有陶潜之淡和陆游之清。

张裕钊原本步趋曾国藩,一以雄奇为归;但他最终由雄奇入于平淡,将雄奇与平淡调和,另成自家面目。其立异乃师,实也有不得不然的原因在。曾国藩气象峥嵘,规模阔大,学养湛深,勋业盖世。尽管驰骋军旅而夺其日力,使其文未能造极,而他一握管则浩然之气奔赴腕下,光焰喷薄而不可以遏抑。张裕钊则淡泊宁静,清雅蔼如,身经乱离,傲骨棱棱,大半生绛帐授徒,穷匮以终。二人性情、遭际,相异不啻云泥。张裕钊深知,曾文可学,而不可以强袭。故而他一边宗奉曾氏,一边走自己的路,终于在理论和创作中另辟新境,自成一宗。

就桐城文派史而论,张裕钊最后走上推扬平淡、调和雄奇与平淡之路,既无悖姚鼐之旨,也无悖曾国藩之教。姚鼐虽在理论和创作中偏爱风韵疏淡之境,但他同样不废雄奇,并赞赏雄奇与平淡调和。他说:"文章之原,本乎天地。天地之道,阴阳刚柔而已。苟有得乎阴阳刚柔之精,皆可以为文章之美。阴阳刚柔,并行而不容偏废。有其一端而绝亡其一,刚者至于偾强而拂戾;柔者至于颓废而阍幽,则必无与于文者矣。然古君子称为文章之至,虽兼具二者之用,亦不能无所偏优于其间。其故何哉?天地之道,协合以为体,而时发

---

① 张裕钊:《幽居》,见《濂亭遗诗》卷一,第5页。
② 张裕钊:《端居》,见《濂亭遗诗》卷一,第6~7页。
③ 张裕钊:《偶题》,见《濂亭遗诗》卷一,第22页。

奇出以为用者,理固然也。"① 而曾国藩虽在理论和创作中偏爱雄奇之境,但他也认为,雄奇与平淡并非不可相合。他训诲张裕钊:"柔和渊懿之中必有坚劲之质、雄直之气运乎其中,乃有以自立。"② 可知,从姚鼐、曾国藩到张裕钊,桐城派数代文家均看重雄奇、平淡二端,只是因性情、遭际不同,而各由所偏而已。这各有所偏,也就是在有所法之外而有所变,从而成就了各家面目,并推动着桐城派向前发展。

六、莲池派的创立

张裕钊光绪九年(1883)北上畿辅,主莲池书院讲席;光绪十四年(1888)南旋。在未主莲池书院之前,他久已在吴楚之地传道授业,成就人才甚众。其入室弟子或经其指授而有所成就者,有范当世、张謇、朱铭盘、马其昶、姚永朴等。这些张门后学均以实绩显名清季、民国文坛。而张裕钊对文坛贡献尤著者,乃是其到冀之后,与吴汝纶一起,开拓了桐城派一个新的支脉:莲池派。

关于莲池派,前人已有或隐或明的指示。隐指者,例如,徐世昌说:张裕钊"主莲池书院最久,畿辅治古文者踵起,皆廉卿开之"③。吴闿生说:"河北自古敦尚质朴,学术人文视东南不逮远甚。自廉卿先生来莲池,士始知有学问。先公继之,日以高文典册摩厉多士,一时才俊之士奋起云兴,标英声而腾茂实者,先后相望不绝也。"④ 郭象升说:"濂亭与吴汝纶氏皆久留畿辅,故北人祀之,言古文者锋起,而尊张、吴若神。"⑤ 明指者,例如,王树枏说:"同治、光绪间,海内言古文者,并称张、吴,谓裕钊及桐城吴挚甫汝纶也。黄贵筑师主讲保定莲池书院去后,予与挚甫荐之直督张靖达公,继主讲席。廉卿去后,

---

① 姚鼐:《海愚诗钞序》,见《惜抱轩文集》卷四,续修四库全书本,上海:上海古籍出版社,2002年,第7~8页。
② 曾国藩:《加张裕钊片》,见《曾国藩全集》第22册《书信二》,第934页。
③ 徐世昌主纂:《晚晴簃诗汇》卷一四七,民国十八年(1929)天津徐氏刊本,第23页。
④ 吴闿生:《吴门弟子集序》,莲池书社,民国十八年(1929)冬十二月刊行,第1页。
⑤ 郭象升:《〈濂亭文集〉评语》。

挚甫继之。河北文派,自两先生开之也。"①无论隐指、明指,都表达了同一个事实:自张裕钊、吴汝纶先后主莲池书院讲席之后,北地逐渐形成了一个治古文的群体。王树枏将这个群体径直命名为河北文派。由于该群体主要是以莲池书院为中心展开学术活动,因此,我们不妨径以莲池派名之。

　　张裕钊、吴汝纶是莲池派的开创者。张裕钊年长于吴汝纶十八岁,二人并为曾国藩高第弟子。同治七年(1868),张、吴始晤,即惺惺相惜,结为石交。张裕钊称誉吴文"辨博英伟,气逸发不可控衔。裕钊深退避,以为不能及也"②;吴汝纶则称赏张文"多劲悍生炼,无恬俗之病,近今之能手也"③。他们性情相近,思想相近,学风、文风也无不相近。自张裕钊北游,张、吴岁相往来,日月相讯,有疑则问,有得则告,见则面质,别则函商。④ 一部《张廉卿先生论学手札》和相关诗文,载录着他们襟怀之澹荡、为人之笃厚、为学之醇正和作育英彦之苦心。而他们作育英彦之苦心,尤为动人心弦。张裕钊门下最拔萃者为范当世。吴汝纶知冀州时,力邀正襄助张裕钊修《湖北通志》的范氏北来主讲信都书院。张裕钊不仅允之,而且致书范当世:"挚公才、学、识三者,十倍鄙人。足下得所依归,望益锐意精进,以副鄙怀。"⑤而张裕钊来主莲池之时,吴汝纶复命门下翘楚贺涛从之游。张裕钊致书吴汝纶,视贺涛为奇宝,并为范当世有所依归而喜:"以肯堂之才,得大君子以为依归,固当一日千里耳。……近所得海内英俊之士,惟肯堂及松坡最所厚期。松坡深感阁下遗我奇宝。今肯堂又得亲承教益,尤为喜幸。伏望一铲去宾主形迹,勖励而教诲之,俾得有成,亦我公一大功德也。"⑥张裕钊更为范、贺的述作斐然而欢悦。他对吴汝纶说:"肯堂、松坡并述作斐然,我公徒友之乐,真乃使人生妒

---

① 王树枏纂:《故旧文存》卷首《小传》,陶庐丛刻第三十三,民国十六年(1927)刊,第1页。
② 张裕钊:《吴育泉先生暨马太宜人六十寿序》,见《濂亭文集》卷三,第9页。
③ 郭立志:《桐城吴先生年谱》卷一,第8页。
④ 吴汝纶:《送张廉卿序》,见《吴汝纶全集》第一册《文集》卷二,第73页。
⑤ 郭立志:《桐城吴先生年谱》卷一,第42页。
⑥ 张裕钊:《致吴挚甫》,见《张廉卿先生论学手札》。

也。"①佯装生妒中,蕴涵着的,是满心欣愉。正是张、吴对后学如此爱护备至,才使莲池一派迅速崛起,成为文坛劲旅。

莲池派从张裕钊、吴汝纶算起,前后传承四代。此派主要由五部分成员组成。一是张裕钊主莲池书院时的弟子。如刘若曾、白钟元、刘彤儒、崔栋、纪钜湘等;二是吴汝纶的弟子和得其指授者。如李纲己、张坪、刘登瀛、杨越、贾恩绂、蔡如梁、赵宗抃、张銮坡、李增辉、崔琳、张镇午、刘乃晟、崔庄平、马锡蕃、张殿士、闫凤阁、王宝均、籍忠寅、傅增湘、刘春霖、高步瀛、王树枏等;三是张、吴共同的弟子。如:贺涛、安文澜、孟庆荣、张以南等;四是贺涛的弟子。如吴闿生、赵衡、张宗瑛等;五是吴闿生的弟子。如贺培新等。须说明者,吴汝纶之子吴闿生,生长畿辅,久与北地化合;其师、友、生徒,也泰半北地人。贺涛在力挽其留冀时说:"辟置才学,旷世所稀。既生长吾乡,又与我辈有固结不解之缘,便当私为己有,岂可令逝他邦?"②又说:"足下生长北方,久与化合。锦城既乐,何必还家?"③因此,将吴闿生视为莲池派重要一员,自无鲁莽灭裂之嫌。此外,范当世虽隶籍江表,但他不仅从张、吴二先生游,而且讲学冀州,哺育人才甚众,为莲池派的形成出力甚巨,因而可视为此派羽翼。

莲池派的中坚,为张裕钊、吴汝纶的弟子,武强贺涛。贺涛家学渊源,一门父子兄弟,自为师友;光绪十二年(1886)应礼部试,与弟沅同时得隽。贺涛自列吴、张门墙,张、吴矜宠异甚。他对张、吴恩育,也感戴之至。张裕钊下世,他在悼文中说:"某于门人中,受教最深。粗能文义,固由先生启之;其稍稍见称于人,亦由先生之称之。尝曰:生我者父母,教我者先生也。"④贺涛处欧风东来之世,既倡学西方新理新事,又不忘邦国之粹。在国粹中,其所念兹在兹者,是古文义法。他说:"当今之世,若不谈新理,不记新事,几无文可作。近世所谓顽固,则所见既狭,其文必无可观。其人又安足取乎?尝以谓:旧之

---

① 张裕钊:《致吴挚甫》,见《张廉卿先生论学手札》。
② 贺涛:《与孟绂臣》,见贺葆真编:《贺先生书牍》卷二,民国九年(1920)刊于都门,第29页。
③ 贺涛:《与吴辟置》,见《贺先生书牍》卷二,第30页。
④ 贺涛:《唁张导岷》,见《贺先生书牍》卷一,第11页。

宜守者,惟为文之义法。余无新旧,惟其是耳。"①贺涛为文既循曾、张、吴之轨,又别出三公之外。徐世昌说他"规模藩域,一仿曾、张、吴三公,宏伟几与相埒。而矜练生创,意境自成,不蹈袭前辈蹊径,独树一宗,不为三先生所掩。盖继吴先生后,卓然一大家,非余人所能及也"②。

莲池派后学高倡雄奇文风。方苞、姚鼐和梅曾亮为文风格,总体偏于平淡。曾国藩恢之以汉赋气体,遂非桐城诸老所能限。张裕钊、吴汝纶继曾国藩而起,推崇雄奇,又试以平淡调之。而莲池后学出,撇开平淡,又折回雄奇一路。他们论文之所以首推盛汉,兼重周秦和唐之韩愈;而认为宋之后无真古文,根本原因即在于:前者文风雄奇,而后者文风平淡。吴闿生说:"西汉文章之盛,气体雄直,而奇文奥旨,足以副其气而举其辞。故巍然浩然如山海之富,而蛟龙万变皇惑出没于其中。盖扬、马于斯,尤为极轨。此文章之瑰玮大观也。学文者固当导源于此,而后上穷《六经》,下该百家,一以贯之矣。韩公所以起八代之衰,亦由此矣。后世为文者不能取法于此,而但于八家中觅生活,宜文事之不振矣。"③又说:"周秦三代之文,自东汉以降,兴于唐之韩退之,而复衰于宋。宋以后无复真古文矣。欧公虽不尸其咎,然公之文实导人于平易,而不能引人日上,则昭然无可疑也。"④莲池后学的创作,也一以雄奇为宗。徐世昌就说,贺涛之文"导源盛汉,泛滥周秦诸子,唐以后不屑也"⑤。规避平淡,归向雄奇,贺涛之文如此,李刚己和赵衡之文也莫不如此。莲池诸子喜雄奇而不喜平淡,自与燕赵大地古来养成的慷慨悲歌传统有关。

略可强调者,莲池诸子虽然倡导雄奇文风,与桐城诸老文风不似,但他们始终坚守桐城义法,对桐城领袖姚鼐之敬重也迄未稍减。吴闿生说:"盖姬传承方、刘之绪而昌大之。虽自谢才弱,而所得实臻古人胜境,加以采藻纵横,

---

① 贺涛:《与吴辟疆》,见《贺先生书牍》卷二,第11页。
② 徐世昌:《贺先生文集叙》,见《贺先生文集》卷首,民国三年(1914)七月京师刊本。
③ 吴闿生:《古文范》卷二,文学社1927年刊行,第10页。
④ 吴闿生:《古文范》卷四,第1页。
⑤ 徐世昌:《贺先生文集叙》,见《贺先生文集》卷首。

足为一代宗主。"①视姚鼐为"一代宗主",非吴氏一家之评,乃莲池诸子共识。因此,莲池派虽继曾国藩之后,立异桐城诸老,但其如湘乡派一样,仍可视为桐城派的一个支脉。

莲池派深得政治力量扶植。李鸿章与张裕钊、吴汝纶均曾为曾国藩幕府闻人。李鸿章任职直隶其间,聘请张、吴叠主莲池书院,为莲池派的建立提供了契机。袁世凯、徐世昌是清季、民初政坛枢轴。莲池派也极得袁、徐之助。庚子(1900)事变之后,莲池书院毁于战火。光绪三十二年(1906),时任直隶总督的袁世凯爱护斯文,在莲池书院原址创办文学馆,聘贺涛主之。袁氏之意,"欲保存国粹。而国粹之大者,莫如词章。固欲取成学之士,聚之馆中,专讲求古文义法"②。贺涛据此办学,为莲池派留存一线生机。徐世昌对莲池文士支援尤力。他与贺涛为同年,对贺氏古文造诣深致敬意;招其为西席;邀其生徒吴闿生、赵衡、武合之为幕宾。③ 贺涛过世后,他为其刊刻文集,亲为作序;又在主纂的《明清八家文钞》中,于归、方、姚、梅、曾之后,继之以张、吴,并以贺作压卷。

莲池派对清季、民国的政坛、文坛影响至巨。吴闿生在论及此一影响时说:"己丑(1889)以后,风会大开,士既相竞以文词,而尤重中外大势、东西国政法有用之学,畿辅人才之盛甲于天下。取巍科、登显仕,大率莲池高第。江浙川粤各省望风敛避,莫敢抗衡,其声势可谓盛哉!……而莲池群彦亦各乘时有所建树:或仕宦有声绩,或客游各省佐行新政,或用新学开导乡里,或游学外国归而提倡风气,或以鸿儒硕彦为后生所依归。……颠覆帝制,建立民国,多与有力焉。国体既更,诸君大氐居议院为代议士,或绸缪政学,驰骋用力于上下,而后进之士,薰陶渐染,闻风继起者,多至不可胜数。"④

张裕钊和与他齐名的吴汝纶,连同他们共同开创的莲池派,以及二人所

---

① 吴闿生:《古文范》卷四,第 19 页。
② 贺涛:《与毛方伯》,见《贺先生书牍》卷二,第 5 页。
③ 徐世昌:《贺先生书牍序》,见《贺先生书牍》卷首。贺涛:《答姚叔节》,见《贺先生书牍》卷二,第 11 页。
④ 吴闿生:《吴门弟子集叙》,见《吴门弟子集》卷首。

造就的其他才杰,在清季、民国的文坛、学界建树甚众。此一庞大的古文群体,尚有诸多待发之覆值得探研。治中国近、现代文学和学术史的一些学者,每在进化史观笼罩下研史,以新旧论学,并进新而退旧、贬旧乃至弃旧,少有追寻历史之是的兴趣。这就使得所谓旧,如张、吴及其弟子群体,在以新为主线的历史叙述中被遮蔽,而长期沉没于无言的历史之海。其实,清季、民国的文坛丰富而复杂,可说是众声喧哗。那些所谓旧人所创业绩,不惟是新派得以成立的基础和背景,而且其本身就是文坛、学界的重要组成部分。过滤掉旧,单留下纯粹的新。那么,所谓新,就因其纯粹而流于肤薄,而失历史之真。

(原为《张裕钊诗文集·前言》,上海古籍出版社,2017年10月第1版。发表时有删节)

桐城派与北京大学

北京大学源于东汉太学,肇基于道咸之际国门敞开以后,应运崛兴于戊戌维新的风浪之中。① 桐城派学行继孔孟程朱之后,文章在《左》《史》韩欧之间,一脉文心,通贯华夏数千载精神之史。巍巍上庠,皇皇巨派,在神州遭逢三千年未有之变局的大时代相遇。②

桐城派与北京大学的历史性相遇,大致可以截作四个时段:光绪二十七年(1901)底至清帝退位(1912)的清季新政时代,1912年至1928年的北京北洋政府时代,1928年至1949年的南京国民政府时代,1949年后的中华人民共和国时代。在清季新政时代,在北京大学的前身京师大学堂,桐城派诸家云集,昌明国粹,融汇新知,使这座国家最高学府成为讲诵桐城之学的重镇。在北京北洋政府时代,中国尝试建立崭新的宪政体制,以北京大学为中心发起的五四新文化运动和五四运动取得辉煌成功。这时,桐城派的一部分学者

---

① 季羡林:《北京大学创办史实考源序》,见郝平:《北京大学创办史实考源》卷首,北京:北京大学出版社,1998年。作者在该书中对于北京大学的源流有翔实考证和严谨论述。

② 桐城派在数百年发展过程中,有主干,有枝蔓。如何确定一位学者的桐城派身份,一直是学界的难题。进入近现代以后,由于学科纷繁,众多与桐城派相关的学者分布在不同的知识领域,这为其身份的认定更增加了一重困难。在本文中,笔者为了论述的方便,勉强提出"桐城系统"的概念。这一概念既包括桐城派主干和离主干较近的学者,也包括离主干较远的学者。那些有明确师承的主干学者和与主干较近的学者,笔者径以桐城派称之。

次第进入北京大学,一部分学者陆续离开北京大学。他们在北京大学内外,应和着时代律动,主张在变革中有所保留,理解、支持北京大学师生的爱国行动,参与推动着北京大学,也推动着中国前行。在南京国民政府时代,北京大学全面发展,桐城派在北京大学学科建设中发挥着关键作用。在中华人民共和国时代,有形的桐城派在北京大学渐趋消歇,无形的桐城之学则早已融入北京大学的血液之中,化为永恒。

在超过半个世纪的历史性相遇中,桐城派为缔造北京大学的民主、科学、学术自由和兼容并包的传统作出了不朽贡献。北京大学也以其崇高地位,为桐城派的发展和现代转型提供了新机。桐城派与北京大学互相映发,互相成就,阐旧邦以辅新命,协力推进着中国的现代化事业,锻铸着中华民族的新的精神。

一、历史性相遇

桐城派与北京大学的历史性相遇,是一个漫长而曲折的动人故事。

光绪二十四年(1898)四月二十三日,清帝登临天安门,颁布《明定国是诏》,宣示变法维新,决定创办京师大学堂。大学堂的成败,取决于诸教习是否得力,更取决于总教习是否得人。因此,总教习的人选问题,一时牵动着政坛、学界神经,尤其牵动着当时在学界声华正盛的桐城派诸家之心。先一年(1897),桐城派大师吴汝纶得读《天演论》稿本,对严复的雄笔赞不容口。所以,他以为:"大学堂总教习,若求中西兼通之才,则无以易严幼陵。"[①]而严复的心思呢?据天津《国闻报》透露:"北京大学堂总教习,初拟有延聘天津水师学堂总办严复之说。京师讲求新学之士大夫莫不以此举为得人。"[②]《国闻

[①] 吴汝纶:《答傅润元》,见《吴汝纶全集》(三),合肥:黄山书社,2001年,第206页。
[②] 《京城大学堂拟请总教习》,见《国闻报》光绪二十四年(1898)六月三日。关于严复无缘京师大学堂总教习一职的论述,见陈平原:《迟到了十四年的任命》,《老北大的故事》,南京:江苏文艺出版社,1998年,第114~118页。

报》由严复主持,自家的报纸刊出如此报道,可知素怀教育救国之志的他,对出任总教习一职也颇有些跃跃欲试了。但不知何故,此议后来作罢。这样,桐城派与开创时期的京师大学堂失之交臂。

桐城派与京师大学堂真正相遇,并在此牢牢生根,缘于张百熙主持学务。光绪二十七年(1901)十二月初一日,诏命恢复在庚子兵燹中停办的京师大学堂,张百熙为管学大臣。湖南学术素来远逊江南和中原,自曾国藩集团崛起,人才始如云蒸霞蔚。曾国藩为学推尊桐城,桐城之学因此而风靡三湘大地。张百熙籍贯长沙,少时就读于城南书院,得桐城派名家郭嵩焘教诲,因而对该派学者青睐有加。在他接引下,桐城派学者鱼贯进入大学堂,并分任要职。光绪二十八年(1902)正月初六日,张百熙请旨,由吴汝纶出任大学堂总教习。他说:"窃惟大学堂之设所以造就人才,而人才之出,尤以总教习得人为第一要义。必得德望具备、品学兼优之人方足以膺此选。臣博采众论,参以旧闻,惟前直隶冀州直隶州知州吴汝纶学问纯粹,时事洞明,淹贯古今,详悉中外,足当大学堂总教习之任。"其"主保定莲池书院多年,生徒化之,故北方学者以其门称盛,允为海内大师,以之充大学堂总教习,洵无愧色"。① 吴汝纶接旨后,以大学堂总教习身份东渡扶桑考察学制,受到包括天皇在内的日本朝野隆重接待,其所著《东游丛录》为张百熙等拟定大学堂学制提供了直接参考。张百熙原拟举严复为副总教习②,但最终奏请添派桐城派分支阳湖派学者张鹤龄任之③。二月初七日,曾国藩之孙曾广铨到大学堂协助张百熙办理交涉事宜,十二月任译书局翻译科总办。④ 三月初四日,严复以"精通西文,于中

---

① 《管学大臣张百熙奏为敬举总教习折》,见迟惠生等主编:《京师大学堂档案选编》,北京:北京大学出版社,2001年,第111页。
② 严复:《与张元济书》,见王栻编:《严复集》(三),北京:中华书局,1986年,第547页。
③ 《管学大臣张百熙奏保副总教习并正副总办折》,见迟惠生等主编:《京师大学堂档案选编》,北京:北京大学出版社,2001年,第112页。
④ 王学珍等主编:《北京大学纪事(1898—1997)》(上),北京:北京大学出版社,1998年,第6页。北京大学校史研究室编:《北京大学史料(1898—1911)》第一卷,北京:北京大学出版社,1993年,第332页。

学尤有根柢,于所译各书类能融会贯通,不失本旨",被派充译书局总办。①五月初一日,译书局开张,林纾及其翻译助手曾宗巩、严复长子严璩等到局任笔述。②在大学堂任内,严复、林纾手不停挥,继续着其输入西学的翻译事业。同时,严复积极为张百熙整顿大学堂事务出谋划策,并手定《京师大学堂译书局章程》颁行。八月,吴汝纶弟子绍英任支应提调。③光绪二十九年(1903)十一月,清廷于大学堂实施在学务大臣节制下的总监督负责制;十二月二十一日,由张百熙举荐,大理寺少卿张亨嘉受命担任大学堂总监督。④隔年(1905)十月,张亨嘉聘桐城派学者郭立山任国文教员。郭立山籍贯湘阴,为郭嵩焘族侄,张百熙门生,受知于曾督学湖南的张亨嘉,光绪二十九年(1903)进士⑤。正是由于张百熙的擘画,桐城派学者联翩登进,在大学堂传道受业解惑,为桐城之学的发展,为这座国家第一学府的现代化,创下煌煌业绩。

桐城派在京师大学堂的地位得到进一步加强,是在柯劭忞主持大学堂经科和总揽校务之后。柯劭忞是吴汝纶的女婿兼弟子,研究元史的大师,宣统元年(1909)正月充大学堂经科监督,二年(1910)八月十八日暂署大学堂总监督⑥。柯氏在任期间,所聘经科、文科教员多为桐城派学者:宣统二年(1910)正月,林纾、郭立山、马其昶和姚永朴任经文科教员;同年十二月,陈澹然任高等科教员;三年(1911)二月,尚秉和任高等科教员⑦。一时间,大学堂里到处

---

① 《管学大臣张百熙奏报大学堂开办译书局折》,见迟惠生等主编:《京师大学堂档案选编》,第132页。案:严复于光绪三十年(1904)辞去总办一职。见孙应祥:《严复年谱》,福州:福建人民出版社,2003年,第219页。

② 孙应祥:《严复年谱》,福州:福建人民出版社,2003年,第184页。北京大学校史研究室编:《北京大学史料(1898—1911)》第一卷,北京:北京大学出版社,1993年,第333页。

③ 北京大学校史研究室编:《北京大学史料(1898—1911)》第一卷,第333页。

④ 张戬:《京师大学堂首任总监督张亨嘉传略》,见《张亨嘉文集》,北京:北京大学出版社,2003年,第7页。

⑤ 赵启霖:《翰林院编修郭立山传》,见《赵启霖集》,长沙:岳麓书社,2012年,第93页。

⑥ 《著柯劭忞暂署大学堂总监督谕旨》,见迟惠生等主编:《京师大学堂档案选编》,第364页。

⑦ 北京大学校史研究室编:《北京大学史料(1898—1911)》第一卷,第332~345页。

弥漫着桐城之学的气息。陈澹然籍贯桐城，光绪十九年（1893）举人，师事方宗诚，受诗古文法。其人恃才自负，狂放不羁；其文权奇动宕，恣肆自喜，常有逸出桐城藩篱之外者①。他继郭立山为国文教习，讲课时，宗尚《孟子》《战国策》《史记》，尤喜为纵横家言。《战国策》之文素以枝蔓沓冗著称，经他笔削后峻洁有力，使学生获益匪浅②。此一时期，大学堂里，单是追随林纾学诗古文者就有：黄濬、沈覲冕、李景堃、蔡璐、姚梓芳、刘复礼、胡璧城、陈器、姚鹓雏、缪承金、唐宗郭、史霈、廖道传、胡祥麟、梁鼎元、郑训寅、郭步瀛、顾大徵、关棠、李道同、邹应宪、章撷华、王黻灿、杨绪昌、李振声、张国威、王之栋、段世徵、田世谦和刘盥训等③。

  桐城派在北京大学达于彬彬之盛，是在严复主持校务之时。十四年前，严复与京师大学堂总教习一职擦肩而过；十四年后，机会再一次来临。民国元年（1912）2月25日，对桐城派学者一向礼敬的北洋政府总统袁世凯，聘请严复出任京师大学堂总监督。5月3日，袁世凯允准大学堂改名为北京大学校，任命严复担任北京大学校长④。上任伊始，严复将经、文二科合并为文科，拟请桐城派学者陈三立、姚永概主持。陈三立坚辞不允，姚永概则欣然命驾，出任文科教务长。数年前（1906），因姚永概推挹不遗余力，严复就任安徽高等学堂监督。此番严、姚在大学堂复遇，相处欢洽异常。同时进入北京大学的桐城派名流尚有李景濂、吴闿生。李景濂为吴汝纶莲池书院弟子，光绪三十年（1904）进士，以研究《左传》名家，受聘担任北京大学预科国文教员和文科经学《左传》门教员，有《左传讲义》手稿存世⑤。吴闿生为吴汝纶之子，

---

① 刘声木：《桐城文学渊源考·撰述考》，合肥：黄山书社，2012年，第290页。
② 赵启霖：《翰林院编修郭立山传》，见《赵启霖集》，长沙：岳麓书社，2012年，第93～94页。胡先骕：《京师大学堂师友记》，见王世儒、闻笛编：《我与北大》，北京：北京大学出版社，1998年，第19～20页。
③ 朱羲胄：《林氏弟子表》，见《民国丛书》第四编第94种下册，上海：上海书店，1992年。
④ 王学珍等主编：《北京大学纪事（1898—1997）》（上），北京：北京大学出版社，1998年，第29页。
⑤ 姚永概在《慎宜轩日记》（下）民国元年九月初六日条，有"李右周任《左传》"的记录。合肥：黄山书社，2010年，第1209页。李景濂《左传讲义》手稿现由其曾孙李建雄先生收藏。

贺涛弟子,曾留学日本,声名早被燕冀,时任袁世凯总统府僚佐,受聘担任北京大学预科教务长①。此前已在大学堂任教的林纾、郭立山、姚永朴和尚秉和,此时仍予留任。桐城派诸家在北京大学一时郁为文栋。严复任职期间,解决了办学经费困难,抵制了教育部停办大学的乱命,在呈给教育部的《文科大学改良办法说帖》中提出了一系列改革设想②。严复任职不到一年,在教育部留日派和校内少数激进的革命学生挤兑下被迫辞职③。10月1日,袁世凯聘请章士钊接替严复,出任北京大学校长④。章士钊籍贯湖南善化,堂兄章寿麟为曾国藩幕僚,因救兵败投水自尽的曾氏有功而受到擢用。章士钊青年时代拜读曾国藩所撰《欧阳生文集序》,对桐城派不胜向慕,"隐然以求衍其派于湖湘之责自任"⑤。其终生所嗜好的柳文也是桐城派的典范。虽然章士钊因事没有到任,但他和严复后先出掌北京大学,也可窥知桐城派学者在当时政、学两界声势之一斑。

　　1912年12月27日,章士钊辞去北京大学校长职务,何燏时接任。1913年11月5日,何燏时辞职;11月13日,胡仁源接任。1916年12月,胡仁源辞职;12月26日,蔡元培接任。此后直到1927年6月,蔡元培实际长校五年有半,其他时间多由蒋梦麟负责校务。在这一时段,桐城派与北京大学的关系时而稳定,时而摇荡,几位老辈林纾、姚永概、李景濂和姚永朴等先后离开北京大学。何、胡、蔡和蒋均为浙江人,均对那位有大学问的革命乡贤章太炎及其弟子情有独钟。数年间,章派学者蜂拥而至。有清一代学术以乾嘉学派为最盛,派中大部分学者以汉学反对宋学,一部分学者又以六朝骈文为正宗,

---

① 严复:《为呈覆教育部分科大学王学长等拟辞校务专任官署职务事》,见尚小明:《民元北大校长严复去职内幕》,载《北京大学教育评论》,2013年第4期,第110页。
② 张寄谦:《严复与北京大学》,载《近代史研究》,1993年第5期,第141~165页。
③ 尚小明:《民元北大校长严复去职内幕》,载《北京大学教育评论》,2013年第4期,第108~131页。
④ 《临时大总统令》,见北京大学校史研究室编:《北京大学史料(1898—1911)》第一卷,第235页。
⑤ 邹小站:《章士钊》,北京:团结出版社,2011年,第4页。

否定唐宋古文。桐城派是宋学、唐宋古文的嫡传,因而与乾嘉学派之间发生了激烈而持久的汉宋之争和骈散之辨。这一争辨一直持续到晚清、民国。章太炎及其弟子学宗乾嘉,文尚魏晋,与桐城派恰好针锋相对。

五四新文化运动时期,在北京大学内外,以陈独秀、胡适和章门弟子钱玄同、鲁迅、周作人为代表的新文化派,与以林纾、章士钊和胡先骕为代表的桐城派之间,发生纷争。新文化派要求激进变革,视桐城派为谬种。桐城派希望在变革中有所保留,嫌新文化派矫枉过正。在双方纷争期间,一些桐城派学者如王景歧、何基鸿、章士钊、方孝岳、柴春霖、单丕和贺培新等入北京大学任教;桐城派学子如张厚载和李濂镗等入北京大学就读;北京大学学子如法科的张曰辂、张若旭、吴景林、刘书钵、贾应璞,国文科的柯昌泗、马金涛、李炳瑗、陆宗达和贺翊新,土木工程科的李钺,以及马瑞徵、王双凤、李述礼、黄福墀和胡孝澜等,拜吴闿生为师,在吴氏创办的文学社内接受桐城派训练①。即使在桐城谬种谥号家喻户晓的日子里,北京大学学子各尊所闻,仍有人在屋子的一角,"抑扬顿挫地念着桐城派古文"②。在那个充满矛盾和思想自由飞扬的时代,新文化派与桐城派一起,共同渲染、烘托着时代气氛,共同塑造着北京大学囊括大典、海纳百川的精神气度。

五四新文化运动和五四运动主要由北京大学师生发起。在北京大学之外,桐城派政治家徐世昌总统给予了理解、容忍,傅增湘、章士钊和严修给予了支持。徐世昌对桐城之学高度认同,一直视自己为桐城派中一员。其外祖刘敦元籍贯桐城,为刘开族父行。他曾拜谒吴汝纶,"求为先慈作墓表,为先外祖诗稿作序"③。就在当选民国总统前一年(1917),他说:"丙戌同年多文人。贺松坡,余从之学文;柯凤荪,余从之学诗。"④贺涛、柯劭忞皆为北方桐

---

① 王达敏:《论桐城派的现代转型》,载《安徽大学学报》,2015年第6期。
② 杨振声:《回忆五四》,见《杨振声文献史料汇编》,济南:山东人民出版社,2016年,第444页。
③ 徐世昌:《徐世昌日记》光绪二十五年(1899)9月15日。
④ 贺葆真《贺葆真日记》(三)1917年2月1日,见李德龙、俞冰主编《历代日记丛钞》第133册,北京:学苑出版社,2006年,第17页。

城派文宗。傅增湘于光绪十七年(1891)入莲池书院,从吴汝纶授读。① 严修曾拜入吴汝纶之门,恒称"挚师"②,执弟子礼至恭。这些桐城派中的要人,在五四运动的惊涛骇浪中,均对北京大学师生施以援力。

在南京国民政府时代,文坛新旧并存。白话文学流行,但古典文学仍是巨大的精神存在。日本学者今关天彭经过深入研究以为,桐城派作为"清代最大的文章流派,到二十世纪三十年代仍有相当的影响力"③。1933年2月8日,西南联大文学院院长冯友兰向朱自清等表示:"读新文学者实较读文言者为少。"朱自清以为,冯氏道出了一个"重要事实"④。抗战军兴前后,古典文学成为凝聚民心、塑造国魂的重要资源。1942年,教育部颁布《大学国文选目》,命举国大一学生一律修习,内容皆为古文。北京大学与多数高校一样,古典文学的研究与教学长期居于核心地位,桐城之学在其中仍然占有一席之地。西南联大时期,杨振声等把新文学引入大一国文教学中,由于杨氏是北京大学1916级学生,受过姚永朴等桐城名家化育,因此,他能将桐城派的风致和教读方式揉入新文学的教学中,而被冯友兰等称为"新桐城派"⑤。

在南京国民政府时代,当桐城派在北京大学中文系逐步被边缘化时,一批具有桐城派学养的学者却活跃在北京大学历史系的讲坛之上。1927年至1931年,邓之诚被聘为历史系讲师、教授。1931年至1937年、1939年,钱穆被聘为历史系副教授、教授。1931年至1932年、1935年至1936年,柯昌泗

---

① 孙英爱:《傅增湘年谱》,硕士学位论文,河北大学文学院,2012年,第11页。
② 严修:《严修东游日记》,见钟叔河等主编:《走向世界丛书》,长沙:岳麓书社,2016年,第40页,第45页,第47~48页。
③ 李杰玲:《日本学界桐城派研究述论》,见《桐城派研究前沿问题国际学术研讨会论文集》,合肥:安徽大学出版社,2017年,第73页。
④ 朱自清:《朱自清全集·日记(上)》(九),南京:江苏教育出版社,1998年,第194页。
⑤ 朱自清在1938年7月23日的日记中写道:"上午与芝生商谈大一国文问题,其意见为:一、讲解如《庄子·天下篇》一类课文,因生字多,必须设法引起学生兴趣。二、教授桐城派或章太炎的文选派文章,教师使学生从总体上加以体会,今废除此二法,使学生不觉新意,乃最大失败。然所谓新桐城派的杨今甫所做的努力,却稍能体现其味道。三、必须充分认识朗诵之必要。诸说均有见地。"见《朱自清全集》(九),南京:江苏教育出版社,1998年,第542页。

被聘为讲师。1932年至1933年,徐中舒从史语所到历史系兼任讲师。桐城派与北京大学史学有缘:早在北洋政府时代,桐城派学者如李景濂、尚秉和、邓之诚、柯劭忞和史霈等就已经在北京大学担任史学课程。徐中舒早年追随胡远浚研读桐城派古文①。邓之诚的曾叔祖为姚门弟子邓廷祯,他绍继家学,"文风笔法宗桐城派而有所更张"②。钱穆学问根柢在桐城之学③。柯昌泗为柯劭忞之子、吴闿生弟子。桐城派一直有兼综文史的传统。在现代学科体系中,当桐城派的古文在文学领域难以保有其曾经的卓出地位时,其尊史的传统却使其在中国史领域焕发异彩。

进入中华人民共和国时代,桐城派逶迤数百年之后,终于到了该终局的时候。在谢幕前夕,硕果仅存的一些桐城派学者在北京大学的历史、美学、文学和印度学等学科领域,仍然于阴晴不定中耕耘着。史学家周一良、邓之诚、袁良义、王会庵和孙贯文,美学家朱光潜和宗白华,古典文学史家、散文家吴小如,印度学家、散文家季羡林,都各有成果问世④。

二、面对五四

北京大学是五四新文化运动的中心,也是五四爱国运动的发祥地。在这两场互相关联的伟大运动中,同属维新阵营的桐城派与新文化派之间出现异

---

① 徐中舒:《我的学习之路》,载《文史知识》,1987年第6期,第3页。
② 邱永君:《"效法先贤任重道远"系列之十三:吾师之师》,见中国社会科学网,2015年5月25日。
③ 钱穆:《宋明理学概述序》,见《宋明理学概述》卷首,见《钱穆先生全集》(新校本),北京:九州出版社,2011年。
④ 郭卫东、牛大勇主编:《北京大学历史学系简史》,内部发行,第37～38页,第93页,第480～503页,第480～503页。尚小明:《北大史学系早期发展研究(1899—1937)》,北京:北京大学出版社,2010年,第27页,第36～41页。按:周一良说:他随恩师张煦学习桐城派四年(《毕竟是书生》,天津:天津人民出版社,2016年,第11页)。王会庵是王树枏嫡孙,孙贯文是贺培新的弟子。袁良义籍贯安徽宣城,受桐城派熏染至深(庆环、闫佳琦:《袁良义:为史学研究奉献一生》,载《光明日报》,2015年7月18日)。

同。他们都主张变革，都感时忧国。但是，桐城派学者反对新文化派的激进，期待在变革中有所保留。尽管存在分歧，但对于包括新文化派在内的北京大学师生的爱国行为，桐城派政治家以理解之同情给予了容忍，桐城派学者以仁人之心给予了支持。桐城派诸家的行为既促成了五四爱国运动目标之实现，也在共和初建的年代闪耀着人性的光芒。

(一)在变革中保留

在五四新文化运动中，北京大学以陈独秀、胡适等为领袖的新文化派在民主与科学旗帜下，提倡新道德、新文学，否定旧道德、旧文学。桐城派因其在中国文化传统中所居的经典地位而受到轰击。事实上，自道咸之后，为迎接西方挑战，正是以曾国藩为代表的桐城派学者最先参与引领中国走出中世纪，面向现代世界。甲午战后，吴汝纶、严复和林纾等继武前修，努力向西方寻求真理，激进地要求变革。但随着岁月的推移，他们及其年轻的追随者主张在变革之时，能够保留传统中一部分优秀因子，以作为再造文明的基石。从思想史的角度看，桐城派这些老辈和新文化派同属维新一脉：前者先行，并泽被后者；后者循前者之辙而进，取其激进，而弃其所保留。在新文化运动中，如果说新文化派属于左翼，桐城派就是与其根连、又与其相对的右翼，二者均是新文化运动的组成部分。只是，新文化派的领袖站在彻底地不妥协地反对传统的立场上，只见桐城派学者保守传统的一面，而无视其一直以来对于变革的积极追求，争论由此而起。这场争论在北京大学内外展开，参与争论者除教育总长傅增湘外，均为北大人。新文化派带领北京大学以狂飙突进方式前行，桐城派则为北京大学增添了沉着稳健的气度。在中国从传统向现代转型的时代，新文化派和桐城派相辅相成，共同丰富、深化着北京大学的精神内涵，塑造着中华民族的新的灵魂。

桐城派一些老辈经历了从激进到渐进的思想转折。初始，他们面对日益加深的民族危机，为了国家富强，为了将炎黄之胄推出黑暗洞穴、沐浴现代之光，一意反对守旧、推崇西学。后来，他们阅世渐广，学养渐深，逐步意识到，中国传统中多有可与西学转相发明者,周孔之教经过西方思想淘炼,照样可以成为重建民族精神的砖石,由此而对中体西用的思想产生了认同。光绪二十五年(1899),吴汝纶说:救种之道,"必以士大夫讲求西学为第一要义。"①又说:"非广立学堂,遍开学会,使西学大行,不能保此黄种。"②然而,光绪二十八年(1902),他在东渡考察时发现,日本引入西方器物、制度和思想的同时,仍然保有大量传统文化因素。这促使其重新审视传统的现代价值,从而提出"周孔之遗泽,历久常新"③之论。严复是晚清对西学理解最透辟的学者。他从光绪二十一年(1895)起,连续发表《论世变之亟》《原强》《辟韩》和《救亡决论》等名作,用西方民主、自由思想猛烈抨击专制政治和文化,号召鼓民力、开民智和新民德。接着,其带有创作成分的译著《天演论》风靡海内,物竞天择、适者生存之说以科学的名义震荡着沉睡的中国。但自1912年担任北京大学校长起,他明显皈依传统,欲将北京大学的"经、文两科合并为一,以为完全讲治旧学之区,用以保持吾国四五千载圣圣相传之纲纪彝伦道德文章于不坠"④。1913年,他发起组织孔教会。1914年,他提出,"窃尝究观哲理,以为耐久无弊尚是孔子之书,四子五经固是最富矿藏,惟须改用新式武器发掘淘炼而已"⑤;"异日一线命根,仍是数千年来先王教化之泽"⑥。林纾如吴汝纶、严复一般,也经历了从激进到渐进的思想转折。

许多新文化派学者是在桐城派老辈向西方取经的劳绩庇荫下成长起来。在思想上,他们无不受到严复、吴汝纶倡导的进化论影响,无不以进化观念为其思想核心。陈独秀在1915年《青年》杂志发刊词《敬告青年》中说:"自宇宙

---

① 吴汝纶:《与冀州绅士》,见施培毅、徐寿凯点校:《吴汝纶全集》(三),合肥:黄山书社,2002年,第229页。
② 吴汝纶:《答李季皋》,见施培毅、徐寿凯点校:《吴汝纶全集》(三),第310页。
③ 吴汝纶:《答新闻记者论中外教育》,见施培毅、徐寿凯点校:《吴汝纶全集》(三),第448页。
④ 严复:《与熊纯如书》(三),见王栻编《严复集》(一),北京:中华书局,1986年,第605页。
⑤ 严复:《与熊纯如书》(五十二),见王栻编《严复集》(一),第668页。
⑥ 严复:《与熊纯如书》(六十二),见王栻编《严复集》(一),第678页。

之根本大法言之，森罗万象无日不在演进之途，万无保守现状之理。……以人事之进化言之，笃古不变之族日就衰亡，日新求进之民方兴未已。"①胡适倡言以白话代替文言的依据，就是被他视为公理的进化论。他在1917年1月发表的《文学改良刍议》中说："文学者，随时代而变迁者也。一时代有一时代之文学。"②这是他的名句，也是文学革命取得成功的理论基础。在文学上，新文化派学者多半受惠于林纾的译作。据周作人回忆，他与鲁迅都曾爱读林译小说，林纾在近人中对他自己影响最大，对鲁迅的影响仅次于梁启超和严复。他在《林琴南与罗振玉》中说："我们几乎都因了林译才知道外国有小说，引起一点对于外国文学的兴味。我个人还曾经很模仿过他的译文。"③胡适说："自己年轻时'总共看了上百部'林译小说，故写起叙述文时，颇受其影响。"④关于桐城派老辈在新文学演进中的历史地位，周作人说："到吴汝纶、严复、林纾诸人起来，一方面介绍西洋文学，一方面介绍科学思想。于是，经曾国藩放大范围后的桐城派慢慢便与新要兴起的文学接近起来了。后来参加新文学运动的，胡适之、陈独秀、梁任公诸人都受过他们的影响很大。所以我们可以说，今次文学运动的开端实际还是被桐城派中的人物引起来的。"⑤周作人以为，桐城派是新文学运动的开端。这无疑是中肯之见。

在新文化运动中，桐城派学者与新文化派共具进化理念，因而赞同新文化派提出的伦理、文学变革主张。关于伦理变革，1919年3月26日，教育总长傅增湘在致北京大学校长蔡元培的函中说："吾国伦理道义，人群纪纲，镌于人心，濡于学说，阅数百千年。其间节目条教，习惯蜕衍，或不适于现代，亦

---

① 陈独秀：《敬告青年》，载《青年杂志》，1915年第1卷第1期，第3页。
② 胡适：《文学改良刍议》，载《新青年》，1917年第2卷第5期，第2页。
③ 周作人：《林琴南与罗振玉》，载《语丝》，1924年12月1日，第3期第5版。
④ 郑延国：《胡适晚岁八论翻译》，载《潇湘子译话》，武汉：武汉大学出版社，2015年，第35页。
⑤ 周作人：《中国新文学的源流》，上海：华东师范大学出版社，1995年，第48页。

属在所难免。"①以进化的眼光看,传统中一些伦理观念已经不适于现代,对其进行变革理有固然。关于文学变革,方孝岳1917年在《我之改良文学观》中说:"陈、胡二君定白话文学为将来文学正宗,实为不易之论。"②北京大学哲学系一年级学生李湘镗1917年在《致胡先生》中说:胡适在《文学改良刍议》中所提八事"条条精锐,良能发人猛省"③。北京大学法科政治系学生张厚载1918年在《新文学及中国旧戏》中说:"陈、胡、钱、刘诸先生之文学改良说翻陈出新,尤有研究之趣味。仆以为文学之有变迁,乃因人类社会而转移。决无社会生活变迁,而文学能墨守迹象、亘古不变者。"④胡先骕1919年在《中国文学改良论》中说:"陈、胡之言固不无精到可采之处。"⑤章士钊1919年底在题为《新时代之青年》的演讲中说:"胡君适之提倡白话,反对古典文学,在一定范围以内,其说无可驳者。"⑥

在新文化运动中,桐城派学者与新文化派之间也存在严重分歧。

首先,桐城派学者反对新文化派的激进态度,主张渐进。傅增湘认为,传统中不适应现代的伦理固然应变,但当渐改,不当锐进。他说:"改革救正,自有其道。以积渐整理之功,行平实通利之策,斯乃为适。凡事过于锐进,或大反乎恒情之所习,未有不立蹶者。时论纠纷,喜为抨击,设有悠悠之辞,波及全体,尤为演进新机之累。"⑦方孝岳说:"使今日即以白话为各种文字,以予观之,恐矫枉过正,反贻人之唾弃,急进反缓,不如姑缓其行。……故吾人今日一面急宜改良道德学术,一面顺此日进之势,作极通俗易解之文字,不必全

---

① 傅增湘:《致蔡元培》,见高平叔编:《蔡元培全集》(三),北京:中华书局,1984年,第286页。
② 方孝岳:《我之改良文学观》,载《新青年》,1917年第3卷第2期,第4页。
③ 李湘镗:《致胡先生》,载《新青年》,1917年第3卷第2期《通信》,第13页。
④ 张厚载:《新文学及中国旧戏》,载《新青年》,1918年第4卷第6期,第620页。
⑤ 胡先骕:《中国文学改良论》,载《东方杂志》,1919年第16卷第3期,第169页。
⑥ 章士钊:《新时代之青年》,载《东方杂志》,1919年第16卷第11期,第160页。
⑦ 傅增湘:《致蔡元培》,见高平叔编:《蔡元培全集》(三),北京:中华书局,1984年,第286页。

用俗字俗语,而将来合于国语,可操预券。"①李濂镗说:胡适所提八事,"第六第七不用典、不讲对仗两款,确有矫枉过正之弊。……诗用典必适当、对仗必自然则可,不用典、不讲对仗则不可也"。② 张厚载说:"凡一事物之改革,必以渐,不以骤。改革过于偏激,反失社会之信仰,所谓'欲速则不达',亦即此意。改良文学,是何等事,决无一走即到之理。"③胡先骕说:陈、胡之言"过于偏激,遂不免因噎废食之讥。"他主张使用"简易之文言",不赞成"以驳杂不纯口语"代替文言④。

其次,桐城派学者反对新文化派弃旧图新,主张调和新旧,在继承传统基础上创新。章士钊以为,文明的发展建基于人类知识、经验的逐步积累之上,没有对先辈业绩的继承,就没有人类的进步;社会的进化是在新旧杂糅、从旧到新的移行中实现的,新的时代绝不会与过去时代没有关联。因此,"新机不可滞,旧德亦不可忘,挹彼注此,逐渐改善,新旧相衔,斯成调和"。⑤ 胡先骕说:"人之异于物者以其有思想之历史,而前人之著作即后人之遗产也。若尽弃遗产以图赤手创业,不亦难乎?……故欲创造新文学,必浸淫于古籍,尽得其精华而遗其糟粕,乃能应时势之所趋,而创造一时之新文学。……居今日而言创造新文学,必以古文学为根基而发扬光大之,则前途当未可限量。否则,徒自苦耳。"⑥

第三,桐城派学者反对废除古文。胡适等主张言文合一,摒弃文言,以白话代之,建设"国语的文学,文学的国语"。林纾在《论古文之不宜废》《论古文白话之相消长》《答大学堂校长蔡鹤卿太史书》等文中反对尽弃古文,主张文

---

① 方孝岳:《我之改良文学观》,载《新青年》,1917年第3卷第2期,第4~5页。
② 李濂镗:《致胡先生》,载《新青年》,1917年第3卷第2期《通信》,第13页。
③ 张厚载:《新文学与中国旧戏》,载《新青年》,1918年第4卷第6期,第621页。
④ 胡先骕:《中国文学改良论》,载《忏庵文稿》,熊盛元、胡启鹏编校:《胡先骕诗文集》(上),合肥:黄山书社,2013年8月,第269~270页。
⑤ 章士钊:《新时代之青年》,载《东方杂志》,1919年第16卷第11期,第161页。
⑥ 胡先骕:《中国文学改良论》,载《忏庵文稿》,熊盛元、胡启鹏编校:《胡先骕诗文集》(上),第274页。

白并存,在白话风行之时,给古文留下一线生机。他认为,古文中存有中国元气;古文有时以一言而关乎国家之夷险,有时足以动人忠孝之思;古文是白话的根柢,无古文就不会有好的白话文学;科学不用古文,古文也无碍科学;古人得一称心之作殊为不易;若使今人读古人原书,必使其研习古文;今日古文已在声消烬灭之秋,不必再用力革除;欧洲文明发达,并没有废除拉丁文,日本人求新之时仍然视旧为宝。职是之故,古文应予保留①。林纾自清末以来一直是一个文学改革家:除了翻译小说外,他曾在戊戌变法前一年(1997),采撷民间文学元素,创作《闽中新乐府》三十二首;庚子年(1900)在《杭州白话报》上发表白话道情,一纸风行;1919 年 3 月,在受到新文化派攻击奚落之时,仍然在《公言报》上开辟"劝世白话新乐府"专栏。因此,他并不是反对白话文,而是希望延古文一线于不坠,希望在变革中有所保留。结果却是,林纾一败涂地,到 1949 年后,白话文最终一统天下。以今观之,完全废除古文已经成为民族文化复兴的一大障碍。当日林纾落败,又岂仅为其个人伤心之事。

第四,桐城派学者反对废除戏曲,也反对以改革为名从根本上对戏曲加以破坏。胡适、刘半农、钱玄同、陈独秀和周作人等新文化派名流以西洋戏剧的写实为准衡,全面贬斥中国戏曲,以为中国戏曲太抽象,太脱离生活,演唱单调,脸谱离奇,舞台设备幼稚,内容无理想,文章又极恶劣不通,无一足以动人情感,在文学、美术和科学上无丝毫价值。胡适虽无意消灭戏曲,但主张"废唱用白"。张厚载时为北京大学学生,却已是蜚声菊坛的剧评家,其艺术实践和理论功力迥非寻常可比。他以匹夫之勇力战新文化派众多师长。在《我的中国旧戏观》中,他从专业角度为旧剧声辩。他以为,中国戏曲的特点是抽象而非写实;其表演自有规律;其唱功具有表达感情的力量,可以永久存

---

① 林纾:《论古文之不宜废》,载上海《民国日报》,1917 年 2 月 8 日;《畏庐三集·答大学堂校长蔡鹤卿太史书》,见《林琴南文集》,北京:中国书店,1985 年影印,第 26~28 页;《论古文白话之相消长》,载《文艺丛报》,1919 年第 1 卷第 1 期,第 7 页。

在,不能废掉①。他的这些见解经受住了历史的考验。

(二)在分歧中支持

1919年夏季,由北京大学发动和领导的五四运动激起了国内各阶层爱国之忱,也引爆了政坛固有的派系冲突和南北政争。学潮与政潮互为渗透,互相借力,使这场民运最终实现了罢免亲日派官员职务和拒签巴黎和约的目标,推动中国的现代化向深广处发展②。桐城派总统徐世昌的斯文作为以及傅增湘、章士钊、严修、马其昶和姚永概的有效支持是这场运动能够取得硕果的关键因素,他们的理解、容忍、支持和仁爱在这风云激荡的大时代中熠熠生辉。

五四运动爆发当天下午,北京大学等校学生激于对亲日派的义愤,火烧曹汝霖之家,重伤章宗祥之体。学生闹够离去后,警察总监吴炳湘等才率军警赶到,逮了些掉队的学生交差。当时皖系军人段祺瑞暗持权柄,对共和体制下的基本人权,包括言论、结社和游行集会自由等,都相当尊重,对学校的学术自由和自治,也不随意干涉。因此,五四运动中,对于学生的游行及其明显的越轨行为,政府内部虽有不同声音,但总体上保持了克制。总统徐世昌和教育总长傅增湘对于学生和站在学生背后的北京大学校长蔡元培尤其给予容忍和保护。5月4日下午,得知学生游行集会,徐世昌命京师警察厅"要文明对待"③。5月4日晚,内阁召开紧急会议,一些阁员主张将蔡元培免职查办、解散北京大学。傅增湘奋起为蔡辩白,遭到国务总理钱能训抢白:"汝谓蔡鹤卿校长地位不可动摇。假如蔡鹤卿死,则又如何。"徐世昌是了解西学、带有浓重士大夫气的诗人政治家,上任伊始即以文治相号召,本质上并不主张严厉处分学生。5月6日,当被问及如何处理被捕学生时,徐云:"政府

---

① 张厚载:《我的中国旧戏观》,载《新青年》,1918年第5卷第4期,第343~348页。
② 邓野:《巴黎和会与北京政府的内外博弈》,北京:社会科学文献出版社,2014年,第95~117页。
③ 曹汝霖:《一生之回忆》,香港:春秋杂志社,1966年,第195~204页。

对于如何处置一层,颇持慎重态度。"又云:"学生此种举动,原出于爱国热忱,不惟本大总统对之颇表敬重,即政府方面对之亦极敬重。惟因其事涉及法律,只有按法律办理。"①徐氏作为国家元首如此表态,5月7日,京师警察厅当然就将被逮学生交保释放了。

　　五四运动爆发后,北京大学校长蔡元培为营救学生日夜奔走。在学生5月7日获释后,蔡元培为避免学校和学生受到进一步牵连,于5月8日递交辞呈,翌日悄然离京②。此后两月有余,学界为挽蔡掀起巨澜。在这一事件中,桐城派诸家的表现可圈可点。5月10日,教育总长傅增湘向北京大学挽蔡代表马叙伦、马寅初和李大钊等明确表态:"自己诚恳挽留蔡校长。"③5月14日,徐世昌下令挽蔡:"该校长殚心教育,任职有年。值兹整饬学风,妥筹善后,该校长职责所在,亟待认真擘理,挽济艰难。所请解职之处,着毋庸议。"④在蔡元培辞职之事上,桐城派大家马其昶和王树枏没有乘便行事,格调高洁。蔡元培说:"八日午后,尚有见告政府已决定更换北京大学校长,继任者为马君其昶。我想再不辞职,倘政府迫不及待,先下一令免我职,一人之不体面而犹为小事,而学生恐不免起一骚动。我之急于提出辞呈,此亦其旁因也。今我既自行辞职而继任又为年高德劭之马君,学生又何所歉然而必起骚动乎?"⑤蔡元培辞职前后,政府先后拟任命马其昶、王树枏接任北京大学校长。⑥马其昶为张裕钊、吴汝纶弟子,曾任安徽高等学校校长、北京法政学校教务主任。王树枏为光绪十二年(1886)进士,少为曾国藩所赏,长与张裕钊、吴汝纶相切劘,后官至新疆布政使。马、王均著述丰赡,以经史文章负海

---

① 《昨日公府之游园会》,载《公言报》,1919年5月7日。
② 梁柱:《蔡元培与北京大学》,北京:北京大学出版社,1996年,第240~266页。
③ 《晨报》1919年5月11日,转引自高平叔《蔡元培年谱长编》(二),北京:人民教育出版社,1999年,第205页。
④ 《大总统令》(1919年5月14日),载《政府公报》,1919年5月15日。
⑤ 《晨报》1919年5月13日;天津《益世报》1919年5月17日。转引自梁柱《蔡元培与北京大学》,北京:北京大学出版社,1996年,第254页。
⑥ 《晨报》1919年6月7日。转引自梁柱《蔡元培与北京大学》,第260页。

内重望;同膺清史馆总纂;均与徐世昌为道义学问之交。政府欲马、王出长北京大学,明显与徐、马、王三人的桐城派背景相关。就桐城派在清代以降学坛的地位论,就马、王在南北学界的资望论,主掌北京大学,二人虽比蔡元培略逊,在当时也算上佳之选。但与后来"谋攫取北大校长之地位的"①胡仁源有别,马氏并没有对政府的拟命作出任何回应,王氏则坚辞不就。马、王峻拒的个中原因固然很多,但有一点可以肯定,他们与京城知识界挽蔡意见一致,希望自己不要成为蔡氏返京复任的障碍。

在五四运动中,北京大学教授、《新青年》主编陈独秀被捕案轰动一时,桐城派诸家积极参与营救。1919年6月11日晚,陈独秀带着争取"绝对集会言论自由权"②的传单《北京市民宣言》到北京新世界散发。这份传单由陈独秀起草、胡适英译。当陈氏正站在楼顶扬洒时,京师警察厅警察出其不意,将其揪获。6月22日,章士钊致电政府代总理龚心湛说:"试观古今中外,每当文网最甚之秋,正其国运衰歇之候。""陈君英姿挺秀,学贯中西",吁恳龚氏为国惜才而救之。③ 同日,他又致电北洋政要王克敏,表达了救陈的迫切心情。严修命其子严智怡携带自己的手书谒见徐世昌。严智怡代表其父以为,不能以陈独秀言论太新而裁判他,"大学为新思想发源地,无论什么思想都要拿来研究","藉新旧思想暗潮来兴'文字狱',实在于教育前途有碍"。严智怡之言令徐世昌"颇动容"。④

最为学界久久称誉的,是马其昶、姚永概对陈独秀的营救。作为新文化派的主将,陈独秀对桐城派剖击最力。但马、姚并未因此而衔恨。据报道,"桐城派的古文家马通伯、姚叔节诸人也不以政府为然,常常向人表白说:主

---

① 蔡元培:《自写年谱》,见高平叔:《蔡元培年谱长编》(二),第217页。
② 陈独秀:《北京市民宣言》,见任建树主编《陈独秀著作选编(1919—1922)》(二),上海:上海人民出版社,2010年,第116页。
③ 《章行严请释陈独秀》,见强重华等主编《陈独秀被捕资料汇编》,郑州:河南人民出版社,1982年,第63~64页。
④ 涵庐:《传闻异词的陈独秀案(通信)》,见强重华等主编《陈独秀被捕资料汇编》,第58页。

张不妨各异,同是士林斯文一体,文字之狱,万不可兴"。① 6月25日,马其昶、姚永概等致函京师警察厅厅长吴炳湘云:"陈君本系书生,平生激于爱国之忱,所著言论或不无迂直之处。然其学问人品亦尚为士林所推许,历年办理教育,潜心著述,在学界似亦薄奏微劳",因而恳请吴氏"曲赐矜惜,准予保释"。② 由于各方施以援手,陈独秀于9月16日获释。陈独秀行事一贯决绝、专断。1925年,群众因晨报馆偏右而焚之,陈独秀赞成这一暴力行为,胡适则不能苟同。他在致陈独秀的信中说:"我记得民国八年你被拘在警察厅的时候,署名营救你的人中有桐城派古文家马通伯与姚叔节。我记得那晚在桃李园请客的时候,我心中感觉一种高兴,我觉得这个黑暗社会里还有一线光明:在那个反对白话文学最激烈的空气里,居然有几个古文老辈肯出名保你,这个社会还勉强够得上一个'人的社会',还有一点人味儿。"③胡适希望陈独秀对待不合己意之事,能有如桐城老辈似的容忍、仁爱的雅量。

三、建设现代学科

桐城派在漫长发展过程中,形成了深厚的博雅传统。自方苞起,桐城派学者多学贯经史子集四部,姚鼐尤以兼收义理、考据、辞章之长为鹄的。桐城派诸家进入北京大学后,荟萃中西学术,把博雅传统扩容,各依性之所近,在不同知识领域寻幽探胜,为北京大学的学科建设,为中国学术从古典向现代转型,作出了彪炳史册的贡献。他们强烈的求知渴望、严谨的治学态度和卓越的学术成果,丰富着桐城派,也有力地型塑着北京大学的科学精神。

在北京大学确立现代学制和学科建设过程中,张百熙、张之洞、吴汝纶和严复发挥了决定性作用。张之洞曾向其从舅、桐城派岭西五子之一的朱琦问

---

① 涵庐:《传闻异词的陈独秀案(通信)》,见强重华等主编《陈独秀被捕资料汇编》,第59页。
② 《安徽同乡会吴传绮等函警察总监请准予保释陈独秀》,见刘苏整理《五四时期陈独秀被捕档案选编》,载《北京档案史料》,2009年第2期。
③ 胡适:《致陈独秀》,见《胡适书信集》(上),北京:北京大学出版社,1996年,第367页。

学,也算是与桐城派有些瓜连。奠定京师大学堂和北京大学学科建设格局的,就是这个带有浓重桐城派色彩的精英群体。光绪二十四年(1898),张之洞在《劝学篇》中提出的中体西用观点,是其个人主张的理论概括,也是清末新潮学者的共识。二张、吴、严为北京大学设计的学制和学科建设蓝图,连同早先(1898)梁启超执笔的《总理衙门奏拟京师大学堂章程》,从头至尾贯穿着中体西用原则。吴汝纶呈给张百熙的考察报告《东游丛录》,翔实记录了日本在创立现代教育体制中取法西方、保留传统的情形。这一报告成为张百熙拟订大学堂章程的参考。光绪二十八年(1902)十一月,张百熙主持制订的《钦定大学堂章程》凿破混沌,把传统的经史子集四部转化为政治科、文学科、格致科、农学科、工艺科、商务科和医术科等七科。这一章程虽经公布,却未实施。光绪二十九年(1903)十一月,由张之洞、张百熙和荣庆负责起草的《奏定大学堂章程》规定,大学堂设立八个分科大学:经学科、政法科、文学科、医科、格致科、农科、工科、商科。① 这两个章程,无论七科、八科,均体现着兼容中西、中体西用的思想。严复早岁斥责中体西用之说,以为其割裂体用,为旧学张目。但他在1912年主持北京大学校务后,在重视西学的同时,更将经、文科合并,以加强中学的基础地位,同样没有逸出中体西用的藩篱。此外,严复长校后,在呈给蔡元培任总长的教育部的《文科大学改良办法说帖》中提出,北京大学在建设文科时,应该对东西方文学、史学、哲学和地理学"兼收并蓄,广纳众流,以成其大"②。蔡元培任北京大学校长后,沿着严复的兼收并蓄思路,提出含蕴更为深广的兼容并包办学原则。这一原则后来成为北京大学的基本精神。

桐城系统的学者在北京大学开创了伦理学学科。张鹤龄任京师大学堂副总教习时,编纂了《伦理学讲义》和《修身伦理教育杂说讲义》。张百熙在荐

---

① 郝平:《北京大学创办史实考源》,北京:北京大学出版社,1998年,第163～164页。
② 张寄谦:《严复与北京大学》,载《近代史研究》,1993年第5期,第160～161页。

举张鹤龄任副总教习时,说他"学识宏富,淹贯中西"①。其《伦理学讲义》共有二十章,第一章为"公理公法",最后一章为"仁义礼智信",正是一个中西合璧的框架②。自光绪三十二年(1906)起,林纾连续三年为大学堂预科和师范班讲授伦理道德课。他以孙奇逢的《理学宗传》为教本,以带有现代意味的平等的学术态度对待朱陆,凡是有益于身心性命之语尽采之,尽阐之③。由于林纾能结合自己丰富的人生经验和古今故事对昔贤明训加以疏解,而且语妙天下,发人深省,课堂效果极佳,那些"聆斯课之学生,咸心情感发,不能自已"。其弟子胡先骕说:"常忆此课在下午一点钟讲授,适在午餐之后,又值夏初长日、睡思袭人之时,上他课则不免昏睡,上人伦道德之课,则无人不兴奋忻悦,从可知欧西名牧师讲演号召之魔力所由来也。"④林纾的讲稿1915年由商务印书馆出版。

桐城派学者在北京大学开拓了逻辑学学科的新境界。光绪三十三年(1907),章士钊到英国爱丁堡大学留学,主攻逻辑学等。宣统元年(1909),他在对比中西逻辑思想的异同后,主张把 logic 译为"逻辑",这是他对中国现代逻辑学学科的重大贡献。1914年,他与吴汝纶的莲池书院弟子谷钟秀等创办《甲寅》月刊,形成逻辑谨严的政论文风。1917年11月,他受聘担任北京大学哲学门教授,讲授逻辑学和逻辑学史,同时主持哲学门教授会。章士钊的优长在于,他能将中国的逻辑资料纳入西洋逻辑系统之中进行阐述,这使其逻辑学带上鲜明的中国色彩。其讲授极受学子欢迎,可容四五百人的大教室门户为塞,坐无隙地。1939年夏,他以北京大学授课时的讲义为基础,撰

---

① 《管学大臣张百熙奏副总教习并正副总办片》,见迟惠生等主编《京师大学堂档案选编》,北京:北京大学出版社,2001年,第112页。
② 郝平:《北京大学创办史实考源》,第215~216页。
③ 林纾:《师范学校中学校修身讲义序》,见《师范学校中学校修身讲义》卷首,北京:商务印书馆,1916年。
④ 胡先骕:《京师大学堂师友记》,见王世儒、闻笛编《我与北大》,北京:北京大学出版社,1998年,第21页。

成《逻辑指要》一书。此书是中国现代逻辑史上的名著①。

桐城派学者把北京大学建成中国现代美学学科的最高学术殿堂。朱光潜籍贯桐城,少年时代在吴汝纶创立的桐城中学受到桐城之学的熏陶,研习《古文辞类纂》和《经史百家杂钞》,模拟欧阳修、归有光之文。他留英归来后,1933年10月初至1937年抗战爆发,因徐中舒之荐,受聘担任北京大学西语系教授。1946年8月,应北京大学校长胡适之聘,再度担任西语系教授兼主任,此后再未离开过北京大学。宗白华1897年出生于外祖父方守彝家,方家乃桐城派名族。1952年下半年调入北京大学任哲学系美学教授,直至去世。朱光潜、宗白华学贯中西,均追求人生艺术化的理想,均以桐城之学为研究美学的根基。在中西比较中,朱光潜提出美是主客观的统一,宗白华则对艺术意境作了独步一时的理论开掘。他们共同将中国现代美学推向高峰②。

桐城派学者在北京大学开创了中国文学理论批评史学科。宣统二年(1910)至1917年,姚永朴在京师大学堂和北京大学任教时,以讲义为基础撰成《文学研究法》一书。此书与刘勰的《文心雕龙》后先辉映,是对桐城派理论菁英的升华,也是对中国古典文章学的总结③。宣统二年(1910)正月至1913年,林纾在京师大学和北京大学讲授古文辞④。其讲义1913年6月在《平报》连载;1916年在都门印书局出版时,名为《春觉斋论文》。林纾立足桐城前贤文论,把自己从中国古典文学、外国文学和古文创作实践中所得,进行提摄归纳,创造性地提出意境等理论。姚永朴和林纾的著作多次再版,是后来一切中国文学理论批评史著作之祖。

桐城系统的学者是北京大学中国史学科建设的主力。在宏观方面,邓之

---

① 赵敦华等主编:《北京大学哲学系史稿(1912—2012)》,内部资料,第4页。邹小站:《章士钊》,北京:团结出版社,2013年,第146~147页,第196~200页。

② 宛小平:《朱光潜年谱长编》,未刊,第72~73页,第161~163页。宛小平:《朱光潜及其美学》,王德胜:《宗白华及其美学》,分别见金雁主编:《中国现代美学名家文丛·朱光潜卷》卷首、《中国现代美学名家文丛·宗白华卷》卷首,杭州:浙江大学出版社,2009年。

③ 许结:《姚永朴与〈文学研究法〉》,载《古典文学知识》,2010年第1期。

④ 张旭、车树昇:《林纾年谱长编》,福州:福建教育出版社,2014年,第173页。

诚、钱穆讲授过中国通史。在断代史方面,徐中舒的殷周史料考订,李景濂的《左传》研究,钱穆的中国上古史、秦汉史、汉魏史,邓之诚的魏晋南北朝史,柯昌泗的隋唐五代史、宋史,柯劭忞的元史,钱穆的宋元明思想史、中国近三百年学术史,构成了中国史学科的完整序列。特别引人注目的是,宣统三年(1911)二月至民国元年(1912)12月,尚秉和在任京师大学堂高等科教员时,开始撰写《辛壬春秋》一书。该书1924年问世,分为辛壬大政记、各省记事、民党死事记、清臣殉难记、袁大总统事略等,是研究中华民国史的开山之作。柯劭忞自光绪末年开始收集中外元史资料,1919年完成《新元史》初稿。同年12月4日,徐世昌总统以《新元史》诠采宏富、体大思精,明令将之列入正史。1923年,日本东京帝国大学因《新元史》而授予作者文学博士学位①。柯劭忞1924年至1925年在北京大学讲授元史,并任国学门导师,使北京大学成为研究元史的重镇。此外,孙贯文在金石铭刻学研究领域取得的成就也斐然可观。

桐城派学者在北京大学创立了印度学学科。季羡林上山东大学附设中学时,国文教员王崑玉是桐城派古文作家,有自己文集,后任山东大学讲师。受老师影响,季羡林研读唐宋八家文章,用文言文模仿桐城派调子写作。其《读〈徐文长传〉书后》一文被老师评曰"亦简练,亦畅达"②,使他深受鼓舞。《季羡林全集》三十卷,散文约占三分之一,这些作品带有浓郁的桐城派色彩。1946年秋,他留德归来,受聘担任北京大学教授,创建东方语文系。此后数十年,他研究佛教史和中印文化关系史,发表许多原创性论著,使北京大学成为研究印度学的基地。

此外,桐城派学者在北京大学自然科学学科建设方面也有出色表现。胡先骕是桐城派郭立山、陈剑潭和林纾的弟子,1929年在北京大学讲授植物

---

① 崔建利:《近代大儒柯劭忞》,见崔建利校注:《柯劭忞诗集校注》,北京:中国社会科学出版社,2017年,第6页。
② 季羡林:《我和外国文学》,见《万泉集》,《季羡林全集》(二),北京:外语教学与研究出版社,2009年,第15页。

学。李钜出身河北邯郸,其父李景濂、伯父李景濂均为吴汝纶莲池书院弟子。他曾从吴闿生游,受诗古文法。他毕业于北平协和医学院,获纽约大学医学博士学位。抗战胜利后,北京大学医学院新聘一批受过欧美医学教育的博士,这些学者代表了当时医学界的最高水平。其中,李钜因学术水平湛深,受聘担任药理学教授兼系主任,推动了北京大学药理学学科的发展。在进行医学研究与教学的同时,李钜创作诗古文辞不辍。其诗文蓬勃雄健,得莲池一派真传①。

四、承雨润而茁壮

桐城派诸家进入北京大学后,以自己的文化理想和实际行动塑造着北京大学的精神。而北京大学以其巍峨地位,聘请桐城派诸家来校主政、任教,录取桐城派学子入校就读,为桐城派的发展和现代转型提供了历史契机。桐城派新生代因承北京大学雨露之润而成长为国家栋梁,尤值得表而出之。

北京大学赋予桐城派学子铁肩担道义的社会责任感。光绪二十四年(1898),光绪帝所颁《明定国是诏》云:创办京师大学堂的目的,是为了"人才辈出,共济时艰"②。光绪二十八年(1902)的《钦定大学堂章程》云:京师大学堂之设,是为了"激发忠爱"③。鲁迅认为,"北大是常为新的,改进的运动的先锋,要使中国向着好的,往上的道路走"。"北大是常与黑暗势力抗战的,即使只有自己"。④ 正是在北京大学共济时艰、与黑暗势力抗战的精神养育下,一些桐城派学子走上爱国救亡之路。光绪二十九年(1903),为扑击沙俄欲吞并中国领土野心,全国掀起浩荡的拒俄运动,而京师大学堂的学生正是这场

---

① 李钜诗文手稿现由其侄孙李建雄先生珍藏。
② 《著明定国是变法维新谕旨》,见迟惠生等主编:《京师大学堂档案选编》,北京:北京大学出版社,2001年,第16页。
③ 《钦定京师大学堂章程》,见北京大学校史研究室编:《北京大学史料(1898—1911)》第一卷,第87页。
④ 鲁迅:《我观北大》,见《鲁迅全集》(三),北京:人民文学出版社,1981年,第158页。

运动的急先锋。① 由师范馆学生谷钟秀拟稿的《京师大学堂师范仕学馆学生上书管学大臣请代奏拒俄书》痛论战守,以为俄人阴险狠辣,"无一时不置我于死地";日、俄在东北相争,中国"大祸即在眉睫"。若处置不当,必引起列强瓜分狂潮,使"二万里幅员、四万万民庶皆将奴隶牛马受压制于他国之下",因而必须拒俄。此书最后为学生的爱国行为辩护:"国家之设学也,专以养成忠君爱国之思想为目的。今当危机存亡之秋,间不容发,譬如一家火起,父兄长老皆焦思疲力以求一熄,而少而壮者乃袖手旁观,而以为不与己事,岂尚复有人心也耶?此学生等所以欲言而不得,不言而不能,言之而不免有越职之嫌,不言而坐视瓜分之惨而不忍也。"②谷钟秀在光绪甲午(1894)乙未(1895)之际拜吴汝纶为师,是吴门杰出弟子。他光绪二十八年(1902)考入京师大学堂师范馆,在大学堂的陶铸下,积极参与拒俄运动,成为坚定的爱国者。由他代表全体京师大学堂学生起草的这篇上书,以北方桐城派特有的铿锵激越笔法,表达了莘莘学子对于民族的责任和救国热忱。谷钟秀大学堂毕业后就学于早稻田大学。辛亥革命后,参与中华民国临时政府的筹建。曾创办《中华新报》《正谊》杂志,担任宪法起草委员、北洋政府农商部长等,为推进民主宪政竭尽绵薄。著有《中华民国开国史》等。二十世纪二十年代初,北京大学学生成立了一个名为实践社的秘密救国组织,这个组织属于国民党,接受第一次国共合作时期的李大钊领导。实践社领袖邓文辉1927年与李大钊等一起,牺牲于张作霖政府的绞刑架上。1924年,北方桐城派宗师贺涛之孙、吴闿生入室弟子贺翊新考入北京大学中文系,很快秘密加入实践社,邓文辉等的遇难没有动摇他和同伴们的意志,他们继续为实现孙中山先生的三民主义而奋斗。

桐城派一批青年学者在北京大学为人师表,受北京大学哺育,获得自信,

---

① 郝平说:在这场"拒俄爱国运动中,京师大学堂的学生可以说是起到了急先锋的作用"。"除学生外,上到大学堂副总教习、教习、助教,下到一般工作人员几乎都参加了这次运动"。见郝平《北京大学创办史实考源》,第293页。

② 杨天石、王学庄编:《拒俄运动(1901—1905)》,北京:中国社会科学出版社,1979年,第147~149页。

获得声光,为自己的青云事业奠下雄厚根基。方孝岳出身桐城鲁谼。鲁谼方氏自雍乾间方泽起,始被服儒雅。姚鼐曾向方泽问学,方泽之孙方绩、曾孙方东树又以姚鼐为师。此后,方宗诚向族兄方东树问业,又得曾国藩奖掖,学问有成,并传理学、诗古文法于二子守彝、守敦。方守敦便是孝岳之父了。鲁谼方氏本为乡野之民,因世守桐城派家法,人才辈涌,成为诗礼望族。方孝岳1918年毕业于上海圣约翰大学,1919年进入北京大学预科任国文教员时,年才22岁。胡适初见方孝岳,握其手,连声说:"真没有想到你是这么年轻!"① 当时预科教师多为学界名流,本科刚毕业的方孝岳能膺此教席,自然得益于其出身桐城世家,也得益于其为马其昶准女婿的身份。方孝岳入北京大学前两年,已在《新青年》上发表《我之改良文学观》,挑战陈独秀、胡适的文学革命观点,但这并没有影响他顺利跨入红楼。由此可以窥知桐城派在蔡元培、陈独秀和胡适诸人内心深处的真正分量,也可知这座高等学府兼容并包的襟怀。方孝岳以北京大学为新的起点,后来成为卓越的桐城派研究专家、中国散文史家和音韵学家。贺培新是贺涛之孙、吴闿生弟子,其诗文得桐城派真传,其篆刻得齐白石神髓。1924年,他刚自北京法政大学毕业,即受聘担任北京大学造型美术研究会导师,时年21岁。同年,他在该研究会主办的《造型美术》上发表《篆刻学·总论》一文,提出"篆刻必以秦汉为宗"②之论。两年后,他离开导师岗位,向更高的文艺境界迈进,成为名动京华的学者。

一些桐城派学子经过北京大学哺育,成为优秀学者。尚秉和于光绪十八年(1892)在莲池书院师事吴汝纶,二十九年(1903)成进士,次年进入京师大学堂进士馆学习,三十二年(1906)毕业考核得优等。宣统三年(1911)为大学堂国文教习。1929年受聘于奉天萃升书院,1931年任中国大学教授,1937年执教于保定莲池讲学院③。尚氏所著《古文讲授谈》诠释桐城之学。其《历

---

① 舒芜口述、许福芦撰:《舒芜口述自传》,北京:中国社会科学出版社,2002年,第9页。
② 贺培新撰、王达敏等整理:《贺培新集》(上),南京:凤凰出版社,2016年,第417页。
③ 李征光:《尚秉和生平考述》,见《周易文化研究》第五辑,北京:社会科学文献出版社,2013年,第330~348页。

代社会风俗事物考》是早期研究中国社会史的名著。而其易学研究尤称卓绝。吴闿生弟子陆宗达1922年考入北京大学国文系预科,1924年升入本科,追随黄侃,从事语言文字学研究,后在北京大学、辅仁大学和北京师范大学等校任教,著有《说文解字通论》《训诂学方法论》等。

  一些桐城派学子经过北京大学哺育,成为优秀诗人、小说家和散文家。徐志摩早岁就读开智学堂两年,成为桐城派古文家张树森最好的学生。张氏继承桐城派传统,对中国地理烂熟,对吟诵极为在行。读一句带"乎""耶"的文章,"那尾声要拖至二分钟以上",比京剧名角龚云甫的唱腔还要好听[①]。徐志摩在开智所做古文《论哥舒翰潼关之败》就颇具桐城派韵味。胡适、吴其昌称徐志摩的散文成就不在其诗歌之下,徐氏又将弟子、桐城派嫡传方玮德及其姑姑方令孺引入新月派中,这一切均与其早岁拜入张树森之门有关。徐氏1915年考入北京大学预科,1917—1918年在北京大学法科就读两载,对文学产生浓厚兴趣;接着留学英美,积极参与"北大留美同学会""北大留英校友会"的活动;1924年秋至1925年3月,任北京大学教授,讲授英美文学。1930年应胡适之聘,到北京大学办校务。1931年2月,再任北京大学英文系教授。[②] 徐志摩一生的成就和声望,皆与北京大学紧密相连。汪曾祺在小学毕业后的暑假,从邑中名儒韦子廉问学。韦子廉学问渊博,对桐城派钻研尤深。汪曾祺说:"先生日授桐城派古文一篇,督临《多宝塔》一纸。我至今作文写字,实得力于先生之指授。"[③]1939年,汪曾祺考入西南联合大学中文系,京派风格的《大一国文》成为他走上文学道路的启蒙书。而沈从文的教诲则对其日后成为名作家发生了重大影响。在北方,自曾国藩总督直隶提倡文教后,数十年间,桐城宗风笼罩燕赵大地。在这样的文化气氛中,生活于天津的

---

  ① 吴世昌:《志摩在家乡》,见吴令华编:《吴其昌文集》(五),太原:三晋出版社,2009年,第157~158页。

  ② 曾庆瑞:《新编徐志摩年谱》,见《曾庆瑞赵暇秋文集》(十一),北京:中国传媒大学出版社,2008年,第305~433页。秦贤次:《徐志摩生平史事考订》,载《新文学史料》,2008年第2期。

  ③ 徐强:《人间送小温:汪曾祺年谱》,扬州:广陵书社,2016年,第13~14页。

吴小如在进入北京大学前就开始学习写作桐城派一路的古文。在回忆少年学伴毕基初时,他说:"最使我们感到疏远的(不,毋宁说是感到水火的),乃是他弄'新文艺',我治'旧辞章';他写他的新诗,我作我的'桐城派'。"在回忆任教中学的生涯时,他说:"我读高中时,一度学过作文言文;此时乃从张纪方老师专门学写桐城派古文,每成一篇,即呈先父玉如公批改。"①吴小如转入北京大学中文系学习后,受教益最深的是俞平伯、沈从文和废名。这三位先生都是京派作家。大学毕业后,他留校任教,在古典文学和京剧研究方面造诣至深。其怀人散文收入《红楼梦影》一书,篇篇可读。可以说,他既是一位优秀学者,也是一位带有桐城派浓重色彩的杰出散文家。

桐城派新生代在北京大学精神培育下,一方面继承桐城之学,另一方面吸收新的文化成果。他们为桐城派带来了活力,也在现代化道路上,与桐城派之初心渐行渐远。

(原载《安徽大学学报》2017 年第 6 期)

---

① 吴小如:《毕基初及其作品》《回忆中学作文教学》,见《红楼梦影》,北京:北京大学出版社,2012 年,第 4 页,第 217 页。

徐世昌与桐城派

徐世昌（1855—1939）出身清寒，年少孤露。在清末以翰苑起家，因与袁世凯为昆弟交而扶摇直上，外而为东三省首任总督，内而授军机大臣、体仁阁大学士，掌管枢府，负中外之望。民国肇造，初擢国务卿，进而践总统大位，任天下之重。下野后退隐津沽，无复出岫之念，一心扬榷风雅，颐情志于典坟以终。

徐世昌进入政界、登上学坛的时候，中国正在现代化之路上趑趄前行。辛酉政变（1861）之后的近半个世纪，慈禧太后、光绪皇帝、恭亲王与曾国藩、左宗棠、李鸿章、张之洞、袁世凯上下勠力，坚韧而曲折地开展着面向西方的自强运动。同时，包括程朱理学、今古文经学、桐城派等在内的传统学术，栉欧风，沐美雨，勉力进行自我调整，推动着政治、经济、文化层面的现代化运动。徐世昌与康有为、袁世凯、段祺瑞、孙中山、章太炎和梁启超同代。这些一世之雄尽管各自留下诸多败笔，但其贡献在于：在三千年未有之大变局的关键时刻，他们肩起历史赋予的使命，抓住机遇，识大体，得要领，合力引导着古老中国，一部分一部分地，向现代转型。徐世昌是一位与时俱进者。他积极参与国家的各项制度变革，支持立宪，维护共和政体，努力发展工商业和教育；同时，以中体西用为指导，敛现代于古典之中，强调经世致用，集中体现了特定历史阶段的时代精神。

徐世昌与桐城派渊源极深①。他把自己归入桐城派,仰之弥高。他说:"自望溪昌古文义法,刘姚继之,桐城一派遂为海内正宗"②;"桐城为一代文献之邦,昔之文章、政事炳耀宇内"③;"望溪以后,此派学问亦为有清一代特色,且多于经学一门有著述,其流派至今犹存"④;"桐城学派,为有清特起者,故须详其源流"⑤;"桐城宗派精深,为文者不可不涉猎"⑥。其《桐城》一诗有句:"一代文章伯,岿然独立时。雄才存汉策,伟业接韩碑。县小江声大,名高遇合奇。植根经术重,永奉紫阳师。"⑦他在一系列著述中重塑桐城文统,再建桐城道统,力图将涵盖了桐城派莲池文系、颜李学派的北学纳入国家主流学术之中。随着其政治地位日崇、学问日进、人格日臻高境,数十位桐城派名家以他为核心,形成了一个庞大的带有官方色彩的学者群体。这一群体以桐城派莲池文系学者为主,兼及他省桐城派学者。他们盘踞北方坛坫数十春秋,挥发出巨大的精神能量,推动中国向现代转型,也推动自身浴火重生。这是继曾国藩为首的桐城派学者群体照耀一时之后,桐城派又一次在学坛发出炫目之光。

---

① 关于徐世昌与桐城派的关系,徐雁平撰《贺葆真日记·序》和拙文《论桐城派的现代转型》均有论及。分别见贺葆真撰、徐雁平整理:《贺葆真日记》卷首,南京:凤凰出版社,2014年;吴怀东主编:《安徽大学学报》,2015年第6期,第51~52页。

② 徐世昌纂、陈祖武点校:《清儒学案》(四)卷一百八十九《挚甫学案》,石家庄:河北人民出版社,2008年,第6601页。

③ 徐世昌:《敬跋外祖遗像》,见《退耕堂题跋》卷二,天津徐氏民国己巳(1929)刊行,第8页。

④ 徐世昌:《〈曹秉章民国十八年己巳(1929)致徐世昌〉批语》,见李立民整理:《清儒学案曹氏书札整理》,北京:中国社会科学出版社,2016年,第29页。

⑤ 曹秉章:《曹秉章民国十九年庚午(1930)九月廿五日致徐世昌》引徐世昌语,见李立民整理:《清儒学案曹氏书札整理》,第29页。

⑥ 徐世昌:《〈曹秉章民国二十二年癸酉(1933)二月初八日致徐世昌〉批语》,见李立民整理:《清儒学案曹氏书札整理》,第149页。

⑦ 徐世昌:《桐城》,见《海西草堂集》卷二十四,天津徐氏民国壬申(1932)刊行,第2页。

一、结缘桐城

从血缘、学缘、业缘和地缘角度而观之,徐世昌可谓与桐城派结下了不解之缘,其一生学问渊源本末皆不离桐城,皆围绕桐城之学而展开。

徐世昌与桐城脉联,首在血缘。其外家刘氏为桐城望族,外祖父刘敦元于刘大櫆为族从,于刘开为族父行,于麻溪姚氏为亲故。刘敦元少有文誉,但屡入棘闱不第,遂邀游江湖,客吴越岭南最久,尝与曾燠、吴蒿、侯云松、汤贻汾等海内名宿和乡贤刘开、吴恩洋、方诸、吴赓枚、徐璈、叶琚、许丙椿、吴廷康酬唱。① 后游中州,移家大梁,达官争相倒屣迎之,尤见重于河南巡抚桂良。桂良入觐,咸丰帝询及豫省工笺奏者。桂良以刘敦元的俪体文进呈,甚被宸赏。② 徐世昌平生时常郑重道及外家,将自己与桐城紧密勾连,以彰显其学问渊源所自。

徐世昌对外祖极为孺慕,以传其文心自任。刘敦元遗有戴笠小像一幅,上有自赞,又有洪亮吉之子洪符孙题诗三绝。此像岁时悬于中堂。徐世昌幼时侍母到外家,"瞻拜堂下,山岳之度,诗书之泽,长系心目"③。刘敦元遗有宋砚一方,砚之左为南宋江湖派诗人高翥刻铭,右为明清之际新安画派的书画家查士标临《兰亭序》。此砚后归徐世昌之祖,徐氏"童年嬉戏几案前,时时见之"④。刘敦元遗有《纪梦图》一帧,记其客居羊城时梦至一地,清景绝尘,有楹联云:"草茸竹外新开径,松老庭前旧著书。"因以绘图,图后有姚门弟子

---

① 吴汝纶:《刘笠生诗序》,见施培毅、徐寿凯校点:《吴汝纶全集》(一),合肥:黄山书社,2002年,第200页。
② 徐世昌:《先太宜人行述》,见《退耕堂文存》,天津徐氏民国己巳(1929)刊行,第9~10页。徐世昌纂、傅卜棠编校:《晚晴簃诗话》(下),上海:华东师范大学出版社,2009年,第963页。
③ 徐世昌:《敬跋外祖遗像》,见《退耕堂题跋》卷二,第8页。
④ 徐世昌:《谨跋先外祖所遗砚》,见《退耕堂砚铭》,天津徐氏民国己巳(1929)刊行,第9页。

姚椿、郭麐等题咏。郭麐咏的是："梦里尚无名位想，笑他宫殿说笙箫。"①刘敦元遗有大量诗文作品。徐世昌于光绪二十八年(1902)为外祖编刻《悦云山房诗存》六卷、《风泉馆词存》一卷；民国五年(1916)编刻《悦云山房骈体文存》四卷；民国八年(1919)从桐城姚氏访得外祖全稿，又编成《悦云山房集》，包括《悦云山房诗存》八卷、《文存》四卷、《词存》四卷、《附存》一卷，以仿宋版精印行世。②

徐世昌请桐城派大师吴汝纶及其子吴闿生为其外祖著作作序，进一步密切了他与桐城派的关系。光绪二十五年(1899)九月十五日，他专程到保定莲池书院，乞请吴汝纶赐序。他说："同袖蘅进城，访吴挚甫先生，谈有顷。求为先慈作墓表，为先外祖诗稿作序。"③吴汝纶在序中叙到刘敦元的交游时，格外提及刘开，又从刘开受诗法于姚鼐一事，论及文学传承的重要性；叙到刘敦元吟咏桐城山水的诗篇时，亟称桐城岩壑之奇绝，期待心念外家的徐世昌他日能有桐城之游，遍览龙眠、浮渡之幽胜，登高而赋诗。④ 此后，徐世昌又与吴汝纶多有往还：光绪二十八年(1902)正月十一日，他"偕于蕙若前辈访吴挚甫先生，谈有顷"⑤；二月初七日，"吴挚甫先生在此久坐"⑥。进入民国后，吴闿生久在徐世昌幕府。徐氏编刻《悦云山房骈体文存》时，请吴氏序之；编刻《悦云山房集》时，又请其序之。吴氏以为，刘敦元生于桐城派风行海内之后，但"其风趣濡染不尽出于桐城，而亦不相背戾"⑦；其"所为骈俪文瑰丽独出，

---

① 徐世昌纂、傅卜棠编校：《晚晴簃诗话》(下)，上海：华东师范大学出版社，2009年，第963页。
② 柯愈春：《清人诗文集总目提要》(中)，北京：北京古籍出版社，2002年，第1091页。天津地方史资料联合目录编辑组编：《天津地方史资料联合目录》(甲编，第一分册)，天津：天津图书馆，1980年，第137页。
③ 徐世昌撰、吴思鸥等点校：《徐世昌日记》(一)，北京：北京出版社，2018年，第442页。
④ 吴汝纶：《刘笠生诗序》，见施培毅、徐寿凯校点：《吴汝纶全集》(一)，合肥：黄山书社，2002年，第200~201页。
⑤ 徐世昌撰、吴思鸥等点校：《徐世昌日记》(一)，第512页。
⑥ 徐世昌撰、吴思鸥等点校：《徐世昌日记》(一)，第514页。
⑦ 吴闿生：《悦云山房集序》，见《北江先生文集》卷六，文学社民国甲子(1924)刊行，第25页。

与当世名流相竞胜,采藻葩流,遂至上动宸听,不亦祎与"①?

由于这层血缘关系,徐世昌对刘氏宗族中的桐城派名家刘开等的著作至为熟稔。在为母亲撰写行述时,他说:"太宜人守礼知义,端严善教。昔孟涂先生《广列女传》都为十一类,详言女德,补前人所未备。而太宜人抚孤弱于危疑困苦之时,全厥家于陁穷颠沛之际,举凡服用起居之制,饮食奉祀之典,言语授受之经,淑德懿行,多有合于古人者。"②他在叙述母亲淑德懿行时,随手征引《广列女传》,既表明他对刘开著作下过功夫,也昭示着他与桐城派的内在丝连。

徐世昌的学缘关系将其引入桐城派堂奥。他于光绪八年(1882)应顺天乡试,中式,同科获隽者有天津严修;又于光绪十二年(1886)成进士,此科同贡于礼部者有直隶武强贺涛、新城王树枏,山东胶州柯劭忞。此四贤皆习桐城之学,皆属桐城派莲池文系。在数十年生涯中,他与四贤至契,其诗文集中有关四贤的文字最多,包蕴情感最深。正是在与四贤以文章道义相切劘中,他渐成桐城派中一员,进而成为该派之核心。

严修曾向吴汝纶问学,尊称"挚师"③。他在贵州学政任时,所命考题有:"论方苞的言有物言有序说"(1894),"论桐城派"和"曾文正公日记书后"(1896);其自带而供学子讽览的书籍中,桐城派代表作家的诗文集悉数在焉(1895)。他与徐世昌论交始于翰林院(1886)。差不多有四年(1889—1893)时光,他来往最多者是徐世昌,有一段时间甚至"每隔一二日必会";与其通函,直称"菊人大哥"。④ 他在徐世昌四十岁、五十岁、六十岁整寿时,均出席

---

① 吴闿生:《悦云馆骈文序》,见《北江先生文集》卷五,第38页。
② 徐世昌:《先太宜人行述》,见《退耕堂文存》,第22页。
③ 严修:《严修东游日记》,见钟叔河、曾德明、杨云辉主编:《走向世界丛书》,长沙:岳麓书社,2016年,第40页,第45页,第47页,第48页。吴闿生纂:《吴门弟子集·续待搜访各家》,见《吴门弟子集》卷首,莲池书社,民国十九年(1930)刊行。
④ 严修自订、高凌雯补、严仁增编、王承礼辑注、张平宇参校:《严修年谱》,济南:齐鲁书社,1990年,第47页,第74页,第53~54页,第33页,第34页,第35页,第37页,第37页,第46页。

道贺。① 他办新式学堂,也得徐世昌鼎力相助。光绪三十二年(1906),他扩建自办的中学堂,时任东三省总督的徐世昌捐白银千两;民国八年(1919),他开办南开大学,时任总统的徐世昌给予批准,捐经费十万元。② 徐、严的友谊能够保持四十余年而不坠,一个重要因素,当是他们对桐城派皆有偏嗜。

徐世昌说:"贺松坡,余从之学文。"③贺涛为张裕钊、吴汝纶高第弟子,与徐世昌"相交最笃以久"。④ 徐世昌说:二人同官京朝时,他"时时访其论文,日移晷不能去。又时有文酒之会,纵论古今事不相下。忽忽岁月,皆少年气盛时事也。其后失明,亦时来主余舍,仍朝夕论学不稍辍"⑤。他赞誉贺涛:"蔚起桐城后,斯人去不留。奇文追史汉,大业继韩欧。"⑥桐城派自刘大櫆、姚鼐至曾国藩、张裕钊、吴汝纶,皆究心因声求气,贺涛守而勿替。徐世昌追步贺涛,也甚重声调。他对贺氏之子贺葆真说:"读书以声调为主,此桐城家法。汝父亦每论读书之宜酣畅。但曰:'余体弱,不能大声读书。然知所以读之。'"⑦贺涛在世时,为徐世昌撰《徐君少珊墓志铭》《徐母刘太宜人六十大寿》《北江旧庐记》等不下十篇;贺涛卒(1912)后,徐世昌出资刊其文集、尺牍,并请贺葆真入幕。贺葆真为徐世昌购书、刻书、管理书,且将徐氏藏书编为《书髓楼藏书目》刊行,可谓数十年如一日,为其名山事业尽了全力。贺涛之孙贺培新甚得徐世昌青睐。徐氏在《跋贺孔才印谱》中云:"贺孔才博学善文,能绍其祖业,是少年英俊之士。读书之暇,喜刊印。习此艺者须熟于小学,游艺于秦汉之上,故述次以发其意。"⑧贺培新在徐氏身后,为其编撰年谱,发潜

---

① 严修:《徐菊人同年六十寿》,见《严范孙先生古近体诗存稿》卷二,民国癸酉(1933)刊行,第1页。
② 南开大学校史编写组:《南开大学校史(1919—1949)》,天津:南开大学出版社,1989年,第5页,第379页。
③ 贺葆真撰、徐雁平整理:《贺葆真日记》,第392页。
④ 徐世昌:《贺先生文集叙》,见《贺先生文集卷首》,民国三年(1914)七月刊于京师。
⑤ 徐世昌:《跋贺松坡遗象》,见《退耕堂题跋》卷四,第8页。
⑥ 徐世昌:《题贺松坡文集》,见《水竹邨人集》卷二,天津徐氏民国戊午(1918)刊行,第8页。
⑦ 贺葆真撰、徐雁平整理:《贺葆真日记》,第528页。
⑧ 徐世昌:《跋贺孔才印谱》,见《退耕堂题跋》卷四,第2页。

德之幽光。贺家三代悉业桐城之学,徐世昌皆待之若家人,由此可知其为学祈向所在。

徐世昌说:"柯凤孙,余从之学诗。"①他平生所出版的七部诗集、一部诗选,多由柯劭忞删改、评点、编定、作序。②他对此颇为铭感,曾云:"一字劳镕铸,千秋有定评"③,"翁能启我愚,妙悟发瞿昙"④;并以弟子自待:"入门诗弟子,同馆老经师"⑤。柯劭忞把他的诗与张之洞诗并驾:"南皮之学赡而才足以举之,公之才雄而学足以济之,三百年来畿辅之诗无逾此两家者矣。"⑥他则将柯诗与陈三立诗齐肩:"近数十年论诗者推南陈北柯。南陈者江西陈伯严三立也。"⑦桐城派自方东树到吴汝纶,诗扬汉魏。柯劭忞诗法吴汝纶,"五言古体宗汉魏,最为浑古"⑧。徐氏诗追步柯氏,说是"高风希汉魏,学古得心安"⑨。柯劭忞阅时三十年,撰成《新元史》,徐氏为之刊刻(1919)。民国八年(1919)十二月四日,徐氏颁布大总统令,将《新元史》列入正史,以嘉惠学林。令云:"柯劭忞博极群言,搜辑金石,旁译外史,远补遗文,罗一代之旧闻,成名山之盛业,洵属铨采宏富,体大思精,应准仿照《新唐书》《新五代史》前例,一并列入正史,以饷士林。"⑩《新元史》梓行后,日本东京帝国大学文学部东洋史学系授予柯劭忞文学博士学位(1923)。而此前不久,民国九年(1920)十一

---

① 贺葆真撰、徐雁平整理:《贺葆真日记》,第392页。
② 崔建利:《徐世昌诗集叙录》,载《文学与文化》,2015年第1期,第113页。
③ 徐世昌:《凤孙寄点定拙诗来》,见《海西草堂集》卷二十三,天津徐氏民国壬申(1932)刊行,第5~6页。
④ 徐世昌:《寄柯凤孙》,见《海西草堂集》卷二十六,第14~15页。
⑤ 徐世昌:《闻凤孙同年为余选诗作此奉酬》,见《海西草堂集》卷十四,第14页。
⑥ 崔建利:《徐世昌诗集叙录》,载《文学与文化》,2015年第1期,第112~117页。
⑦ 徐世昌:《论诗简柯凤孙》,见《海西草堂集》卷十六,第13页。
⑧ 胡先骕:《四十年来北京之旧诗人》,见熊盛元、胡启鹏编校:《胡先骕诗文集》下册《忏庵文稿》,合肥:黄山书社,2013年,第662页。
⑨ 徐世昌:《与冯生论诗》,见《海西草堂集》卷十,第7页。
⑩ 徐世昌:《大总统令》(第1375号),见中国第二历史档案馆编:《政府公报》影印本第150册,上海:上海书店,1988年,第116页。

月八日,法国巴黎大学决定授予徐世昌荣誉文学博士学位。① 光绪丙戌科两同年分膺东西洋博士学位,实属翰苑之佳话,学林之盛事。

王树枏是桐城派莲池文系的健将。其祖王振纲与曾国藩同为道光十八年(1838)进士。曾国藩任直隶总督时礼聘王振纲都讲莲池书院,并对年方十九的王树枏"指示读书作文之法"②。王树枏与张裕钊、吴汝纶谊兼师友。他的《陶庐文集》有多篇文章经张裕钊评点,其《赠张廉卿》云:"吾爱张夫子,文章海内师。"③吴汝纶深爱王树枏的人品才学,在任冀州知州时,为将王氏从其师黄彭年的畿辅通志局请去主讲冀州书院,不惜与黄氏决裂,并上书直督李鸿章以去就争。在冀州书院,王树枏与吴汝纶朝夕论文,"自是专攻古文,不复为骈俪文字"④。徐世昌敬重王树枏,曾云"君才何止八斗量,君文光焰万丈长"⑤;民国三年(1914)请其主撰《大清畿辅先哲传》,五年(1916)请其撰《大清畿辅书征》,八年(1919)请其代撰《将吏法言》,九年(1920)又请其参修《晚晴簃诗汇》,对其倚畀之重可谓无以复加矣。

在业缘关系方面,徐世昌所亲近者多属桐城一派。据不完全统计,参与徐世昌纂《大清畿辅先哲传》的桐城派成员有:王树枏、赵衡、贺葆真、王在棠、严修、刘若曾、华世奎、孟锡珏、吴桐林等⑥;参与徐世昌纂《晚晴簃诗汇》的桐城派成员有:王树枏、柯劭忞、徐树铮、赵衡、林纾、严修、高步瀛、夏孙桐、傅增湘、吴笈孙、周志辅、柯昌泗等⑦;参与徐世昌纂《清儒学案》的桐城派成员有:

---

① 《巴黎大学监督会及文科大学分科会议关于赠授徐世昌荣誉博士决议译文》,见林开明、陈瑞芳、陈克、王会娟纂:《天津市历史博物馆藏北洋军阀史料·徐世昌卷》(九),天津:天津古籍出版社,1996年,第669~670页。
② 王树枏:《陶庐老人随年录》,见《陶庐老人随年录·南屋述闻》,北京:中华书局,2007年,第21页。
③ 王树枏:《赠张廉卿》,见《文莫室诗集》卷三,光绪十三年(1887)刊行,第9页。
④ 王树枏:《陶庐老人随年录》,见《陶庐老人随年录·南屋述闻》,第25页。
⑤ 徐世昌:《王晋卿出关过此赋诗赠行》,见《海西草堂诗集》卷一,第12~13页。
⑥ 徐世昌纂:《大清畿辅先哲传》卷首,北京:北京古籍出版社,1993年。
⑦ 贺葆真撰、徐雁平整理:《贺葆真日记》,第489页。潘静如:《〈晚晴簃诗汇〉的编纂成员、续补与别纂考论》,载《中国典籍与文化》,2016年第2期,第119~121页。

夏孙桐、傅增湘等①；参与徐世昌支持成立的四存学会中的桐城派成员有：吴笈孙、林纾、严修、王瑚、赵衡、贺葆真、吴闿生、齐树楷、王树枬等②；担任徐世昌家西席的桐城派成员有：贺涛、吴笈孙、赵衡、王荫南等③；担任徐世昌总统府职务的桐城派成员有：王树枬、赵衡、贺葆真、柯昌泗、周志辅、吴锡珏、贾廷琳等④。与徐世昌往还较密切的桐城派成员还有：吴汝纶、邓毓怡、廉泉、贾君玉、贾恩绂、王振尧、马其昶、姚永概、孟庆荣、刘春霖、唐文治、孙葆田、李书田、张謇、张一麐等。

从地缘关系角度看，与徐世昌有学缘、业缘关系的桐城派学者多来自直隶一省，多属桐城派中莲池文系。徐世昌地域观念极重，其先世明季从浙江鄞县北迁大兴，三世祖从大兴徙居天津，为天津人。虽然自其六世祖起，徐氏已居河南卫辉，但作为十一世的徐世昌从来视自己为天津人，而非河南籍。光绪六年（1880）春初，为崇祀畿辅历代先哲，由李鸿藻、张之洞倡建的畿辅先哲祠在京师落成。徐世昌自光绪十四年（1888）八月至翌年二月，在畿辅先哲祠会课至少二十二次；自光绪十五年（1889）至民国六年（1917），春秋两季，在畿辅先哲祠随祭或主祭至少十六次；此外尚有许多次在畿辅先哲祠宴饮、拜谒。为使更多直隶乡贤被清史馆采入正史，民国三年（1914）十二月二十六日，时任国务卿的徐世昌宣布启动纂修大清畿辅先哲传的项目⑤，他说："前贤事业堪师表，搜辑遗编未敢忘。"⑥而编书处就设在畿辅先哲祠。他在畿辅先哲祠内活动这样频繁，既昭明其地域意识，也强化着其地域意识。来自直隶的多数桐城派学者与徐世昌一样，地域意识极为浓郁。这就不难理解，直隶桐城派学者何以能够长久团聚在徐世昌周围而不散，而徐世昌何以能够如

---

① 刘凤强：《〈清儒学案〉编纂考》，载《史学史研究》，2009年第3期，第82～85页。
② 四存学会编：《四存学会章则汇刊》，见李学斌：《颜李学的近代境遇》，北京：商务印书馆，2017年，第195页。
③ 贺葆真撰、徐雁平整理：《贺葆真日记》，第126页，第131页，第271页。
④ 贺葆真撰、徐雁平整理：《贺葆真日记》，第471～472页，第519页。
⑤ 贺葆真撰、徐雁平整理：《贺葆真日记》，第277页。
⑥ 徐世昌：《畿辅先哲祠春祭毕北学堂宴饮》，见《水竹邨人集》卷六，第8页。

此容与地领袖群伦。

二、重塑桐城文统

徐世昌对于桐城派的首要革新,是重塑桐城文统。这一新的桐城文统包涵以先秦两汉之文、唐宋八家和明归有光之文为核心的古典文系,以方苞、姚鼐和姚门首座弟子梅曾亮之文为核心的桐城文系,以曾国藩、张裕钊、吴汝纶、贺涛之文为核心的莲池文系。三个文系一脉相连,而以莲池文系为结点。徐世昌诗云:"秦汉堂堂去,桐城道独崇。八家留盛业,一代启宗风。遥下昌黎拜,群归孟子功。湘乡如可接,又见武强雄。"①诗人从莲池文系的角度立论,对中国文章史,对桐城派发展史,对桐城文统,作了点睛式概括。在桐城派受到包括新文化派在内的学者冲击下,徐世昌重塑桐城文统意在维护以桐城派为代表的古典传统的价值,确立莲池文系在桐城派内部和清民之际学坛的崇重地位。

姚鼐所建立的桐城文统由两部分组成:一是籍贯桐城的方苞、刘大櫆、姚鼐三代文士以奖掖、师承为纽带而形成的桐城文系;二是以唐宋八家为主轴,上溯先秦、西汉,下联明代归有光的古典文系。姚鼐视桐城文统中的桐城文系和古典文系为一个整体。他借建立桐城文统表明:华夏千古文章的正宗在桐城,千古圣道之传也在桐城。徐世昌扬弃姚鼐建立的桐城文统,对之作了调整补充。这调整补充主要体现在他编定的《明清八家文钞》(1931)、《晚晴簃诗汇》(1931)②、《清儒学案》(1938)、《古文典范》和其他诸多篇章中。

关于古典文系,徐世昌维护姚鼐所树立的唐宋八家和继轨八家的明归有光之文的典范地位,同时凸显先秦西汉之文的典范性,形成双典范并峙之局。从文学史演进的内在理路而论,这一建构是在明代秦汉派和唐宋派基础上的综合创新。他以为,自茅坤至姚鼐以来,唐宋八家典范之所以不可摇撼,是因

---

① 徐世昌:《与赵湘帆孝廉衡论文》,见《水竹邨人集》卷四,第9页。
② 潘静如:《〈晚晴簃诗汇〉编纂史发覆》,载《苏州大学学报》,2018年第2期,第154页。

为其文"有当乎人心之公"、"萃天地之精英"①。他推尊归有光,在于"自宋以后至于今七八百年,惟归熙甫氏崛起有明,为文家之正宗"②。他凸显先秦西汉之文的典范性,对姚鼐所建桐城文统是一个超越。姚鼐的《古文辞类纂》对先秦西汉之文有所甄采,但其重心则在唐宋八家和明归有光之文,先秦西汉之文不过陪衬而已,姚鼐同时代和后来学者均视桐城诸老为唐宋一派,原因就在这里。将以西汉文为中心的先秦西汉之文经典化始于曾国藩,曾氏为弥补桐城诸老不能奇崛之偏,引入汉赋的雄奇、瑰丽,张裕钊、吴汝纶和贺涛继之,遂使桐城文风一变。徐世昌把先秦西汉之文视为典范,正是对曾、张、吴、贺为文祈向的概括。他肯定曾国藩的创获:"生平倡议以汉赋之气体入之古文"③;"创议以扬马之瑰丽入之古文"④。他衡定曾、张、吴、贺之文时,常将先秦西汉之文视为标准。例如,他评吴汝纶《记写本尚书后》《再记写本尚书后》:"二篇气体醇厚渊懿,蔚然西汉之文。"⑤评其《冬至祠堂祝文》《显扬祠祝文》《节孝祠祝文》:"三篇高格,皆在西汉以上。"⑥等等。

关于桐城文系,徐世昌保留方苞和姚鼐,删去刘大櫆,增入姚门首座弟子梅曾亮。推尊方苞,是因为方氏发现了为文蹊径。他说:"清代昌明学术,望溪方氏首以古文义法号召天下,文学蹊径由是益明。"⑦推尊姚鼐,是因为"清代文学至姚而后醇"⑧。这醇体现在:姚文有才。他评《礼亲王家传》:"此文深得史家微旨,盖自左丘史迁而外,其他作者皆无能豫于此,是先生材力高出

---

① 徐世昌:《明清八家文钞序》,见《明清八家文钞》卷首,天津徐氏民国二十年(1931)刊行。
② 徐世昌:《明清八家文钞序》,见《明清八家文钞》卷首。
③ 徐世昌:《评〈湖口县楚军水师昭忠祠记〉》,见《明清八家文钞》卷十二《曾四》,第23页。
④ 徐世昌:《评〈送梅中丞序〉》,见《明清八家文钞》卷十三《张上》,第12页。
⑤ 徐世昌:《评〈记写本尚书后〉〈再记写本尚书后〉》,见《明清八家文钞》卷十五《吴一》,第7页。
⑥ 徐世昌:《评〈冬至祠堂祝文〉〈显扬祠祝文〉〈节孝祠祝文〉》,见《明清八家文钞》卷十七《吴三》,第43页。
⑦ 徐世昌:《明清八家文钞序》,见《明清八家文钞》卷首。
⑧ 徐世昌:《明清八家文钞序》,见《明清八家文钞》卷首。

乎千载以上者也。"①姚文有识。他评《快雨堂记》:"奇肆似庄子。'勤于力者不能知'二语,与'有所法而后能,有所变而后大',皆公自抒闳识,包有千古。所谓立言而不朽者也。"②评《贾生明申商论》:"'言之不切者皆不当于理'。此千古名论,亦先生特识也。世之理学伪儒读此可以悚矣。"③姚文有韵味。他评《复张君书》:"此先生第一篇文字,声色俱足,抑扬抗坠,韵味无穷。"④姚文论文有创获。他评《复鲁絜非书》:"以阴阳刚柔论文,自先生刱始,遂为万世所莫能违异。"⑤删去刘大櫆,是因为其"雄而未粹"⑥。增入梅曾亮,是因为梅氏与姚鼐等老辈一样,"巍然为当代大师,学者之所宗仰"⑦。梅曾亮在姚鼐去世后,成为桐城派旗帜。其在京师时,湖南曾国藩、吴敏树、孙鼎臣,湖北刘传莹,广西朱琦、王拯、龙启瑞,浙江邵懿辰,江苏鲁一同、余坤,山西冯志沂,江西吴嘉宾、陈学受,等等,皆"勤造请"⑧。曾国藩称其为"不孤当代一文雄"⑨,并试问"他日曹溪付与谁"⑩。但随着曾氏在军、政、学三界领袖地位的确立,梅曾亮的功绩被有意无意遮蔽。徐世昌将梅氏作为明清八家中的一大家予以表彰,可谓别具卓识。

关于莲池文系。徐世昌在重塑桐城文统时的创举,是构筑了一个以曾国藩、张裕钊和吴汝纶、贺涛三代学者一脉相传的莲池文系。曾国藩以名督开府保定时,在直隶最高学府莲池书院为育英而呕心沥血,其弟子张裕钊、吴汝纶继之,最后形成了声势浩大的桐城派莲池文系。莲池文系诸家法桐城文系

---

① 徐世昌:《评〈礼亲王家传〉》,见《明清八家文钞》卷六《姚下》,第4页。
② 徐世昌:《评〈快雨堂记〉》,见《明清八家文钞》卷六《姚下》,第40页。
③ 徐世昌:《评〈贾生明申商论〉》,见《明清八家文钞》卷五《姚上》,第15页。
④ 徐世昌:《评〈复张君书〉》,见《明清八家文钞》卷五《姚上》,第31页。
⑤ 徐世昌:《评〈复鲁絜非书〉》,见《明清八家文钞》卷五《姚上》,第35页。
⑥ 徐世昌:《明清八家文钞序》,见《明清八家文钞》卷首。
⑦ 徐世昌:《明清八家文钞序》,见《明清八家文钞》卷首。
⑧ 朱琦:《伯言先生六十初度同人集龙树寺设饮赋诗邵蕙西舍人诗先成因次其韵》,见《怡志堂诗初编》卷五,咸丰七年(1857)丁巳仲秋代州冯志沂刊行,第5页。
⑨ 曾国藩:《赠梅伯言二首》其二,见《曾国藩全集·诗文》修订版,长沙:岳麓书社,2011年,第51页。
⑩ 曾国藩:《送梅伯言归金陵三首》其三,见《曾国藩全集·诗文》修订版,第71页。

诸家而后能，因有所变而后大。徐世昌说："自桐城姚姬传氏推本其乡先生方氏、刘氏之微言绪论，以古文辞之学号召天下，湘乡曾文正公廓而大之。曾公之后武昌张廉卿、桐城吴挚甫两先生最为天下老师。继二先生而起者则刑部君也。"曾国藩超越桐城文系诸家的地方在于："桐城诸老气清体洁，义法谨严，笃守先正之遗绪，遵而勿失。于异学争鸣之时厘然独得其正。此其长也。曾公私淑桐城之义法，而恢之以汉赋之气体，闳肆雄放，光焰熊熊，遂非桐城宗派所能限。"而莲池文系其他诸家之间既传承有序，又各有面目："张先生孺古至深。吴先生复参以当时之世变、匡济之伟略，堂奥崇隆，视前人超绝矣。"贺涛则"受知吴先生独早，先生矜宠异甚，复为通之于张先生，以故兼受两家学，于吴先生门尤为耆宿。……而君研精典籍，若蠋生命，沉潜专到，突过时流。其文章导源盛汉，泛滥周秦诸子，唐以后不屑也。其规模藩域一仿曾张吴三公，宏伟几与相埒，而矜练生创，意境自成，不蹈袭前辈蹊径，独树一宗，不为三先生所掩，盖继吴先生后卓然为一大家，非余人所能及也。自方姚以来讫于君，其渊源本末可得而言者具如此，而有清一代文章沿革之大概亦略备于是矣"。① 桐城文系、莲池文系与古典文系的关系是：桐城文系以先秦西汉之文为渊源，而以唐宋八家和明归有光之文为典范；莲池文系是对桐城文系的顺承与廓充，肯定唐宋八家和明归有光之文的典范地位，尤重这一典范中的韩愈和王安石之文的价值，把韩王之文视为通往先秦西汉之文的桥梁；同时，又以先秦西汉之文为典范，并抬先秦西汉之文典范在唐宋八家和明归有光之文典范之上。徐世昌所谓"曾文正论文，唐宋、秦汉合而论之，为有清特开阔大之文派也"②；"张、吴两先生力跻崇奥，追还三古两汉之隆，而贺先生卓然为其后劲"③。整部《明清八大家文钞》共二十卷，归有光、方苞、姚鼐、梅曾亮各占两卷，共八卷。而莲池文系的曾国藩四卷、张裕钊两卷、吴汝纶四

---

① 以上三段引文出自徐世昌撰《贺先生文集叙》，见《贺先生文集》卷首。
② 徐世昌：《〈曹秉章民国二十二年癸酉(1933)四月初四夜致徐世昌〉批语》，见李立民整理：《清儒学案曹氏书札整理》，第160页。
③ 徐世昌：《明清八家文钞序》，见《明清八家文钞》卷首。

卷、贺涛二卷,共十二卷。可知,在徐世昌视野中,莲池文系诸家后来居上。尤其引人瞩目者,莲池文系自贺涛以下,至吴闿生、贺培新两辈,名家风起云涌,有地位、有著述和有社会影响者不下百人。因此,当徐世昌以莲池文系衔接桐城文系和古典文系时,莲池文系诸家不免心有戚戚。

在重塑桐城文统中,徐世昌批驳包括新文化派在内的学界对于桐城派的非议,坚守桐城派的价值。第一,有学者否定桐城派所属的古典文章传统,徐世昌起而声辩。他说:"圣贤豪杰闳功伟业,各发其精光伟气,前后落落以相标映于其间,而求所以传载其精神以永垂于不朽者,则唯文字乎是赖。文字存,而后事功著而名烈昭;文不见,则乾坤或几乎息矣。世之浅者顾挟其忿窒媢疾之私,意欲抵诬构陷,以自慊然,不亦悲夫?孔子曰:'天之将丧斯文也,后死者不得与于斯文也。'文之为圣哲所重久矣。天苟不丧中国,文章之业必且婵媛赓续,以森布昭列于霄壤之间。数十百年之崇替晦显,殆犹飘风之骤过,浮沤之灭没于江海之濆,倏起瞥逝,而无足措意者也。"①他以为,文章是中华文明的根本所在。圣贤豪杰的丰功伟绩只有以文字记之,才能永垂不朽。文字若亡,文明将不复存在,乾坤或会一变而为死寂。他坚信:只要中国不灭,文章就会在天地间存续;那些对浸润着圣贤豪杰精神的文章的诋毁,会转瞬即逝。第二,有学者訾议桐城派的派系意识,徐世昌则认为,桐城之学的精粹在于讲究为文的门户途径,无可厚非。他说:"宗派说虽近鄙俚不经,然学不可无门户途径。姚氏之说实为学斯文者之门户途径也。末俗不察,辄以桐城派为诟病,又强别之为阳湖派等说,皆所谓好事者为之耳。"②第三,有学者斥责桐城派之文空疏,徐世昌则以为该派为文重在经世救时。他评梅曾亮《送张梧岗叙》:"伯言喜谈政治,留心时事。如此,乃不得谓之空文。"③评曾国藩《应诏陈言疏》:"公为京朝官,于举世婾婴靸靡之时,侃侃之言,风骨棱然

---

① 徐世昌:《明清八家文钞序》,见《明清八家文钞》卷首。
② 徐世昌:《评〈欧阳生文集序〉》,见《明清八家文钞》卷九《曾一》,第9页。
③ 徐世昌:《评〈送张梧岗叙〉》,见《明清八家文钞》卷七《梅上》,第9页。

如此。"①评吴汝纶《日本学制大纲序》："笔力横健特甚,具见救世苦心。"②评贺涛《读汉书公孙贺传》："此集中经济文字,痛论当时官制冗滥之弊,颇切至。"③评贺涛《李亚之先生墓表》："先生之时均富共产之说尚未大著,而已逆忧其祸之将萌,而思所以救之。此篇与《贺立群墓表》发明古者保富之义以矫时论之偏,皆卓然有关世运之文。"④

在重塑桐城文统中,徐世昌对莲池文系诸家的成就给予很高评价。第一,他肯定莲池文系学者面对西方文明时所采取的开放态度。他在论吴汝纶时说:"海通以来,中国屡受外侮。识时之士,知非变法不足以图强。挚甫尤喜言西学,异乎拘虚守旧者也。"⑤他评吴氏《合肥淮军昭忠祠记》:"后半所以开迪新学,矫切时论。"⑥李鸿章一生提倡向西方学习,在办外交时,为给国家的现代化事业创造有利的外部环境,力主和平,反对盲目排外、逞强和主战,因而受到朝野不晓国际大势者的攻击。吴汝纶在《李文忠公神道碑铭》《祭李文忠公文》《李文忠公墓志铭》《天津请建李文忠公专祠节略》等文中,对李鸿章的开放、务实态度称扬不已。徐世昌在评吴文时,既颂李氏之明断,又对吴氏的雪谤文字赞不绝口。第二,他推崇莲池文系学者的雄奇文风。他评曾国藩《复刘霞仙中丞书》:"文如长江大河,浑灏流转,而章法井然。"⑦评张裕钊《诰授光禄大夫赠太傅云贵总督岑襄勤公神道碑》:"此集中绝大文字。叙次战绩,了如指掌。而气体浑雄,词旨俊伟,生气勃然,腾跃纸上。读之畅然意满,足为后世取法。"⑧第三,他推崇莲池文系学者的浓丽文风。他评张裕钊《赠范生当世》:"望溪方氏论古文义法至精,其云词赋奇丽字不可入文则非

---

① 徐世昌:《评〈应诏陈言疏〉》,见《明清八家文钞》卷九《曾一》,第38页。
② 徐世昌:《评〈日本学制大纲序〉》,见《明清八家文钞》卷十五《吴一》,第39页。
③ 徐世昌:《评〈读汉书公孙贺传〉》,见《明清八家文钞》卷十九《贺上》,第10页。
④ 徐世昌:《评〈李亚之先生墓表〉》,见《明清八家文钞》卷二十《贺下》,第27页。
⑤ 徐世昌纂、陈祖武点校:《清儒学案》(四)卷一百八十九《挚甫学案》,第6601页。
⑥ 徐世昌:《评〈合肥淮军昭忠祠记〉》,见《明清八家文钞》卷十六《吴二》,第28页。
⑦ 徐世昌:《评〈复刘霞仙中丞书〉》,见《明清八家文钞》卷十《曾二》,第20页。
⑧ 徐世昌:《评〈诰授光禄大夫赠太傅云贵总督岑襄勤公神道碑〉》,见《明清八家文钞》卷十四《张下》,第18页。

是。夫词赋亦古文之一体,屏词赋不学,而曰我欲为古文,宜文体之靡弱也。三代以上文章莫不醲至,汉初犹然,韩柳亦然。宋以后乃淡泊耳。此文风力实足以追还八代,后之学者可以兴矣。"①第四,他推崇莲池文系学者的诙诡文风。他借张裕钊语评吴汝纶《答王晋卿书》:"张廉卿云:酷似姚惜抱与人论经学书,间杂以诙诡之趣,则惜抱之所无也。"②第五,他推崇莲池文系学者的四言之文。他评曾国藩《祭汤海秋文》:"四言文为入古之梯径,古之贤哲未有不致力于此而能洞微达奥者也。此文纯用韩法,其跌宕悲愤之概亦能自露精光。盖退之以后至于今,自桐城吴先生外,未有能为之者。"③评吴汝纶《高邮董君墓志铭》:"古文中四言体至公而造其极,开阖震荡,变动鬼神,可谓前无古人,后无继者矣。"④评其《李刚介诔》:"英伟跌宕,光芒四射,于四言中创辟奇境,先生独擅之作。"⑤

三、再建桐城道统

徐世昌立足北学,以为产生于畿辅的颜李之学体用兼备,其实用精神与西学相通,能满足当世需要,因此将其确立为国家意识形态。以他为核心的桐城派莲池文系的学者大多追随其后,信奉、研习、传播颜李之学,并以颜李之学代替程朱理学,上接孔孟之道,从而改变了桐城诸老所捍卫的以程朱理学为中心的桐城道统。

桐城派在漫长历史演进中所持道统就是儒家构造的传道谱系。根据孟子的《孟子·尽心下》、韩愈的《原道》、朱熹的《中庸章句序》和《中庸集解序》等论说,儒家之道在仁义,传承此道的统绪是尧、舜、禹、汤、文、武、周公、孔、孟、程、朱。方苞自谓:"少所交多楚越遗民,重文藻,喜事功,视宋儒为腐烂。

---

① 徐世昌:《评〈赠范生当世序〉》,见《明清八家文钞》卷十三《张上》,第13页。
② 徐世昌:《评〈答王晋卿书〉》,见《明清八家文钞》卷十五《吴一》,第43页。
③ 徐世昌:《评〈祭汤海秋文〉》,见《明清八家文钞》卷十二《曾四》,第43页。
④ 徐世昌:《评〈高邮董君墓志铭〉》,见《明清八家文钞》卷十七《吴三》,第3页。
⑤ 徐世昌:《评〈李刚介诔〉》,见《明清八家文钞》卷十七《吴三》,第37页。

用此年二十,目未尝涉宋儒书。"①但生当视程朱理学为神圣的康熙时代,作为儒生和居庙堂之高的文臣,他最终还是皈依了程朱理学,并且欲以唐宋之文载程朱理学之道,所谓"学行继程朱之后,文章介韩欧之间"②。自方氏后,从姚鼐到方东树,桐城派学者均以承传儒家道统自任,均对程朱理学信之弥笃,均持文以载道信念。曾国藩崛起后,情势发生微妙变化。他虽然"以宋儒程朱之学为根本"③,但却不完全认可文必载道之论。他说:"道与文竟不能不离为二。鄙意欲发明义理,则当法经说。……欲学为文,则当扫荡一副旧习,赤地立新,将前此所习荡然若丧守,乃始别有一番文境。望溪所以不得入古人阃奥者,正为两下兼顾,以至无可怡悦。"④吴汝纶面对东西洋文明汹涌而来,卫道和传道热情悉趋冷却。光绪二十二年(1896)十二月五日,他说:"仆平生于宋儒之书独少浏览。"⑤同日又说:"必欲以义理之说施之文章,则其事至难。不善为之,但堕理障。"⑥至徐世昌出,程朱理学在整个儒学谱系中的地位不再坚牢,连带地,其在桐城派中的道统地位也发生摇晃,凌驾其上的,是立程朱理学为鹄的并力破之的颜李学派。

徐世昌与绝大多数清代儒士一样,其学问根基原在程朱理学,贺涛说他早岁"喜读宋贤书"⑦。但自民国五年(1916)始,其为学重心由程朱理学转向颜李学派。先年(1915)十一月,为纂修《大清畿辅先哲传》,贺葆真为徐世昌购到王灏纂《畿辅丛书》两部、《颜李遗书》二十部。翌年(1916)二月十日,徐世昌首次在日记中抄录李塨之语;并在二月十六日,与贺葆真论颜李之学;二

---

① 方苞:《再与刘拙修书》,见刘季高校点:《方苞集》(上),上海:上海古籍出版社,1983年,第174~175页。
② 王兆符:《望溪先生文偶钞序》,见方苞著、刘季高校点:《方苞集》(下)附录三《各家序跋·原集三序》,第906~907页。
③ 徐世昌纂、陈祖武点校:《清儒学案》(四)卷一百七十七《湘乡学案》,第6156页。
④ 曾国藩:《致刘蓉》,见《曾国藩全集·书信一》修订版第22册,第587页。
⑤ 吴汝纶:《答吴实甫》,见《吴汝纶全集》(三),第139页。
⑥ 吴汝纶:《答姚叔节》,见《吴汝纶全集》(三),第138页。
⑦ 贺涛:《徐母刘宜人六十寿序》,见《贺先生文集》卷二,第24页。

十六日,又与贺葆真"大论颜李之学"①。同一时段,他有《读李恕谷阅史郄视》《读李恕谷后集》之作,对颜李之学极表倾慕。他说李塨:"兴衰征往迹,制作驾群才。大业堪王佐,真儒出草莱"②;说颜李:"师弟巍然起,艰难治道开","礼乐关天运,文章起世衰"③。此后,他用心访求颜李著述,并在日记中继续抄写李塨语录。贺葆真八月二日说,徐氏"欲选颜李书之精粹者为一编,以便改良教育";八月十九日说,徐氏"日读《颜李遗书》,而圈识其精粹者"。④

徐世昌就任大总统近四年间(1918—1920),利用绝高的政治地位,将其一己尊奉的颜李之学升格为国家意识形态。民国七年(1918)十二月十五日,他刚履职两月,就催促弟子赵衡加快编撰颜李书的进度:"现在拟提倡理学。……盖非此不足以化民成俗。"⑤他所说的理学,指的就是颜李之学。民国八年(1919)一月三日,他履职不满三月,就颁布大总统令,将颜元、李塨从祀孔庙。作为国家大典,建立孔庙从祀制度的目的在于树立儒家典范,修明正学,以觉世牖民。徐世昌在大总统令中说:"孔子道赞华育,陶铸群伦。自汉以降,代致崇典。后之儒者,被服古训,绅绎道义,或尊德性,或阐知能,觉世牖民,廉顽立懦。两庑祀位亦复代有增列,所以重儒,修明正学也。"⑥孔庙从祀制度始于汉代,定型于唐贞观年间,此后历代相沿不衰。满清最高统治者为证明自己皇权的合法性,将治统与道统合一,极力崇儒重道,强化孔庙从祀制度。康熙帝曾亲临曲阜祭拜孔庙,行三跪九叩大礼;又于康熙五十一年(1712)二月颁旨,把朱熹升配孔庙大成殿十哲之次。整个清代从祀孔庙两庑的当朝学者有陆陇其、汤斌、孙奇逢、张履祥、陆世仪、张伯行、王夫之、黄宗羲、顾炎武。徐世昌将颜元、李塨从祀孔庙,是中国历史上以国家名义举行的最后一次孔庙增祀大典。

---

① 贺葆真撰、徐雁平整理:《贺葆真日记》,第315~316页,第334页,第337页。
② 徐世昌:《读李恕谷阅史郄视》,见《水竹邨人集》卷二,第1页。
③ 徐世昌:《读恕谷后集》,见《水竹邨人集》卷二,第2页。
④ 贺葆真撰、徐雁平整理:《贺葆真日记》,第357页,第361页。
⑤ 贺葆真撰、徐雁平整理:《贺葆真日记》,第479页。
⑥ 徐世昌:《民国八年一月三日大总统令》,载《江苏省公报》第1814期,第2页。

徐世昌为弘扬颜李学派,除将颜李崇祀孔庙外,还倡导建立四存学会。颜元撰有《存性编》《存学编》《存治编》《存人编》,合称《四存编》。将学会颜之曰四存,可知其宗旨所在。该会民国九年(1920)六月二十七日,由徐世昌在政、学、军三界的幕僚宾友发起成立,其中坚多为桐城派莲池文系的学者。四存学会成立后,创办《四存月刊》;组织定期的学术演讲会;编辑出版四存丛书;开辟北京农事试验场作为会员实践基地;开设四存中学;在北京之外的天津、河北、河南、山西等地设立分会或中小学,等等。① 可称说者,四存学会排印的《颜李丛书》收录颜李著作数十种,这项集大成的文献整理工作有力地推动着当时和后来的颜李研究;而四存中学培养的英髦为国家所做出的贡献更是光照汗青。

徐世昌跨朱越程,径直将颜李接续孔孟道统。他说:"颜李两先生之道乃尧、舜、禹、汤、文、周、孔、孟数大圣所传之正道也。孟子之死,不得其传。颜李两先生乃从两千年后直起接之。"②他之所以以颜李代替程朱的道统地位,是因为,他以为,首先,颜李之学体用兼备,而程朱理学偏于体而轻于用。他说:"自宋元明以迄我朝,理学家多轻视仕宦,所以治国少人才,与《大学》所言修齐治平亦尚欠缺。习斋、恕谷论学,体用贯彻,上接孔孟"③;颜李之学"合道艺,赅体用,事事征实,而无偏倚之弊"④;"自宋以后,皆以宋儒之学术治天下。……习斋崛起,直揭其于周孔之道体用犹未大备。此二千年学术之转关"⑤。其次,颜李重"用",因而其学实;程朱轻"用",因而其学虚。他说:"秦火而后,学术日趋空窳,至元明而其弊已极。极则必反天道也,颜李于其时应

---

① 王学斌:《颜李学的近代境遇》,北京:商务印书馆,2017 年,第 195~203 页。
② 徐世昌:《颜李遗书序》。见赵衡:《序异斋文集》卷七,天津徐氏民国二十一年(1932)刊行,第 20 页。
③ 徐世昌撰、吴思鸥和孙宝铭整理:《徐世昌日记》(22)民国七年(1918)一月二日,第 10990 页。
④ 徐世昌:《颜李师承记序》,见徐世昌纂:《颜李师承记》卷首。
⑤ 徐世昌纂、陈祖武点校:《清儒学案》(一)卷十一《习斋学案》,第 451 页。

运而兴"①;"至于升堂入室之序,尤以躬行实践为归。不由表彰,焉知尊率。先儒颜元、李塨,清初名硕,生平著书立说,归功实用"②;其"以实学、实习、实用之天下为主,视宋学之失于蹈虚者又少进"③。其三,颜李之学实,其所强调的礼乐、兵农、工虞、水火,与欧西科学相通;其教弟子礼乐射御书数,与欧西职业教育相通。而程朱理学虚,则与西学远隔。他说:"各国交通后,时事大不同。颜习斋学问事功兼行并进,不肯蹈虚。此后之故老,此后之力学,恐非此不可。有识者自知之"④;"西学东渐,一切政治、艺术皆出于学,皆实既之用。我国家既已相形见绌,不惜尽弃我所固有而胥变于夷,而不知数百年前固有人见及此,其所为为学次第科目固至详备。使早得用于世,今二百余年,生聚教训,涵濡日久,即驯之西人所谓乌托邦不难,而惜乎其时之未至,尔时甫稍露其端,而推广之无人也。此今吾国人之责也"⑤;如果能将颜李之学"昌大之,礼乐、兵农、工虞、水火胥显其用,即欧西之科学、哲学亦不出其范围"⑥;"颜氏之学最能取适于今之世,观其教弟子,六艺并施,礼乐射御书数,弟子必执其一习勤,观念殊有类于今日职业教育之旨"⑦;西方"为学科目胥与吾五家三代不甚相远",而颜李之学正是"五家三代之学也"⑧。由于颜李之学"尤于今日之世为切要"⑨,因而在中西相遇时代更有实用价值,比程朱更有资格接续儒家道统。

徐世昌维护颜李学派,力辟程朱理学阵营的学者对颜李学派的抨击。清

---

① 徐世昌:《颜李遗书序》,见赵衡:《序异斋文集》卷七,第20页。
② 徐世昌:《民国八年一月三日大总统令》,载《江苏省公报》第1814期,第2页。
③ 徐世昌:《弢斋述学·下篇》,第10页。
④ 徐世昌:《〈曹秉章民国二十三年甲戌(1934)十二月廿二夜致徐世昌〉批语》,见李立民整理:《清儒学案曹氏书札整理》,第280~281页。
⑤ 徐世昌:《颜李遗书序》。按:此文由赵衡代拟,见赵衡:《序异斋文集》卷七,第20~21页。
⑥ 徐世昌纂、陈祖武点校:《清儒学案》(一)卷十一《习斋学案》,第451页。
⑦ 徐世昌:《弢斋述学·下篇》,第10页。
⑧ 徐世昌:《颜李语要师承记后序》,见赵衡:《序异斋文集》卷六,第24~25页。
⑨ 徐世昌撰、吴思鸥和孙宝铭整理:《徐世昌日记》(22)民国七年(1918)一月二日,第10990页。

初张伯行为学专宗程朱,笃信谨守,官至礼部尚书,致君泽民,理学而兼名臣。其《正谊堂集》中有论学文一首,痛诋颜元,谓:"习斋之学,不程朱,不陆王。此人用,必为王安石,是大乱天下之道","其学足以杀人"。此文原已辑入《清儒学案》中《敬庵学案》,徐世昌指示:此文"应删去。清恪确守程朱,习斋则不然,无怪其此文也。学派争论,千古一慨"。①

在徐世昌倡导颜李之学的风潮中,梁启超、胡适和钱穆等乘势而起,对颜李学派展开全方位研究。②但真正受徐世昌笼罩,将颜李之学视为信仰的,则是围绕其身旁的桐城派莲池文系的学者们。著述方面,受影响最著者为赵衡。赵衡籍贯直隶冀县,早年随金正春读书时接触到李塨之学;后为贺涛入室弟子,又师从吴汝纶、王树柟,受经史古文之学;晚年至京师拜入徐世昌之门,研治颜李之学益勤。徐世昌纂《大清畿辅先哲传》,其中颜元、李塨、王源等长篇大传即由赵衡撰写。徐世昌纂《颜李学》,包括《习斋语要》二卷、《恕谷语要》二卷、《颜李师承记》九卷,前两种指示颜李为学纲领所在,后一种呈现颜李学派的源流传承,也多为赵衡心血凝成。③赵衡追随徐世昌研习颜李之学益深,尊信益坚,几达但知颜李、勿论程朱的境地。徐树铮在挽赵父时云:"颜李师承,躬载大道;欧苏庭训,家有雄文"④,道出赵衡学行继颜李之后、文章在欧苏之间的情形。实践方面,受影响最著者为王瑚。王瑚为吴汝纶弟子,光绪二十年(1894)进士,所历官职颇多,晚年任辅仁大学国文系教授。王瑚平生事功,必求有益于民,其清廉尤非他人所能及,被冯玉祥誉为"第一流廉吏"⑤。徐世昌激赏王瑚,民国九年(1920)任命其为京兆尹,数月后又任命

---

① 徐世昌:《〈曹秉章民国二十三年甲戌(1934)十二月廿二夜致徐世昌〉批语》,见李立民整理:《清儒学案曹氏书札整理》,第280~281页。
② 王学斌:《颜李学的近代境遇》,第213~278页。
③ 牛仰山:《赵衡》,见梁淑安主编:《中国文学家大辞典·近代卷》,北京:中华书局,1997年,第315页。徐世昌:《序异斋文集序》,见赵衡:《序异斋文集》卷首。贺葆真撰、徐雁平整理:《贺葆真日记》,第432~433页。
④ 贺葆真撰、徐雁平整理:《贺葆真日记》,第514页。
⑤ 冯玉祥:《近代第一流廉吏王铁珊先生》,载《逸经》,1936年第5期,第24页。

其为江苏省长。王瑚在京兆尹任内,以治理永定河、处理通州事变而有声政坛;在任江苏省长期间,以导淮为人称道。王瑚地域意识很强:民国五年(1916)四月三十日,他参与畿辅先哲祠春祭,主祭西庑,徐世昌主祭东庑①。他尤尊颜李之学:早在莲池书院读书时,他读罢吴汝纶推荐的颜李之书,就"佩服得五体投地,引为先贤中之知己"②。徐世昌弘扬颜李之学,他积极参与:民国九年(1920)四存学会成立时,他是发起人之一,后任副会长。他的修为和官风,完美体现了颜李所主张的实用精神。

  徐世昌尊奉颜李学派是对方苞默赏颜李之学的历史回应。方苞曾经站在程朱理学立场,反对颜李别立新宗,但这只是其思想的主要方面。他对颜李学派的默赏,则展示着其思想的丰富。李塨以为,方苞"讲求经世济民之猷"③,与重实用的颜李之学契符。方苞以为,程朱理学最重性命伦常之大原,颜元之学在这一根本点上,与朱子"岂有二哉"④?因此,李塨说:方苞"知颜先生之学亦不为不深"⑤。也因此,李塨、王源才期待方苞别具怀抱,改宗颜李;方苞也才与李塨、王源同肝胆、共性命数十年,才与李塨易子而教,收王源之子为徒。⑥ 方苞生活于定程朱理学为一尊的盛世,又经过戴名世《南山集》案的生死洗礼,尊程朱是其必然抉择,对颜李就只能是默赏了。徐世昌生活于思想相对自由的大转型时代,又贵为一国元首,可以尽情表达对颜李学派的信仰,并以这一信仰影响其身边的桐城派学者,也影响举国之民。这可说是对方苞默赏颜李学派的发扬光大了。

---

  ① 贺葆真撰、徐雁平整理:《贺葆真日记》,第346页。
  ② 冯玉祥:《近代第一流廉吏王铁珊先生》,载《逸经》,1936年第5期,第25页。
  ③ 李塨:《与方灵皋书》,见《恕谷后集》卷四,陈山榜、邓子平主编:《颜李学派文库》第三册《李塨文集上》,石家庄:河北教育出版社,2009年,第740页。
  ④ 方苞:《与李刚主书》,见刘季高校点《方苞集》(上),第140页。
  ⑤ 李塨:《复恽皋闻书》,见《恕谷后集》卷五,陈山榜、邓子平主编:《颜李学派文库》第三册《李塨文集上》,第757页。
  ⑥ 关于方苞与颜李学派的关系,可参阅吴孟复撰《桐城文派述论》,合肥:安徽教育出版社,2001年,第67~69页;卢佑诚:《方苞与颜李学派》,载《盐城师范学院学报》,2007年第4期,第54~56页。

综而观之,徐世昌再建桐城道统,结穴在颜元、李塨;重塑桐城文统,落脚在贺涛,而颜、李、贺皆属北学统系。赵衡说:"绝大河而北,太行左转,极东薄海,乃自古燕赵之地。"① 所谓北学,就是产生于燕赵之地的学术。徐世昌作为燕赵之人,十分醉心北学。他说:"太行山势峻,北学自崔嵬。"② 可知,其再建桐城道统、重塑桐城文统,蕴含着强烈的弘扬北学意识,蕴含着把北学晋升为国家主流学术的宏愿。在北学中,徐世昌竭力要表彰的,就是颜元、李塨和贺涛。贺涛专精文章,平生基本无诗,经学也无专门著述。但为了格外颂扬贺涛,徐世昌硬是命将贺葆真勉强搜罗到的其父两首诗录入《晚晴簃诗汇》,三篇经论录入《清儒学案》。关于颜李,徐世昌说:"习斋之艰苦卓绝,恕谷之博大含宏,实开吾北学万世之宗。"③民国五年(1916)二月十六日,他说:"颜李为吾畿辅自有之流派"④,因而在纂修《大清畿辅先哲传》时要特意表出。清代末造,莲池书院是接武北学的重镇。同治五年(1866),莲池书院将清初孙奇逢弟子魏一鳌辑、尹会一续辑、戈涛再续辑的《北学编》所录直隶历代乡贤,从董仲舒、毛苌到颜元、李塨共五十二人附祀于莲池书院圣殿。⑤ 同治七年(1868),莲池书院又将《北学编》刊行,供师生研习。曾国藩总督畿甸,检阅《北学编》,融桐城之学、湖湘之学于北学中,撰成《劝学篇示直隶士子》(1869),以振兴斯文。⑥ 黄彭年两主莲池书院(1859—1862,1878—1882),曾在书院设局主纂《畿辅通志》(1871—1884),表彰北学人物。出身莲池书院的王树枏所撰《北学师承记》虽未完竣,却是阐发北学的着意之作。张裕钊、吴汝纶叠主莲池书院,所哺育的群彦之北学意识也至为浓烈。在祭祀畿辅先哲的大典中,与徐世昌同祭的名流,就有不少出自莲池。因此,当徐世昌欲将包括颜元、李塨和贺涛在内的北学人物抬进国家主流学术时,莲池诸子如王树

---

① 赵衡:《贺先生文集序》,见《序异斋文集》卷四,第19页。
② 徐世昌:《读李恕谷阅史郄视》,见《水竹邨人集》卷二,第1页。
③ 徐世昌:《北学铭》,见《退耕堂砚铭》,第2~3页。
④ 贺葆真撰、徐雁平整理:《贺葆真日记》,第334~335页。
⑤ 陈美健、柴如薪:《莲池书院志略》,北京:中国文史出版社,2013年,第52~57页。
⑥ 王达敏:《曾国藩总督直隶与莲池新风的开启》,载《安徽大学学报》,2014年第6期。

栩、严修、赵衡、傅增湘、吴闿生等,无不鼎力支持,并踊跃助以成之。

四、在中体西用视野下

在中国向现代转型中,徐世昌感时忧国,持守中体西用观念不移,坚定走经世致用之路。他向往光风霁月气象,对中华文明自信甚坚;同时引进西政、西艺,主张中西调和。其中体西用的思想和实践,是特定历史时期时代精神和国家战略的反映,是他重塑桐城文统、再建桐城道统的基础,也是他所附丽和以他为核心的桐城派学者群体的共同追求。

徐世昌所持守的中体西用观念,是清季桐城派代表人物的共识,也是清季学界主潮,更是当时的国家战略。中体西用是曾国藩、张之洞等自强运动领导者和冯桂芬、郑观应、沈毓桂、朱之榛、孙家鼐和吴汝纶等面对西潮时的应对思路。关于桐城派代表人物的中体西用思想,曾国藩终生为孔孟信徒,其与太平军作战,正是为保卫儒家名教,如其《讨粤匪檄》所论,但他同时主张向西方学习,手创现代军工企业,建议派遣幼童留学,支持儿辈学习外语、数学等等;吴汝纶本为激进的西化派,但在去世前夕的日本之行中,却提出"周孔之遗泽,历久常新"[①]之论。张之洞自谓其"古文学受于从舅朱伯韩观察琦"[②],而朱琦乃桐城派名家。可知他虽不以桐城派自居,但对桐城派也属内行了。光绪二十四年(1898)三月,作为湖广总督的他所撰《劝学篇》问世。[③]在该书中,他总结此前相关成果,系统阐述了中体西用思想,指明:学者必"先以中学固其根柢";"必先通经,以明我中国先圣先师立教之旨";《四书》《五经》、中国史事、政书、地图为旧学;西政、西艺、西史为新学。旧学为体,新学

---

① 吴汝纶:《答新闻记者论中外教育》,见施培毅、徐寿凯点校:《吴汝纶全集》(三),第448页。
② 张之洞:《抱冰堂弟子记》,见苑书义、孙华峰、李秉新编:《张之洞全集》第十二册《著述·诗文·书札·附录》,第10637页。
③ 许同莘:《张文襄公年谱》卷六,民国己卯(1939)冬十月刊行,第7页。

为用,不使偏废"。① 由于《劝学篇》回答了在中西相遇时代国家向何处去的问题,甫一出就洛阳纸贵,并歆动人主。光绪帝于《劝学篇》刊行的次月二十三日,颁布《明定国是诏》,启动变法维新。诏曰:"中外大小诸臣自王公以及士庶,各宜努力向上,发愤为雄,以圣贤义理之学植其根本,又须博采西学之切于时务者实力讲求,以救空疏迂谬之弊,专心致志,精益求精,毋徒袭其皮毛,毋竞腾其口说。总期化无用为有用,以成通经济变之才。"②这篇诏书的主导思想就是中体西用,与《劝学篇》旨趣若合符契。因此,当光绪帝披览《劝学篇》后,殊为欢喜,于六月初七日颁旨:《劝学篇》"原书内、外各篇,朕详加披览。持论平正通达,于学术、人心大有裨益。著将所备副本四十部,由军机处颁发各省督、抚、学政各一部,俾得广为刊布,实力劝导,以重名教而杜卮言"③。七月六日,光绪帝又谕军机大臣等:"《劝学篇》一书,著总理衙门排印三百部。"④由于光绪帝的召唤,《劝学篇》被迅速推向全国,各地争相印刷,各类版本难计其数,中体西用思想几达家喻户晓。庚子事变后,国家重启全面改革,其战略思想仍不出中体西用范围。⑤

徐世昌沾溉于其乡前辈张之洞的中体西用思想至深。《劝学篇》尚未刊行时,他就在与张之洞交往中闻其绪论。光绪二十三年(1897)九月初六日至十月十四日,他应张之洞之邀,访问当时现代化建设正酣畅展开的武汉,参观了织布厂、缫丝厂、银元局、蚕桑局、铁厂和枪炮厂等,颇感震撼。九月十七日,他看过织布各厂后感慨:"机器之灵捷,开千古未有之奇,宜乎泰西致富胜

---

① 张之洞:《劝学篇》卷首,见苑书义、孙华峰、李秉新编:《张之洞全集》第十二册《著述·诗文·书札·附录》,第9703页。
② 《著明定国是变法维新御旨》,见迟惠生、何芳川、邢永福主编:《京师大学堂档案选编》,北京:北京大学出版社,2001年,第7页。
③ 张之洞:《劝学篇》,见苑书义、孙华峰、李秉新编:《张之洞全集》第十二册《著述·诗文·书札·附录》,第9724~9725页,第9740页。
④ 《清实录》第五十七册《德宗景皇帝实录》(六),北京:中华书局,1987年,第543页。
⑤ 秦进才:《〈劝学篇〉与"中体西用"思想的传播》,载《河北师范大学学报》,2014年第5期,第55~62页。

我中国也。"①期间，他与张之洞在五福堂长谈十余次。张氏云："目前新学，中年通籍以后之人，以讲求西政为先，西学随其性之所近而涉猎之，仍以中学为主。……立身以必有守然后有为。"②又云：挽回大局之法，"其要有三，曰多设报馆，多立学堂，广开铁路。而所以收此三者之效者曰士农工商兵，然必欲观此五者之成仍不外乎变科举"。③张氏所谓的以中学为主、立身有守，就是中学为体；所谓的多设报馆，多立学堂，广开铁路，就是西学为用。徐世昌闻听张氏高论，又目睹其心忧天下之容，感慨万千："其规划宏远，忠诚恳至，中外一人而已。"④《劝学篇》刊行后，在光绪帝号召下，在戊戌变法高潮中，徐世昌于光绪二十四年（1898）七月二十三日、二十五日读之，兴奋异常："看《劝学篇》，平允切当，扫尽近今著论诸家偏僻之说，深足捄当时之弊而振兴我中国之废疾，凡文武大臣、庶司百执事，下逮士农工商兵皆当熟读，奉为准绳。伟哉孝达先生，谨当瓣香奉之。"⑤徐世昌对张之洞的中体西用思想如此钦服，以至于要瓣香奉之。从此，其思想和政治实践就汇入中体西用的时代洪流之中，至其卸任大总统职务（1922）而不稍有改变。

中体西用是具有经世致用品格的学说。徐世昌能接纳中体西用观念，与其原本持有的经世致用思想相关。他自早岁至通籍后，日寝馈于经史之中，其意并不在做书斋学者，而在经世致用。知其最深的柯劭忞云："公键户治经史，博涉古今，为经世之学"；"公之劬学，期有用于世"⑥。光绪二十一年（1895）八月，他与袁世凯、康有为议开书局；九月，与梁启超等议设强学会。⑦光绪二十三年（1897）十月初七日，张之洞问他"志学之所向属"，他"告以时事

---

① 徐世昌撰、吴思鸥等点校：《徐世昌日记》（一），第 376 页。
② 徐世昌撰、吴思鸥等点校：《徐世昌日记》（一），第 380 页。
③ 徐世昌撰、吴思鸥等点校：《徐世昌日记》（一），第 378 页。
④ 徐世昌撰、吴思鸥等点校：《徐世昌日记》（一），第 381 页。
⑤ 徐世昌撰、吴思鸥等点校：《徐世昌日记》（一），第 409 页。
⑥ 柯劭忞：《退耕堂集序》，见《退耕堂集》卷首，天津徐氏民国三年（1914）刊行。
⑦ 贺培新：《徐世昌年谱》（上），载《近代史资料》，第 69 期，第 17 页，第 19 页。

孔亟,愿闻经世立身之道"。① 光绪二十七年(1901),张之洞、袁世凯先后向朝廷保荐他,强调的正是其经世之志、办事之才。三月二十五日,张之洞云:"该员志趣端正,持躬谨饬,明达时务,办事精细。前在山东巡抚袁世凯军营有年,于兵事甚能考究,实为今日有用之才。"② 四月十日,袁世凯云:徐氏"尤于时局要政潜心考究,志切澄清,故以儒臣而晓畅军情,洞达时务,迹其神明内敛,局干隐然,洵称远到之器"③。柯、张、袁均提到徐氏的经世之志、之才。因有此志此才,他在贯彻中体西用思想时才显得游刃有余。

徐世昌的经世追求中蕴藏着深沉的感时忧国情怀。光绪二十年(1894),在甲午海战背景下,其日记摘录《史记》《汉书》中君臣"讲求经世之事,针对近事者甚多"④。庚子(1900)之秋,他"感时抚事,壹于诗发之,慨然有救焚拯溺之志"⑤。因具感时忧国情怀,他在任大总统时能理解首都学运中广大师生的爱国情感,并给予文明对待。五四运动爆发当天,他和他信任的京师警察厅总监吴炳湘下令要"文明对待"学生,以至于护卫曹汝霖宅邸的警察"连警棍都没有带";⑥蔡元培保释学生后辞职,他予以挽留:"该校长殚心教育,任职有年。值兹整饬学风,妥筹善后,该校长职责所在,亟待认真擘理,挽济艰难。所请解职之处,着毋庸议。"⑦ 如果不是他在大总统之位,游行当日就出现了烧、打的学运是何结局,就难逆料了。

徐世昌坚持中学为体,神往光风霁月的儒者气象。他虽然责备程朱理学蹈虚,但对其所提倡的修养境界则心向往之。他曾书"光风霁月"四个大字,

---

① 徐世昌撰、吴思鸥等点校:《徐世昌日记》(一),第380页。
② 张之洞:《保荐人才折》,见苑书义、孙华峰、李秉新编:《张之洞全集》第二册《奏议》,石家庄:河北人民出版社,1998年,第1389页。
③ 袁世凯著、廖一中、罗真容整理:《袁世凯奏议》(上),天津:天津古籍出版社,1987年,第283页。
④ 贺培新:《徐世昌年谱》,载《近代史资料》,第69期,第16页。
⑤ 柯劭忞:《退耕堂集序》,见《退耕堂集》卷首。
⑥ 曹汝霖:《曹汝霖一生之回忆》,北京:中国大百科全书出版社,2009年,第206页。
⑦ 徐世昌:《大总统令》(第1332号),见王学珍、郭建荣主编:《北京大学史料》第2卷第1册(1912—1937),北京:北京大学出版社,2000年,第245页。

并作跋语:"李延平曰:'洒落如光风霁月,为善形容有道者气象。'朱晦翁云:'所谓洒落者,只是形容清明高远之意,只如此,有道胸怀表里亦自可见。若有一毫私吝心,何处更有此等气象耶?'学者读书明理,诚积于中,方有此磊落光明气象发之于外。今日之学人,即他日担当宇宙间事之人,克己复礼,天下归仁。愿与同志力学者共勉之。"①要达致里外澄澈的光风霁月境界,寻得孔颜乐处,成为风流豪雄,就要去私吝心、诚于中、克己复礼。徐氏另撰有《跋自书致中和三大字》,展现中和境界,是对光风霁月气象的另一种表达。② 梁敬錞说:"东海广额疏髯,霁容炯目。每于秋阳将夕,青鞋布袜,简从缓步南海怀仁堂与春藕斋间。予民国八九年供职公府外交委员会时,常遇之于道左,冲和之气,引人敬重。"③徐世昌去世后,国民政府于民国二十八年(1939)六月八日颁布褒扬令云:"徐世昌国之耆宿,望重群伦。……学识闳通,风度冲穆。秉政之日,对内以和平息争为念,对外以维护主权为心。"④霁容炯目,气象冲和,风度冲穆,非学养湛深,何能到此。

徐世昌坚持中学为体,对中华文明特具信心。他以为,历代贤哲之道具有普世价值:"中国之所谓道者无他,即世界之所谓人道也"。"中国之所谓道,实为世界之道,非直中国之道也"。"若夫舍物质以言精神,则历代贤哲之所遗,蒸民之所习,未尝不足为全世界同类维持其新生命,而出此同类于物质、罪恶、忧伤、恐怖之中"。⑤ 为将中华文明推向世界,他支持在巴黎大学建立中国学院。民国八年(1919)一月三日,他说:"方今世界,文化日益昌明,孔子之至德要道,著在六经,传译邻邦,交相倾仰。"⑥民国二十年(1931),他说:

---

① 徐世昌:《跋自书光风霁月四大字》,见《退耕堂题跋》卷四,第11页。
② 徐世昌:《跋自书致中和三大字》,见《退耕堂题跋》卷四,第12页。
③ 梁敬錞:《徐世昌评传序》,见沈云龙:《徐世昌评传》卷首,北京:中国大百科全书出版社,2013年,第2页。
④ 《国府褒扬徐世昌》,见《新闻报》民国二十八年(1939)六月十日。
⑤ 徐世昌:《弢斋述学·结论》,民国十年(1921)刊行,第1页。
⑥ 徐世昌:《民国八年一月三日大总统令》,载《江苏省公报》,第1814期,第2页。

"近十余年来,中国文化已渐行于欧美,西士多啧啧道之。"①他为此感到自豪和欣慰。

徐世昌坚持西学为用,努力引进西方制度和技术,并接受国家从专制到共和的政体变迁。光绪二十三年(1897)六月初五日,他应袁世凯之聘,至天津小站协助其"以西国法治兵"②,期间自习英语。光绪三十一年(1905)十月九日,他任新建巡警部尚书,引入西方巡警制度。光绪三十三年(1907)三月初八日,他任东三省总督,在近两年内,对东北的政治、经济、教育、外交等进行改革。③ 在诸多举措中,他建立的具有独立倾向的司法体系最具现代特色,标志着国家的现代化从器物层面向制度层面转移。④ 宣统元年(1909)一月十九日,他任邮传部尚书后,督办铁路交通事务甚力。⑤ 光绪三十一年(1905)、宣统元年(1910),他两入军机,"益以维新为己任"⑥。进入民国,他接受共和体制,出任国务卿(1914)。民国四年(1915),袁世凯欲帝制自为,他屡阴阻之而无效,只好避嫌辞职。民国六年(1917)七月,张勋复辟,他反对尤力。⑦

徐世昌坚持中体西用,主张调和中西文明。第一次世界大战后,他说:"世界文化,无外两大宗派:一曰西方文明;一曰东方文明。二者互有长短,调和之,镕冶之,实为战后之急务。"他以为,西方文明重物质,讲竞争,趋功利,结果引起欧战惨祸;而以中国为代表的东方文明虽然物质落后于西方,但讲求温良恭让、心性修养、淡泊自处和忠恕待人。西方文明只有汲取中国文明,才能免蹈覆辙;中国也宜吸收西方文明,"大兴产业,内裕民生,外利世界",如

---

① 徐世昌:《评〈养浩堂诗集序〉》,见《明清八家文钞》卷十三《张上》,第10页。
② 贺涛:《书天津徐氏族谱后》,见《贺先生文集》卷四,第2页。
③ 贺培新:《徐世昌年谱》(上),载《近代史资料》,第69期,第30页,第32页。
④ 高月:《清末东北新政与东北边疆现代化进程》,载《东北史地》,2008年第3期,第79页。
⑤ 贺培新:《徐世昌年谱》(上),载《近代史资料》,第69期,第37~38页。
⑥ 贺涛:《书天津徐氏族谱后》,见《贺先生文集》卷四,第2页。
⑦ 沈云龙:《徐世昌评传》(上),第318页,第374~376页。

果"不吸收西方文明,吾国将无以自立"。①

徐世昌在总统大位时,新文化运动正如火如荼地展开。他的中体西用思想与陈独秀、胡适、钱玄同、鲁迅等的反传统主张正相反对,因而受到辛辣嘲讽。以他为核心的桐城派学者群体因声势盛大且带有官方色彩,而被近在咫尺的新文化派下重手痛击。但他对新文化派诸家则是始终容忍,甚至支持。民国九年(1920)一月十二日,他属下的教育部经他允许而发布训令,命全国各地的国民学校一二年级自该年秋起,"先改国文为语体文,以期收言文一致之效"②。新文化派竭力主张以白话代替文言。教育部这一训令在国家层面巩固了新文化派的成果。这一划时代事件标志着统治中国文化数千载的文言开始走向终结,而一直处于边缘的白话开始走向文化、政治舞台的中心。这一划时代事件也最终决定了桐城派无可挽回地走向式微的命运。

总之,作为一位优秀的政治家和学者,徐世昌与其同时代的诸多豪杰一起,在数千年不遇的历史关键时刻,作别专制,建共和,行宪政,为实现中国的现代化作出了永垂史册的贡献。作为继曾国藩之后的又一位卓越的桐城派领袖,他以中体西用为指归,立足其所自出的北学传统,重塑桐城文统,再建桐城道统,在吸收西方文明精粹的同时,又努力保持民族文化本色。虽然他所构筑的新的文统和道统,因地域色彩过浓,只是主要得到桐城派莲池文系学者的认同,而难服包括马其昶、姚永概、姚永朴在内的南方桐城派诸家之心;虽然他弘扬颜李学派过于操切,而对该派的反智倾向所可能造成的严重历史后果缺乏足够警惕,但他积极面向西方,意欲激活古典传统以与西学接轨的指向,因符合中国现代化的内在逻辑,至今仍然散射出强劲的生命活力。

(原载《安徽大学学报》2018 年第 6 期)

---

① 徐世昌:《欧战后之中国》,上海:中华书局,民国九年(1920)十月十日印成,第 124~126 页。

② 朱有瓛主编:《中国近代学制史料》第三辑上册,上海:华东师范大学出版社,1990 年,第 158 页。

桐城派学者贺培新与俞大酉

一、贺培新:赤诚的爱国者

贺培新(1903—1951),又名贺泳,字孔才,号天游、无逸庐、潭西居士。世居畿南吴强北代村,后迁居故城郑家口。曾祖讳锡璜,字苏生,同治三年(1864)举于乡,任故城训导二十三年,创历亭书院。祖讳涛,字松坡,光绪十二年(1886)与弟沅同成进士,任刑部主事,主信都书院讲席十八年,晚应直隶总督袁世凯之聘,任文学馆馆长。父讳葆良,字懿甫;母讳堉瑄,出饶阳望族常氏,喜文事,教督子女至严。兄讳翊新,字仲弼,吴闿生弟子,著名教育家,曾任北京大同中学校长、河北省教育厅长、河北省临时参议会议长、台湾建国中学校长等。妹讳又新,字幼莘,亦吴闿生弟子,有咏絮之才,著有《吟香咏絮之庐诗钞》,未刊。

贺培新1903年5月24日生于故城郑家口,自幼聪慧,为祖父贺涛所喜。1908年入学。1916年7月至1917年7月在故城县立高小读书。1917年8月考入北平市立第四中学,因领导同学驱逐校长,1920年1月被开除学籍。1920年8月至1924年5月就读于国立北平法政大学。1924年5月至1926年4月任北京大学造型美术研究会导师。1925年8月至1928年6月任私立成达中学国文教习。1928 年 7 月应北平市长、吴闿生弟子何其巩之邀,任市政府秘书。1931 年 4 月卸秘书任后,被北平市政府派往颐和园整理古物两年。1933 年 6 月至 1935 年 8 月,任行政院驻北平政务整理委员会秘书。1935 年 10 至 1937 年 7 月任平津卫戍司令部及冀察绥靖主任公署参议。1936 年 6 月至 1943 年 4 月任中国大学秘书长兼国文系教授。1947 年 5 月至 1948 年 12 月任河北省方志馆纂修。1947 年 9 月至 1949 年 4 月任国史馆纂修。1945 年 9 月至 1949 年 1 月积极参与《天津民国日报》社务,为中流砥柱。1949 年 5 月至 1949 年 6 月任中国人民解放军四野南下工作团研究室研究员。1949 年 6 月至 1949 年 11 月任武汉市军事管制委员会文教接管部顾问,兼武汉大学接管组交接联合办公室主任。1949 年 12 月至 1951 年 12 月任文化部文物局办公室主任。1951 年 12 月 18 日凌晨蒙冤自沉于北海,1991 年 3 月 7 日平反昭雪。

贺培新是杰出的桐城派学者。同治七年(1868),曾国藩总督直隶,把桐城派学风带到大河以北。后经曾氏弟子张裕钊、吴汝纶十八年的相继耕耘,燕赵大地上形成了一个以桐城派为旗帜的莲池学者群体。从曾国藩督直算起,到俞大酉弃世(1966)为止,这一学者群体绵延近百年,相承历六代。贺培新之祖贺涛曾拜吴汝纶、张裕钊为师,吴汝纶之子吴闿生为贺涛入室弟子,贺培新又被吴闿生收入门下,成为莲池学者群体第五代的祭酒。贺培新的诗文闳肆典丽,略显莲池学者群体的创作本色;其所纂《文编》汲取《古文辞类纂》和《经史百家杂钞》的精华,张扬桐城派的精神和为文门径。其著述自成格调,在民国北方文坛影响至巨。抗战胜利后,蒋介石作为抗日领袖,威望达于极峰。1946 年 10 月 31 日是蒋氏六旬生日,北平党政军首长和地方耆绅五百余人,由北平行辕主任李宗仁领衔,恭颂寿序一篇。这篇题为《国民政府主席蒋公六十寿序》的文字,便出自贺培新之手。其在当世文坛的地位由此可见一斑。

贺培新是杰出的书法家、篆刻家。他自幼酷嗜书法,常常一手拿旧帚,一手提水桶,在地上练习写大字,九岁后即已给人写春联、条幅、对联了。他曾向秦树声学书,其书师法汉魏、欧阳询、虞世南和张裕钊,糅合融通,书风劲硬如铁,曾云:"我们写字先求像个铁打的,再求像铁铸的,铸的比打的还好。"贺培新的篆刻尤其享誉艺坛。他曾问艺于齐白石,且由吴昌硕、赵之谦上溯秦汉三代的古录,用刀恢闳雄放。齐白石曾题其印集云:"消愁诗酒兴偏赊,浊世风流出旧家。更怪雕镌成绝技,少年名姓动京华。"又云:"贺生刀笔胜昆吾,截玉如泥事业殊。小技那应从白石,无情何不慕南狐。"贺氏弟子王北岳得其篆刻神髓,传其艺术于海峡对岸。

贺培新是一位赤诚的爱国者。1925年五卅运动爆发,国民大量死伤,列强争归咎于中国。贺培新由此想起庚子事件,撰作《再和妹用太白梁园吟均时交涉已起吾民死于难者数百人而列强争归咎于我方开外交会议于京师思昔抚今有感而作》,表示愤慨。1933年长城之战,陆军第十七军将士以血肉之躯当新锐之器,忍饥渴,浴刀火,与日寇血战近两月,伤亡万余。贺培新撰《陆军第十七军抗日阵亡将士碑记》痛悼之。吴闿生评曰:"沈痛壮烈,淋漓迈往,有轩天拔地之势。"抗战军兴,贺培新作为国民党中宣部华北宣传专员办事处的一员,不畏死难,在沦陷的北平,领导青年,在思想文化上与敌人奋战,直至胜利。此一时期,因黑暗闷人,其咏月诗句独多。在中国大学任教时,其所发讲义,从《尚书》到曾国藩的文章多为富于爱国意识者。

贺培新是一位政治上的与时俱进者。他对领导辛亥革命的孙中山及其创立的国民党颇有好感,对于率领全民抗战的蒋介石尤其称扬备至。但战后国民党的腐败令他失望。在其同门、中共高级干部齐燕铭、徐冰引导下,他拜读了《中国革命与中国共产党》《论联合政府》《新民主主义论》和《大众哲学》等著作,对中共产生好感和希望。1949年1月,在解放军围城之际,他拒绝与兄长贺翊新一起离开大陆,毅然决定留在北平。3月25日,是中共中央从西柏坡迁入北平的日子。就在这一日,他将家藏古籍一万余册、文物五千余件悉数捐给国家,书房唯余四壁,连书橱也没有留下。在此前后,他支持两儿两女参加革命。他自己也丢下刚出生的小女儿,参加四野南下工作团,投入火热的革命生活。他此时的新作竟有"工农今作邦家主,马列真为世界师"之句。进入文物局后,他勤奋工作,积极争取入党。但在镇反运动中,他失去了党的信任,受到残酷打击,悲愤自尽。贺培新的被毁灭,已经不仅仅是其个人的悲剧了。

在短暂一生中,贺培新著述宏富。这些作品中的大半因其捐献而幸得保存,现均藏于国家图书馆。

诗文类

一、《天游室集》。1937年,冀察政务委员会委员长宋哲元将军出资刊刻。内含《天游室文》二卷、《天游室诗》五卷,均由吴闿生评定。书前有吴闿生题词,书后有李鸿翱跋。刻本所依稿本现藏国家图书馆。

二、《天游室诗未刻稿》。1937年《天游室诗》五卷刊刻后至中共在北平建政前夕,贺培新续有所作。后来,诗人从这些作品中萃取二百余首,纂为两卷有半,标为"天游室诗"卷五下、卷六、卷七,以绍续五卷之本。可知,他是将五卷本之卷五视为卷上。新纂两卷半诗作的手稿题为《天游室诗未刻稿》,现藏国家图书馆。

三、《天游室文未刻稿》。1937年《天游室文》两卷刊刻后至中共在北平建政前夕,贺培新续有所作。后来,作者从这些作品中选取十余首,纂为一编,标为"天游室文"卷三,以绍续两卷之本。此编手稿题为《天游室文未刻稿》,现藏国家图书馆。

四、《口字韵集》一卷。宋黄庭坚有《次韵晁补之廖正一赠答诗》以口字为韵,往返十数叠,已字穷意竭。张裕钊弟子范当世竟十余用之,益奇纵飘忽,不可端倪。吴闿生集中酬答二姚,曾六叠之。吴氏弟子曾克端连次数首相示。这勾起了贺培新高昂而持久的诗兴。在1924年至1940年间,他以口字为韵,前后作诗三十首,才情映发,不可遏抑。后来,他把这三十首诗择出编为一卷,题曰《口字韵集》。此书钞本有许用康评语,藏国家图书馆。

五、《岁寒集》。1946年2月由天津民国日报社出版,编者为张铸时、齐纪图。书中诗篇皆为贺培新(天游)、张子高(勤斋)、邓以蛰(钝厂)、许用康(榆园)、刘晚松(晚松)、俞大酉(古函)在日据北平时期的酬唱之作。其中,贺培新之作均编入《天游室诗未刻稿》中。

杂著类

一、《天游室杂著》。1946 年,贺培新在《天津民国日报》副刊《文艺》《民园》上,发表了一系列文章,总题为《天游室杂著》。

二、《趋庭记》。稿本署无逸庐谨辑。贺培新的海西草堂客厅悬有一匾,上书"无逸"二字,为明朝崇祯帝的御笔。贺氏尝以"逸豫可以亡身,忧劳可以兴国"与人共勉,并以"无逸庐"为号。贺涛晚岁失明,隐居不出,日与家人讲说,多斯道微言要旨,珍闻轶事。其言散见于家人日记和其所评各书中。贺培新辑而录之,成此一编。此书曾在《天津民国日报》上连载,稿本藏国家图书馆。

三、《泳斋说邮》一卷。贺培新是一位学养深湛、独具历史和审美眼光的集邮家。1947 年 3 月 9 日至 7 月 29 日,他所撰《泳斋说邮·中国之部》一书,分 37 期刊于《天津民国日报》的副刊《民园》上。此书稿本藏国家图书馆。

四、《水竹邨人年谱》一卷附录一卷。贺培新撰,手稿本,全三册。水竹邨人是文治总统徐世昌的号。贺涛与徐世昌为进士同年,贺之子葆真为徐氏幕宾。贺徐数世交好,皆为桐城派中人。钞本分上下两卷,藏国家图书馆。1988 年,该书由吴思欧整理,以《徐世昌年谱》为题,在《近代史资料》第 69 号、第 70 号上发表。

文献录、目录、题名录类

一、《吴强贺氏文献录》一卷。贺培新辑,全一册。该书收入张裕钊、吴汝纶、范当世、柯劭忞、王树楠、徐世昌、徐坊、赵衡、姚永概、贾恩绂、尚秉和、张宗瑛、王锡藩、孙人和、吴闿生等名流为贺氏族人所撰寿诗、寿序、墓志铭、诔文、传记、题诗等。钞本藏国家图书馆。2006 年收入《清代民国名人家谱选刊续编》,由北京燕山出版社影印出版。

二、《武强贺氏寿真堂藏书目》一卷。贺培新编。此为贺氏寿真堂藏书书目,著录 700 余种,有元本《五子》等。1917 年钞本,藏北京大学图书馆。

三、《潭西书屋书目稿》一卷。贺培新编,全一册。此为贺培新藏书目录,草成于 1949 年 3 月。书前自序历述贺氏乾嘉以来藏书更替变迁分合消长之迹。此目不次年代，不分部居，而著者名氏、刊刻年代、卷帙函册备列无遗；贺氏先人手泽、某家批校、某氏印章亦悉入载。1949 年 3 月 25 日，贺培新依此目将全部家藏书点交国家图书馆。此目稿本藏国家图书馆。

四、《潭西书屋文物目》一卷。贺培新编。此为贺培新藏文物目录，草成于 1949 年 4 月。内分图章类、钱币类、墨类、陈设玩物类、扇及扇面类、碑帖拓本类、字画类、名人墨迹手稿类和刻石类等。漏登和续缴者录于《潭西书屋文物目续目》中，附于《潭西书屋文物目》之后。共计著录物品五千三百七十一件。钞本藏国家博物馆。

五、《文学社题名录》。吴闿生主盟的大型社团"文学社"在京师文坛影响颇大。此书分别刻于 1920 年 12 月、1924 年夏、1936 年 12 月，每刻皆有吴氏新的弟子补入。第 1 版由贾应璞、张庆开编，第 2 版、第 3 版由贺培新编。

集注、评选类

一、《钞注本古文范》四卷。吴闿生评选，贺培新集注，俞大酉手钞，全四册一函。

二、《钞注本古今诗范》十六卷。吴闿生评选，贺培新集注，俞大酉手钞，全四册一函。

三、《文编》二卷。贺培新评注，孙鸿章钞，全二册。此书上卷选取汉以前的文章，下卷斟录晋以下至清末的作品。文中加有注释，篇后并酌采名家的评解。1946 年天津民国日报社铅印出版。

四、《随园文钞》一卷。清边连宝著，贺培新评选，钞本，全一册。

五、《觚庵诗存》四卷。俞明震撰，贺培新评本，民国铅印本，全一册。

刻石、古印类

一、《孔才刻石首集》四卷。贺培新刻。齐白石评，原拓本，全四册一函。

二、《孔才刻石第二集》十四卷。贺培新刻。齐白石评，原拓本，全十四册一函。

三、《孔才刻石第三集》。贺培新刻。陈三立题，原拓本，全十四册一函。

四、《孔才刻石题本一》。贺培新刻。徐世昌、吴闿生、柯劭忞和樊增祥题,全二册一函。

五、《孔才刻石题本二》。贺培新刻。袁励准、徐世襄题,全二册一函。

六、《孔才印集第三集》不分卷。贺培新撰。原拓本,全四册一函。

七、《潭西书屋集古印谱》一卷。贺培新辑。中多文安王氏所藏印,钤拓本,全一册。

八、《海西草堂集古印谱》一卷。贺培新辑。钤拓本,全一册。

我所整理的《贺培新集》包括《天游室文》《天游室诗》《天游室文补编》《天游室诗补编》《天游室杂著》《天游室杂著补编》《泳斋说邮》和《研究资料汇编》。《天游室文》三卷,卷一、卷二录自1937年刻本《天游室集》,卷三录自《天游室文未刻稿》。《天游室诗》七卷,卷一至卷五上录自1937年刻本《天游室集》,卷五下至卷七录自《天游室文未刻稿》。《天游室文补编》一卷,为1937年刻《天游室文》时删剩之文。《天游室诗补编》一卷,为1937年刻《天游室诗》时删剩之诗。《天游室杂著》一卷,录自《天津民国日报》副刊,按发表先后排序。《天游室杂著补编》二卷,录自贺培新发表于各种文献上的零篇。《泳斋说邮》一卷,录自《天津民国日报》副刊。《研究资料汇编》是《贺培新集》的附录,包括九个专题:一、传记资料;二、批语辑存;三、著作题跋;四、齐白石批孔才印草;五、《岁寒集》;六、古旧诗文辑存;七、捐献古籍文物记;八、洗冤录;九、纪念与研究。

二、俞大酉:莲池学者群体的殿军

俞大酉(1908—1966),字古函,号涵沧、洞一、晓晖、妙天,笔名朝暾。先世原籍浙江山阴,明初北徙宛平,再徙天津。父讳明谦,字抑忱,又字挹尘。光绪二十九年秋奉派赴日本习师范,归国后相继任职于南开中学、京师蚕业讲习所。鼎革后,历任北京高等师范学校教务课主任、中东铁路局秘书文书课长、沪宁铁路局秘书、交通部路政司佥事。平日爱收藏古玩字画,精于考订鉴赏；擅著述，所撰《新体国文典讲义》(1918)为民初语法、文章学的名作。母张氏，讳在谷，性磊落伉爽，不好为儿女子态。世父明震，讳恪士，有《觚庵诗存》传世。大酉爱其诗，曾撰《花朝雨后放歌呈孔才师用觚庵世父均》。

俞大酉生于光绪三十四年(1908)10月10日。1914年至1917年就读于北京师范大学第一附小，1917年至1920年就读于北京师范大学第二附小，1920年至1924年就读于北京师范大学女附中，1924年至1925年就读于北京女子师范大学预科，1925年9月至1929年7月就读于北京女子文理学院英文系，1929年8月至1933年任北京女子文理学院助教，1929年至1931年任北京师大女附中英文教员。1931年2月至1941年任北京女一中英文教员兼职员，1933年至1934年兼任该校训育主任，1936年至1937年兼任该校教务主任、代校长，1937年12月至1940年12月任该校校长，1941年夏离校。1938年到日本参观。1935年代同学、蒲殿俊之女蒲耀琼编辑《华北日报·妇女周刊》三周；1941年夏至1943年8月家居；1943年9月至1944年任中国大学英文讲师；1944年夏至1945年8月家居；1945年10月4日至1947年7月，由贺培新介绍，任《天津民国日报》总主笔，每日负责撰写社论，同时为天津市长杜建时撰稿；1946年7月正式加入国民党，当选《天津民国日报》区党部委员；1947年2月27日至3月5日，应盟军最高统帅麦克阿瑟之邀，与中国新闻界王芸生、陆铿等九人到日本、韩国访问；1947年8月至1949年2月任天津耀华中学校长；1947年任天津市政府顾问、国大代表、天津崇化学会董事；1948年任天津市图书馆董事、天津流动卫生所委员。解放军占领天津后，1949年2月25日，被耀华师生开大会批斗。1949年3月1日至1950年4月1日在天津公安局登记，被管制。1950年9月起任北京私立新华中学（后改称北京三十三中）语文教员，参加全国总工会教育工会；1951年2月至8月任新华中学工会主席；1952年参加中苏友好协会；1955年8月21日被批斗后，由天津公安局逮捕，1956年12月免予刑事处分、释放，回到北京，工作无着落，家居。1958年5月至8月下放。1960年在北京市西城区二龙路人民公社取灯胡同邻里服务所织毛衣。1966年8月被红卫兵打死,尸骨无存。①

俞大酉端正高华,品格清洁。她对家庭极负责任。父亲去世,她大学毕业后,只身挑起家庭重担,上侍祖母、母亲,下抚两弟、一妹。1932年,河北省招考庚款留美学生,全省只取录三名,她名在第二,但为照顾家人,毅然放弃留美机会。她对戚友学生极友善。1951年冬,著名女学者黄稚荃遭失业之苦,生活陷入困顿,她立即寄上三百万元,解其燃眉之急。黄之子怀昭在北京农业大学就读期间,她为其置办棉衣,饮食教诲,待之宛如家人子弟。1950年代前期,其两位姑母、同学黄颖嘉、同事王继儒、学生钱普泰等,均得其物质帮助和精神关怀。她在爱情生活中追求纯粹。三十年代初,有一青年教授,中西文皆佳,其他条件亦优越,对她倾倒甚至。她亦喜其人,遂订婚。订婚后,发现其人行与言违,遂单独登报声明解除婚约。日据时期,一位日本宪兵爱上她,穷追不止,被她坚拒。她对国家怀有一份深沉的爱。北平沦陷,她在迷茫一个阶段后,积极投身抗日洪流中。1944年2月,她开始从事国民党地下抗日工作,并由董洗凡介绍,加入国民党,3月被日本宪兵队逮捕,被拘押51日,颇受折磨。

俞大酉1940年拜贺培新为师,学习桐城派诗古文辞、篆刻;且与贺家小妹又新义结金兰,酬唱不绝。为得桐城派真传,她将贺培新笺注的吴闿生纂《古文范》《古今诗范》工楷钞录一过。因其在平津教育界、新闻界的重要地位和突出的创作成就,也因其坎坷、苦难的遭遇,她成为莲池学者群体的最后代表,也是整个桐城派的终局人物之一。俞大酉的诗文,无论文言,还是白话,其义法与桐城、莲池诸老一脉相承,其思想的新锐、深刻,则已后来居上。关于妇女解放,俞大酉在1946年撰写的《纪念国际妇女节》中以为,真的妇女解放,决不仅在妇女参政、谋与男子同权,而在争取经济独立。惟有经济独立的人,才有自由平等之可言。新的女性应以献身精神,负起建国责任,然后才能

---

① 俞大酉档案,稿本。

开拓自己的自由之路。关于民主宪政,俞大酉在 1946 年 9 月主撰的《民主政治与言论自由》中以为:民主政治最明显的象征,就是人民的言论自由;在 1947 年 1 月主撰的《对于宪法应有的认识》以为:现在只有实施宪政,才能使中国富强康乐。她对妇女和宪政问题颇具深度的思考闪耀着理性的光辉。

  俞大酉的作品生前没有结集出版。我所辑录的《俞大酉集》包括五部分内容:《涵沧室诗》《涵沧室文》《涵沧室诗补编》《涵沧室文补编》和《附录》。俞大酉的诗文手稿现藏国家图书馆,由贺培新 1949 年捐献。稿本封面题"涵沧室诗文",为贺培新手笔。《涵沧室诗文》所录作品撰于 1940 年至 1942 年间。《涵沧室诗文》辑入《俞大酉集》时,未用"涵沧室诗文"之题,而以"涵沧室诗"、"涵沧室文"名之。我把从《辟才杂志》《妇女家庭》《好朋友》《新民青年讲坛讲演集》《天津民国日报》《岁寒集》《耀华学校二十年同学录》等报刊书籍中搜集的俞氏之作分别辑入《涵沧室诗补编》《涵沧室文补编》。《附录》辑入的是俞大酉的友人贺又新、刘叶秋、齐纪图、黄稚荃的相关之作。需要说明者,1945 年 10 月至 1947 年 7 月,《天津民国日报》发表六百余篇社论。这些社论中,有相当一部分出自总主笔俞大酉之手。非俞大酉亲撰的社论,或由其约稿,或经其修改,既体现报社立场,也反映其观点。由于这些社论多不署名,《俞大酉集》一概搁之不录。

(原为《贺增新集·前言》,凤凰出版社,2016 年 9 月第 1 版)

毛泽东与桐城派

在青年时代,毛泽东有六年时间接受桐城派的陶铸。此后,他长期浸润于包括桐城派在内的古典传统里。他的盖世才华中,煌煌著作内,积淀着桐城派的丰富元素。1949年之后,伴随着政治、经济和文化的巨大变革,桐城派作为一个植根于古典传统的派别,终于在绵延数百年之后画上句号。桐城派虽然终结了,但桐城之学一定程度上则借助毛泽东的无上权威和文采风流而走进无数读者的精神世界。

一、寝馈于桐城之学

毛泽东在人生的起点上即迈进了桐城派之门。1912年下半年,他年十九,在湖南省图书馆自修时,阅读了严复翻译的一系列世界名著,初步触摸到进化论等西方思想,也初步体验到严复以桐城笔法所营造的文境之美。1913年春至1918年六月,他在湖南省立第四师范学校和第一师范学校读书时,在国文老师袁仲谦、伦理学老师杨昌济教诲下,研读韩愈、曾国藩、方苞、姚鼐、吴汝纶和孔孟程朱的著作,受到了桐城派的基本训练。

把毛泽东引向桐城之学的,最初是严复的译著。1912年秋冬,毛泽东在自修中的最大收获,是读到了严译赫胥黎的《天演论》、约翰·穆勒的《穆勒名学》、亚当·斯密的《原富》和孟德斯鸠的《法意》等。① 《天演论》由赫胥黎的《进化论与伦理学》前半部分改编翻译而成。赫胥黎认为,生物界的发展规律是物竞天择,适者生存。严复在按语和夹译夹议中认为,这一生物界的发展规律同样适用于人类社会。他试图在国家忧患中惊醒麻木的灵魂。《天演论》出版后,一时洛阳纸贵,在飘摇的中国引起强烈震荡。进化论作为一种新的世界观,自此成为近代思想界的主流。

《天演论》是一部具有桐城派特色的译著。鲁迅说:该书"桐城气息十足,连字的平仄也都留心,摇头晃脑的读起来,真是音调铿锵"②。《天演论》中的桐城派特色,是严复师法吴汝纶的直接结果。吴汝纶是桐城派一代文宗,又是清末开眼看世界的学坛领袖,深为严复所仰慕。严复自 1896 年开手翻译《天演论》后,不断致书吴汝纶,请教翻译问题。吴汝纶则诲人不倦,从体例、文体、语言和译名等方面悉心指导。这些指导大半为严复采纳。例如,《天演论》上卷十八篇,采用吴拟篇名十七;下卷十七篇,采用吴拟篇名十一;严复自题者只有七篇。③ 吴汝纶对《天演论》评价很高:"自中土翻译西书以来,无此闳制,匪直天演之学在中国为初凿鸿蒙,亦缘自来译手无似此高文雄笔也"④;"乃骎骎与晚周诸子相上下"⑤。桐城派在曾国藩以前以唐宋之文为楷式,在曾国藩之后以先秦西汉之文为典范。吴汝纶称严译直逼晚周诸子,正是在新范式下,对严复的高度礼赞。此外,严译《原富》问世前,吴汝纶也与严复一起细心切磋琢磨,并作序推介。严译声华籍甚,除了其内容震撼人心外,也与其含蕴桐城特色和吴汝纶鼎力揄扬有关。毛泽东通过阅读严译,首次接触到进化论等西方思想,也首次接触到桐城派的文风。

---

① 中共中央文献研究室编:《毛泽东年谱(1893—1949)》(修订本,上卷),北京:中央文献出版社,2013 年,第 13 页。
② 鲁迅:《关于翻译的通信》,见《二心集》,《鲁迅全集》(四),北京:人民文学出版社,1981 年,第 381 页。
③ 沈寂:《吴汝纶与严复译著》,载《安徽大学学报》,2006 年第 4 期,第 110~116 页。
④ 吴汝纶:《答严幼陵》,见《吴汝纶全集》(三),合肥:黄山书社,2001 年,第 144 页。
⑤ 吴汝纶:《天演论序》,见《吴汝纶全集》(一),合肥:黄山书社,2001 年,第 147 页。

把毛泽东直接引向桐城之学的，是其国文教师袁仲谦。晚清湖湘文坛是桐城派的天下，曾国藩、吴敏树、杨彝珍、孙鼎臣、郭嵩焘、舒焘和欧阳勋等，均对姚鼐之学笃好不厌。袁仲谦为光绪丁酉科（1897）举人，在湖湘浓郁的桐城派氛围中走上求学、治学和教学道路，对桐城派情有独锺。毛泽东在湖南四师和一师就读五年半，深受袁仲谦宠异。① 本来，毛泽东习文的楷模是梁启超。1910年秋，他在湘乡县高等小学堂读书时，对梁启超主编的《新民丛报》爱不释手，既叹服梁启超的思想，也为其笔锋常带情感的新文体所征服。夙不喜桐城文的梁启超，恰为袁仲谦所轻蔑。袁仲谦命毛泽东放弃梁笔，改学桐城文，以韩愈为师。②

毛泽东走向桐城之学与其历史教师颜昌峣也不无关系。颜昌峣曾留学日本，著述甚丰，是湖南近代学坛名家。在岳麓书院求学时，从游王先谦之门，受桐城诗古文法。其学主于经世；其文远效韩欧，近法曾国藩，博大之气充于篇章，颇得吴汝纶赏识。吴汝纶曾谓："文章之衰久矣，息庵殆将起而振之也。"③息庵为颜昌峣之号。颜氏曾撰《桐城派古文之建立及其流别》，对桐城派源流正变述之周详。1915年，他受湖南一师之聘，担任毛泽东的历史教师。1920年，毛泽东倡导湖南自治，他撰写《湖南自治的商榷》加以评论。现存有关毛、颜往还的资料不多。但颜氏治桐城之学颇有造诣，其与袁仲谦等教师在湖南一师营造了一个推崇桐城派的氛围，对毛泽东的走向桐城之学当然会有所助益。

文承韩欧是桐城派的家法。自方苞到吴汝纶，韩愈在桐城文统中一直位居首席。袁仲谦绍继的，正是桐城派的尊韩传统。毛泽东听从袁仲谦指点，对韩愈作了深入研修。他在长沙旧书铺购到一部廉价的宝庆版《韩昌黎诗文全集》。此书页面破损，文字有讹。他借来经袁仲谦批注过的韩集，逐页逐字

---

① 陈家驹：《袁仲谦大事年谱》；俞慕：《袁吉六先生传》，见《毛泽东的国文老师袁仲谦》，香港：香港国际展望出版社，1992年，第61~69页，第166页。

② ［美］埃德加·斯诺著、董乐山译：《西行漫记》，北京：读书·生活·新知三联书店，1979年，第121页。

③ 李肖聃：《珍涟山馆文集序》，见《李肖聃集》，长沙：岳麓书社，2008年，第151页。

校勘，改误补损，花去了数月闲余功夫。他借助字典和注释，对韩文的字、词、句、篇和意义深研细究，并做圈点批注。融会贯通后，又对之进行反复默读和朗诵。经过持久用功，他对韩集大部分诗文能够流利背诵。① 在现存毛泽东1913年十月至十二月所记《讲堂录》②中，涉及韩愈的诗文就有《荆潭唱和诗序》《浑州溪堂诗并序》《猫相乳》等十余篇。多数作品后面，都有他对词、句的释义和相关内容的评议。

学行规随孔孟程朱是桐城派另一条家法。自方苞、姚鼐到曾国藩，桐城派诸家都是儒家正统观念的坚定信仰者和捍卫者。曾国藩的道德、事功和文章冠冕一代，其理学素养出类拔萃，是晚清宋学阵营的一面旗帜。1913年冬，毛泽东由袁仲谦、杨昌济指导，广泛阅览了曾国藩撰《曾文正公家书》《曾文正公日记》《圣哲画像记》和其他儒者的著作。他对曾国藩高山仰止，说："有办事之人，有传教之人。前如诸葛武侯、范希文，后如孔孟朱陆王阳明等是也。宋韩范并称，清曾左并称。然韩左办事之人也，范曾办事而兼传教之人也。帝王，一代帝王；圣贤，百代帝王。"③办事，指事功；传教，指建立并传播学说以影响当代和后世。毛泽东以为，孔子、孟子、朱熹、陆九渊和王守仁是传教者，诸葛亮、韩琦和左宗棠是办事者，只有曾国藩和范仲淹是办事、传教兼而有之，可称圣贤而不朽。1917年八月二十三日，他在致黎锦熙的信中以为，曾国藩学有根柢，得宇宙之大本大源，收拾洪杨一役完满无缺。因此他说："愚于近人，独服曾文正。"④所谓曾国藩的传教、学有根柢，指的就是其持有儒家正统学养。

---

① 周世钊：《毛主席青年时期刻苦学习的几个故事》，载《中国青年》，1961年，第19、20期合刊。

② 《讲堂录》中有毛泽东的看法，也有其师袁仲谦、杨昌济的见解，现已无法分清彼此。根据常理，袁、杨的见解，即经毛泽东有选择地笔之于书，自然多为他所首肯。因此，本文基本将《讲堂录》中的观点，视为毛泽东的意见。

③ 毛泽东笔记：《讲堂录》，见《毛泽东早期文稿》，长沙：湖南人民出版社，2008年，第533页。

④ 毛泽东：《致黎锦熙》，见《毛泽东早期文稿》，长沙：湖南人民出版社，2008年，第73页。

方苞、姚鼐和吴汝纶是桐城派标志性人物。1913年冬,毛泽东接触到方姚吴之作。方苞闻听友人翁荃行为不检,作《与翁止园书》讽切微至。毛泽东在《讲堂录》中云:"《与翁止园书》,戒淫也。淫为万恶之首,而意淫之为害,比实事尤甚。当懔懔然如在深渊,若履薄冰。"① 范蠡之子杀人,系于楚。蠡因所托非人,致使营救失败。姚鼐作《范蠡论》,得出"君子重修身而贵择交"的结论。毛泽东视姚鼐此文为史论典型,赞其结论:"作史论当认定一字一句为主。"② 姚辑《古文辞类纂》,毛泽东在1915年即已熟悉;1949年后仍喜而不厌,"从北京图书馆借来看后还了回去,过了不几天又要看。就这样借了还,还了借,他不知看了多少遍"③。1959年十月二十三日外出,他指名携带的图书中,就有《古文辞类纂》。④ 吴汝纶的手笔,毛泽东在阅读《天演论》《原富》时已经领略过。日本学者西师意是吴汝纶弟子,所撰《实学指针》备述英俄德美之富盛,以激励中国士夫愧愤感发,思所以自振拔。吴汝纶在序中对此深表感佩。毛泽东阅读《西师意〈实学指针〉序》时,对书中所涉推动西方工业革命的学者加以记注。⑤

此外,桐城派的支流阳湖派也进入毛泽东的视野。毛泽东关注到阳湖派的领袖恽敬。他在《讲堂录》中特意为恽敬立了小传:"恽敬,字子居,江苏阳湖人。前清乾隆癸卯举人,官江西瑞金知县,有《大云山房集》。世称其文为阳湖派。"⑥ 同时,他还揭示了桐城派、阳湖派的差异:"桐城、阳湖各有所胜。

---

① 毛泽东笔记:《讲堂录》,见《毛泽东早期文稿》,长沙:湖南人民出版社,2008年,第530页。
② 毛泽东笔记:《讲堂录》,见《毛泽东早期文稿》,长沙:湖南人民出版社,2008年,第531页。
③ 忻中:《毛主席读书生活纪实》,载《社会科学战线》,1984年第4期,第4页。
④ 逄先知:《博览群书的革命家》,见《毛泽东的读书生活》,北京:中央文献出版社,2003年,第22页。
⑤ 毛泽东笔记:《讲堂录》,见《毛泽东早期文稿》,长沙:湖南人民出版社,2008年,第538页。
⑥ 毛泽东笔记:《讲堂录》,见《毛泽东早期文稿》,长沙:湖南人民出版社,2008年,第527页。

言其要者,可以一言蔽之:桐城发而阳湖朴。"①

二、得之于桐城者

毛泽东长期浸渍于桐城之学,在思想、文艺观念、审美趣味和写作风格等方面,均受到桐城派影响。

毛泽东通过严译《天演论》接受了进化论。一是,他接受了《天演论》中阐述的运动、变化、斗争、发展的自然观,即在斗争中求生存,在变化中求发展;二是,他强调中国若要图存、适应世界发展的竞争潮流,就必须重塑国民精神,对于旧思想、旧道德,花大力气摧陷廓清。只有以变为本,涤旧染新,中国才会重生。他说:"国家有变化,乃国家日新之机,社会进化之必要。"②二十世纪七十年代,他还数次提到达尔文、赫胥黎和严复,提到进化论,在批判的同时,仍然给予高度赞誉。③他晚年的继续革命思想就显然有进化论背景在。

毛泽东通过曾国藩等真正接受了儒家正统思想。在私塾读书六年,他已经接触过四书五经,虽不懂其意,但相信孔夫子。在师范,他通过曾国藩和其他儒者的著作,才开始进入儒家的思想世界。他敬佩孔孟,以为他们得宇宙"大本"④;敬佩朱熹,赞其"千载德犹馨"⑤。1919年初,他在南下上海途中,尽管一贫如洗,仍然去曲阜和邹县朝圣。⑥他这一时期的作品正面引述孔孟程

---

① 毛泽东:《致黎锦熙》,见《毛泽东早期文稿》,长沙:湖南人民出版社,2008年,第527页。
② 陈晋:《毛泽东读书笔记解析》(上),广州:广东人民出版社,1996年,第49页。毛泽东:《致黎锦熙》《〈伦理学原理〉批注》,见《毛泽东早期文稿》,长沙:湖南人民出版社,2008年,第73页,第176~177页。
③ 张平:《〈天演论〉前半是唯物的,后半是唯心的》,见柳文郁、唐夫编:《毛泽东评点古今诗书文章》(中),北京:红旗出版社,1998年,第733~734页。
④ 毛泽东:《致黎锦熙》,见《毛泽东早期文稿》,长沙:湖南人民出版社,2008年,第74页。
⑤ 汪澍白:《传统下的毛泽东》,北京:中国青年出版社,1996年,第56页。
⑥ [美]埃德加·斯诺著、董乐山译:《西行漫记》,北京:读书·生活·新知三联书店,1979年,第128页。

朱之处俯拾即是。单是一篇《体育之研究》，征引四书五经即有八、九处。《〈伦理学原理〉评语》所用概念，如良知、良能、知性和浩然之气等，也多出自《孟子》。① 1959年十月二十三日，他外出指名携带的书单上，仍有朱熹的《四书集注》②。虽然他的思想几经转向，但由方姚所发扬而被曾国藩所光大的孔孟程朱道统，仍是其重要的思想资源。

　　毛泽东接受了桐城派文以载道的理论。文以载道是桐城派文论的核心。桐城派诸家对儒家传统中零散的文以载道思想进行了系统总结和有力阐释。从方苞到曾国藩，桐城诸家无不主张以文阐道翼教。他们尽管强调文人之能事，但仍然以为，道是主宰，文则处于从属地位。毛泽东受到桐城之学陶铸后，将程朱理学、韩愈文章打并一处，提倡儒者之文，贬抑文人之文，并拈出做人与作文、文与道的命题。他说："儒者之文与文人之文不同。儒者之文清以纯，文人之文肆而驳。"③儒者之文所载之道正，因而显得清以纯；文人之文往往漠视文的载道功能，因而显得肆而驳，而不足观。要做到道正，首先要做到人正。要做到人正，就要"以贤圣为祈向"，"为学重在行事"。以贤圣为祈向，"孝义廉耻即生"；为学重在行事，"行有余力则以学文"。④ 1915年九月六日，他在给萧子升的信中，阐述曾国藩所论义理、考据、辞章、经济四科之学时云：《经史百家杂钞》"上自隆古，下迄清代，尽揽四部精要"；"干振则枝披，将麾则卒舞"；"国学者，统道与文也。姚氏《类纂》畸于文，曾书则二者兼之，所以可贵也"。⑤ 其实，姚鼐、曾国藩皆主文以载道，皆以为考据、辞章应以义理为归。所不同者，姚鼐卫道已甚，曾国藩则甚之甚者，同时纳经济于义理，显现

---

①　汪澍白：《传统下的毛泽东》，北京：中国青年出版社，1996年，第35页。
②　逄先知：《博览群书的革命家》，见龚育之、逄先知、石仲泉：《毛泽东的读书生活》，北京：中央文献出版社，2003年，第22页。
③　毛泽东笔记：《讲堂录》，见《毛泽东早期文稿》，长沙：湖南人民出版社，2008年，第530页，第538页。
④　毛泽东笔记：《讲堂录》，见《毛泽东早期文稿》，长沙：湖南人民出版社，2008年，第529页。
⑤　毛泽东：《致萧子升》，见《毛泽东早期文稿》，长沙：湖南人民出版社，2008年，第22～23页。

道的实践品格。《古文辞类纂》乃文以载道之作，毛泽东仍嫌其偏重于文，以为《经史百家杂钞》突出"干"，也就是道的主体作用，才算文道兼备，难能可贵。可知他在文道关系中，对道是怎样看重。1942年五月，毛泽东的《在延安文艺座谈会上的讲话》就是一个文以载道的经典文本。"以政治标准放在第一位，以艺术标准放在第二位"①，是他对文道关系的最后定论。这一定论与桐城之学若合符节。

毛泽东接受了桐城派重视技巧的传统。在追随袁仲谦学文时，他很看重行文技巧，提出："文贵颠倒簸弄，故曰做。"②颠倒簸弄，就是技巧。1938年四月二十八日，他在鲁艺所作《怎样做艺术家》的演讲中，明确提倡向桐城派的讲究技巧学习："清代桐城派作文讲义法，用现在的术语来说，就是讲技巧，这也是要学的。因为没有良好的技巧，便不能表现丰富的内容。"③1955年十月十一日，他把行文技巧具体归结为逻辑、文法和修辞："写文章要讲逻辑。就是要注意整篇文章、整篇说话的结构，开头、中间、尾巴要有一种关系，要有一种内部的联系，不要互相冲突。还要讲文法。许多同志省掉了不应当省掉的主词、宾词，或者把副词当动词用，甚至于省掉动词，这些都是不合文法的。还要注意修辞，怎样写得生动一点。总之，一个合逻辑，一个合文法，一个较好的修辞，这三点请你们在写文章的时候注意。"④如此重视技巧，不能不说是拜他早年钻研桐城义法所赐。

《讲堂录》中有关技巧的话语多可视为对桐城派文论的复述和阐发。例如，桐城派学者和毛泽东均以为，材料与技巧应该统一。刘大櫆说："大匠操斤，无土木材料，纵有成风尽垩手段，何处设施？然即土木材料，而不善设施

---

① 毛泽东：《在延安文艺座谈会上的讲话》，见中共中央文献研究室编：《毛泽东文艺论集》，北京：中央文献出版社，2002年，第73页。
② 毛泽东笔记：《讲堂录》，见《毛泽东早期文稿》，长沙：湖南人民出版社，2008年，第531页。
③ 陈晋：《毛泽东与文艺传统》，北京：中央文献出版社，1992年，第94页。
④ 毛泽东：《农业合作化的一场辩论和当前的阶级斗争》，见《毛泽东选集》（五），北京：人民出版社，1977年，第217页。

者甚多,终不可为大匠。故文人者,大匠也。义理、书卷、经济者,匠人之材料也。"① 毛泽东说:"经史百家,天人理数,章程典故,草木虫鱼,何一而非文之材。剪裁运用,起伏开合,变化错综,何一而非文之法。明季之失,在法不足;今人之短,在材不足。"② 桐城派学者和毛泽东均以为,文贵简。刘大櫆说:"文贵简。凡文,笔老则简,意真则简,辞切则简,理当则简,味淡则简,气蕴则简,品贵则简,神远而含藏不尽则简,故简为文章尽境。"③ 毛泽东说:"题须简要";"古文之道,简切明白"。④ 另外,毛泽东说:"词少而意多,字少而理多,斯为妙文矣";"性情、识见俱到,可与言诗矣";"惟是识见必高,气脉必贯,乃能无缝焉";"文以理胜,诗以情胜";"无论诗文,切者斯美";"善击鼓者击边。操觚者不可不解此";"谈理要新,学文要古"。⑤ 等等。这些说法多可在桐城派文论中寻得渊源。

毛泽东具有桐城派推尊的刚柔并济而以阳刚为主的审美趣味。在中国文学批评史上,姚鼐首次对阳刚与阴柔的关系作了深度论述。在《复鲁絜非书》《海愚诗钞序》中,他从形而上的角度指出,文章之原本乎天地之道,道含阴阳,文有刚柔。世间之文,纯刚或纯柔都非文之至。文之至者,或偏于阳刚,或偏于阴柔。受《周易》之后形成的尚阳而下阴、申刚而绌柔的传统影响,姚鼐推崇的是阳刚中含蕴阴柔而以阳刚为主的风格。⑥ 这一审美祈向为后来多数桐城派学者所尊。毛泽东与姚鼐一样,不喜欢一味铜琶铁板或一味儿

---

① 刘大櫆:《论文偶记》,见王水照编:《历代文话》(四),上海:复旦大学出版社,2007 年,第 4107 页。

② 毛泽东笔记:《讲堂录》,见《毛泽东早期文稿》,长沙:湖南人民出版社,2008 年,第 544 页。

③ 刘大櫆:《论文偶记》,见王水照编:《历代文话》(四),上海:复旦大学出版社,2007 年,第 4112 页。

④ 毛泽东笔记:《讲堂录》,见《毛泽东早期文稿》,长沙:湖南人民出版社,2008 年,第 527 页,第 528 页。

⑤ 毛泽东笔记:《讲堂录》,见《毛泽东早期文稿》,长沙:湖南人民出版社,2008 年,第 539 页,第 526 页,第 527 页,第 540 页。

⑥ 姚鼐:《海愚诗钞序》,见《惜抱轩文集》卷四,刘季高标校:《惜抱轩诗文集》,上海:上海古籍出版社,1992 年,第 48 页。

女情长。他可以欣赏刚柔兼有而以阴柔为主的作品,但他的兴趣则偏于阳刚而不废阴柔。1957年八月一日,他在评论范仲淹的《苏幕遮·碧云天》《渔家傲·塞下秋来风景异》时说:"词有婉约、豪放两派,各有兴会,应当兼读。读婉约派久了,厌倦了,要改读豪放派。豪放派读久了,又厌倦了,应当改读婉约派。我的兴趣偏于豪放,不废婉约。婉约派中有许多意境苍凉而又优美的词。范仲淹的上两首,介于婉约与豪放两派之间,可算中间派吧。但基本上仍属婉约,既苍凉又优美,使人不厌读。婉约派中的一味儿女情长,豪放派中的一味铜琶铁板,读久了,都令人厌倦的。人的心情是复杂的,有所偏但仍是复杂的。所谓复杂,就是对立统一。人的心情,经常有对立的成分,不是单一的,是可以分析的。词的婉约、豪放两派,在一个人读起来,有时喜欢前者,有时喜欢后者,就是一例。"① 豪放即阳刚,婉约即阴柔。毛泽东这里表达的识见与姚鼐可谓契合无间。他以为人的审美趣味会随心情的不同而生变化,则要比姚鼐进了一层。②

毛泽东如桐城派学者那样极重文章神气和气势。刘大櫆说:"行文之道,神为主,气辅之";"古人行文至不可阻处,便是他气盛。非独一篇为之,即一句有之。古人下一语,如山崩,如峡流,觉拦挡不住"。③ 姚鼐、曾国藩对刘大櫆的神气理论有更深开拓。毛泽东认为,为人和为文应有神气。这神气,鲁迅有,朱自清则无。④ 他以为文章要有气势:"文章须蓄势。河出龙门,一泻至潼关。东屈,又一泻至铜瓦。再东北屈,一泻斯入海。当其出伏而转注也,

---

① 毛泽东:《读范仲淹词二首批语》,见中共中央文献研究室编:《毛泽东读文史古籍批语集》,北京:中央文献出版社,1993年,第27~29页。

② 关于毛泽东"偏于豪放,不废婉约"的审美特点,在董学文著《毛泽东和中国文学》中的《偏于豪放》《不废婉约》两节有详细论述。详见董学文:《毛泽东和中国文学》,沈阳:春风文艺出版社,1994年,第177~207页。

③ 刘大櫆:《论文偶记》,见王水照编:《历代文话》(四),上海:复旦大学出版社,2007年,第4107~4109页。

④ 陈晋:《毛泽东与文艺传统》,北京:中央文献出版社,1992年,第81页。

千里不止,是谓大屈折。行文亦然。"①文章气势应如黄河之水天上来,千里大起伏、大屈折后,奔腾到海。

  毛泽东如桐城派学者那样极重《史记》和屈骚,喜欢吟诵诗古文辞。桐城派把《史记》视为圣经。归有光、方苞对《史记》的评点,是向来桐城派学者的为文指南;《古文辞类纂》和《经史百家杂钞》收录了《楚辞》中大量作品,屈原的《离骚》尤其受到推扬;桐城派讲究因声求气,各家均把吟诵当成欣赏和写作的要着。毛泽东在向袁仲谦习文时,接触到司马迁及其《史记》和屈原的作品。他在《讲堂录》中说:"马迁览潇湘,泛西湖,历昆仑,周览名山大川,而其襟怀乃益广。"②他用工笔全文钞录了《离骚》和《九歌》,置于《讲堂录》之前。1949 年之后,他一直研读《史记》《离骚》不辍。③ 关于吟诵,在《讲堂录》中,他特意记下曾国藩的话:"作诗文以声调为本。"④他研读韩集,吟诵各篇,直至烂熟。1957 年八月一日,他"睡不着,哼范词。"⑤1962 年,他发表《词六首》时说:"这六首词,是一九二九——一九三一年在马背上哼成的。"⑥这个"哼",就是吟诵。他身边的一些工作者还记录了其在不同境遇中吟诵诗文的生动情景。

  毛泽东著作中弥漫着桐城之学的气息。他曾说:"我钻研韩愈的文章,学会了古文文体。所以,多亏袁大胡子,今天我在必要时仍然能够写出一篇过

---

  ① 毛泽东笔记:《讲堂录》,见《毛泽东早期文稿》,长沙:湖南人民出版社,2008 年,第 531 页。
  ② 毛泽东笔记:《讲堂录》,见《毛泽东早期文稿》,长沙:湖南人民出版社,2008 年,第 530 页。
  ③ 张贻玖:《常读〈离骚〉,"有所领会,心中喜悦"》,见《毛泽东读诗》,北京:当代中国出版社,2012 年,第 12~19 页。
  ④ 毛泽东笔记:《讲堂录》,见《毛泽东早期文稿》,长沙:湖南人民出版社,2008 年,第 5535 页。
  ⑤ 毛泽东:《读范仲淹词二首批语》,见中共中央文献研究室编:《毛泽东读文史古籍批语集》,北京:中央文献出版社,1993 年,第 29 页。
  ⑥ 毛泽东:《词六首》,载《人民文学》,1962 年 5 月号,第 3 页。

得去的文言文。"①袁大胡子指袁仲谦。毛泽东的文言文深受桐城派影响,收在《毛泽东早期文稿》中的数十篇文言文,从用词到气势,颇有韩愈、曾国藩的行文神韵。他1919年八月十五日所撰《祭母文》脱尽凡俗,语句沉着,笔力矫健,感情真挚。其中"恺恻慈祥,感动庶汇"两语,即取自曾国藩家书。② 不仅如此,桐城派的元素也渗透在他的白话文中。1969年,吴孟复被遣送乡下,劳其筋骨之余,细读毛选,"他咬文嚼字,划段析句,后来竟然从毛泽东的文风中发现与桐城派文章的相通之处"③。毛泽东长期寝馈于桐城之学,其著作自然带有桐城派的烙印。吴孟复乃桐城派嫡脉,老于为文,能窥破毛泽东的文风与桐城文章之间的关联,是一点也不足怪的。

此外,毛泽东青年时代重视颜李学说,与桐城派的推崇颜李学派息息相通。1917年,毛泽东说:"清之初世,颜习斋、李刚主文而兼武。习斋远跋千里之外,学击剑之术于塞北,与勇士角而胜焉"④,颇欣赏颜李重武的实践品格。桐城派中,方苞与颜李学派的李塨、王源交好;徐世昌自1916年起倡导颜李实学,后以总统之尊,下令将颜李从祀孔庙,又创办四存学会、四存中学和《四存月刊》,主纂《颜李丛书》,扩充了桐城派的道统,在思想界产生重大影响。颜李之学倡扬实学和躬行实践,具有浓重的否定书本知识的反智倾向。颜元提出:"读书人便愚,多读多愚。"⑤1949年后毛泽东所云"卑贱者最聪明,高贵者最愚蠢"⑥,可视为颜李之学的当代回响。

毛泽东一生笃志嗜学,知识渊博,桐城之学仅是其知识结构中的一个部分。他的一些思想、文艺见解和创作特点往往从多个知识系统中提炼而出。那些与桐城派相同、相通或相近之处,有的直接得自桐城之学的启迪,有的则

---

① [美]埃德加·斯诺著、董乐山译:《西行漫记》,北京:读书·生活·新知三联书店,1979年,第121页。
② 李锐:《恰同学少年:毛泽东早年读书生活》,沈阳:万卷出版公司,2005年,第118页。
③ 纪健生:《吴孟复先生学术传略》,见《相麓景萝稿》,合肥:黄山书社,2013年,第10页。
④ 毛泽东:《体育之研究》,见《毛泽东早期文稿》,长沙:湖南人民出版社,2008年,第56页。
⑤ 颜元:《四书正误》卷二,见《颜元集》(上),北京:中华书局,1987年,第168页。
⑥ 李乔:《关于"读书人便愚,多读更愚"》,载《文化学刊》,2008年第1期,第168页。

同时得自其他知识系统。尽管如此,在其人生端点,他毕竟接受过桐城之学熏陶六年。桐城之学固然远不足以范围其精神,但在其思想和创作风格形成过程中起过较为重要的作用,却是不争的历史事实。

三、终结与存续

1949年后,在新的历史条件下,桐城派无可避免地走向式微。1995年,桐城派著名学者吴孟复逝世。此后,学坛上再无桐城派嫡传学者为其护法,浩荡数百年的桐城派终于落下大幕。

1949年后,毛泽东力倡阶级斗争,对包括桐城派学者在内的知识者进行了旷日持久的改造。他认为,桐城文章属于地主阶级文化的范围,古老而落后,没有近代性,连资产阶级文化也不如,在新的时代,已经用不着了。1956年八月二十四日,他在与中国音乐家协会负责人谈话时说:"中国的资产阶级和他们的知识分子,人数虽少,但是他们有近代文化,我们现在还是要团结他们。地主阶级也有文化,那是古老文化,不是近代文化,做几句旧诗,做几句桐城派的文章,今天用不着。"①章士钊的名著《柳文指要》扬柳抑韩,辟桐城而颂阳湖,得到他的首肯。1965年八月五日,他在致康生的信中说:章著"颇有新义引人入胜处,大抵扬柳抑韩,翻二王、八司马之冤案,这是不错的。又辟桐城而颂阳湖,讥帖括而尊古义,亦有可取之处"②。在批林批孔、评法批儒运动中,他又把桐城派托命所在的孔孟程朱之道作了根本否定。值得注意的是,在政治生活中否定儒家正统思想,否定桐城派,并没有完全妨碍他转过身来继续阅读朱熹的著作和桐城派的经典。但不可否认,他所作出的对包括桐城派学者在内的知识者进行改造的重大决策,对儒家正统思想和桐城派的

---

① 毛泽东:《同音乐工作者的谈话》,见中共中央文献研究室编:《毛泽东文艺论集》,北京:中央文献出版社,2002年,第150页。
② 毛泽东:《致康生》,见中共中央文献研究室编:《毛泽东文艺论集》,北京:中央文献出版社,2002年,第336页。

公开否定，直接决定着此派的命运。因此，在探究桐城派终结的诸多原因时，他的阶级斗争理论与实践所带来的后果不能不加以考虑。

但是，必须看到，1949年后，毛泽东对桐城派的核心理论文以载道和所究心的艺术技巧仍然表示肯定；对桐城派提倡的阳刚之美仍然表示欣赏。他的著作中渗透着桐城派的基因，其元气淋漓的阳刚气派尤其与桐城派的美学追求针芥相投。此外，他也曾与桐城派学者一样，对颜李之学怀有敬意。桐城之学正是通过他的著作润物无声地影响着天下无数读者，影响着无数读者的思想和审美趣味。桐城派固然终结了，但桐城之学中的一些元素则借助毛泽东的至尊地位和锦绣文章而曲折地得以存续。

（原载《安徽大学学报》2016年第6期）

论桐城派学者李诚的经世致用精神

桐城派学者李诚(1906—1977)的经世致用精神,其弟子吴孟复、李克强阐述得清晰而的当。1978年,吴孟复在《敬夫李先生传》中说:李先生"虽老而学益勤,以复兴中华文化为己任。日走图书馆,就借《元和郡国》《太平寰宇》及明清诸志书,择其涉经济、文化者,手自录之,积稿数尺。尝谓:'顾氏重军事,戴君讲沿革,而经济、文化犹缺焉,吾补其缺而已。'意盖将以裨世用也"①。1997年,李克强在《追忆李诚先生》中说:"表面看来,李先生是个纯粹的学者。其实在他的内心深处,始终蕴藏着一种对国家、对民族强烈的责任感。他并非是一个为趣味而读书的人。记得七十年代中期的一个夏天,我从乡村回城探亲,当去看望李先生时,发现他正半跪式地趴在一张小凉床前挥汗如雨般地写作。小床上铺满了线装书和平装书,约几十本。李先生对我说,他想写一部《中国历史地理概论》,从历史地理的角度来讲述中华文化的变迁。……究其本意,则是要说明中华文化是绵延不绝的,是必然要中兴的。讲到慷慨处,李先生引出顾炎武写《日知录》的开头语:'天下兴亡,匹夫有责',而且说他要把这八个字写进卷首语中。"②李诚经世致用精神的实质,便是吴孟复所说的"以复兴中华文化为己任",便是李克强所说的"对国家、对民

---

① 吴孟复:《敬夫李先生传》,稿本。
② 李克强:《追忆李诚先生》,载《安徽日报》,1997年5月15日,第7版。

族强烈的责任感"。

李诚屡经乱离而著述不辍。其传世的著作有数十种,一百三十余万言。① 虽经岁月剥蚀,李诚生平史料的主体部分仍然留存完好。本文拟以李诚的全部作品和其生平史料为基础,试着对其经世致用精神的内涵进行论证,对其经世致用精神形成的原因作出解释。

一、致用与求真

在理论上,李诚为学既强调致用,又主张求真。他以为,理想的学术境界,是致用与求真的统一。

李诚在现代学者中最服膺章太炎。章太炎论学,颇重经史之学的致用功能。1933年,在论读史与中国文化复兴的关系时,章太炎说:"史之有关于国本者至大。秦灭六国,取六国之史悉焚之。朝鲜亡后,日人秘其史籍,不使韩人寓目。以今日中国情形观之,人不悦学,史传束阁,设天降丧乱,重罹外族入寇之祸,则不待新国教育三十年,汉祖唐宗,必已无人能知,而百年以后,炎黄裔胄,决可尽化为异族。然则居今而言复兴文化,舍注意读史外,其道奚由?"②1935年,在论经史之分合时,章太炎说:"承平之世,儒家固为重要。一至乱世,则史家更为有用。如《春秋》'内诸夏,外夷狄',树立民族主义。嗣后我国虽数亡于胡,卒能光复旧物,即收效于夷夏之闲也。"③1935年,在论读经有利无弊时,章太炎说:"方今天方荐瘥,载胥及溺,满洲亡而复起,日人又出其雷霆万钧之力以济之,诸夏阽危,不知胡底。……如我学人,废经不习,忘

---

① 李诚的著作除《古今名产琐记》《合肥史料辑》和个别篇章外,均收入诸伟奇教授主持整理的《李诚全集》(上、下),深圳:海天出版社,2019年。
② 章太炎:《读史与文化复兴之关系》,见《演讲集》(下),《章太炎全集》第二辑,上海:上海人民出版社,2015年,第538页。
③ 章太炎:《论经史儒之分合》,见《演讲集》(下),《章太炎全集》第二辑,第596页。

民族之大闲,则必沦胥以尽,终为奴虏而已矣。"①章太炎以为,经史之学能巩固国本,对于复兴华夏文化、树立民族主义、免为亡国之奴具有重大价值。李诚认同章太炎有关经史致用的观点,并在自己的作品中将章氏上述言论郑重予以摘引。

  1949年后,李诚进一步建立了为学务期有用的信念。20世纪五六十年代,科学应当为国家建设服务的思想成为学界主流。李诚深受学界主流思想影响,力主学以致用。1954年底,地理学家黄秉维在《科学通报》第11期发表《过渡时期地理学的任务与地理研究所改进工作的方向和办法》;1961年3月16日,地理学家黄盛璋在《人民日报》发表《历史地理学要更好地为社会主义建设服务》。这两篇文章均强调地理学应该在国计民生方面发挥作用。黄秉维说:"在过渡时期,我们最重要的具体任务首先应该是做好直接为国家经济建设服务的研究工作";"地理学可以为农业(包括农田水利)服务的方面更多,在农业基本建设、生产和社会主义改造中,地理工作都可能提供一些实际的帮助"。②黄盛璋说:"今后历史地理学的研究,首先要以服务国民经济建设作为重点。就当前国家和人民的需要而论,则要以为农业服务为主要努力方向。"③李诚拜读了黄秉维、黄盛璋的文章后,分别撰写了《与黄秉维同志书》和《关于研究历史地理的几点意见》,起而响应。他赞同黄秉维、黄盛璋之论,强调科学的实用价值,以为"一切科学都有共同的任务,即为国家经济建设、文化建设或国防建设服务"④。关于历史地理学科,李诚认为:"研究历史地理这一部门,虽然它表现的形式、通过的途径与自然科学有所不同,但在负

---

  ① 章太炎:《论读经有利而无弊》,见《演讲集》(下),第567页。案:李诚在《读书随笔》中引用章太炎此文时,将题目误写为章太炎撰《论经史实录不应无故怀疑》。此外,李诚引用章太炎上列三篇文章时,与原文文字略有出入。
  ② 黄秉维:《过渡时期地理学的任务与地理研究所改进工作的方向和办法》,载《科学通报》,1954年第11期,第21~22页。
  ③ 黄盛璋:《历史地理学要更好地为社会主义建设服务》,载《人民日报》,1961年3月16日,第7版。
  ④ 李诚:《关于研究历史地理学的几点意见》,稿本。

起这种任务中,一样可以尽一分力量。"①他举例说:陕西师范学院一位学者"在研究春秋战国时的农业以后,认为桑、稻在北方早就普遍栽植,只是后来由于水利系统遭受破坏,才逐渐衰落。北方的气候和土壤条件,二千年来,变化并不算大,如果恢复了水利工程,是可以把桑、稻的种植面积向北方扩大的。"这表明,"研究历史地理,并不是超越时代、脱离现实的工作,而是一样可以为国家建设服务的"。②

为了说明史地学科的致用性,李诚以历史事实为基础展开论证。他说:"湘中曾、左、胡三人,曾熟《三通》,左熟《通鉴》,胡熟《读史方舆纪要》。"晚清湖南名臣曾国藩、左宗棠和胡林翼均为经世之才。荡平太平军之后,曾国藩在中国的现代化建设方面,左宗棠在保卫西北疆土方面,作出了彪炳史册的贡献。而唐朝杜佑的《通典》、宋朝郑樵的《通志》和司马光的《资治通鉴》、元朝马端临的《文献通考》、清朝顾祖禹的《读史方舆纪要》,是中国文献学史上的名著。曾、左、胡的功业与他们熟读这些史地名著紧密相关。因此,李诚说:"史地为治学之本,亦治世之经。"③

自然灾害史是历史地理学科的一个分支。李诚认为,研究自然灾害具有实用价值。在古代,班固的《汉书·五行志》集中胪列自然灾害,并根据秦汉以来的阴阳五行学说,对每一自然灾害事件作出人事变动的解释。后来的史家多按班固的套路解释自然灾害。这些解释有歪曲,有附会,但其致用的意思却十分明确。李诚说:"推求班固作志的用意,也无非是神道设教,利用它来制约君权,使封建帝王不敢胡作非为。"他认为,当代学者应该将古代史家记载的自然灾害史料汇集起来,从而"理解自然,发现其规律,并进而驯服自然,将大自然力量引导到为人类谋幸福的途径","以供发展社会主义建设事业的参考"。④

---

① 李诚:《关于研究历史地理学的几点意见》,稿本。
② 李诚:《关于研究历史地理学的几点意见》,稿本。
③ 李诚:《读书随笔》,稿本。
④ 李诚:《怎样研究中国历史上的自然灾害规律》,稿本。

方志学是历史地理学科的另一个分支。李诚认为,好的方志应该述先启后、体国经野。他说:"方志之作,宜具述先启后之义。明沿革,详掌故,则述先也。重文献,明著录,所以扬榷学风;述物产,志水利,所以重民生;即叙山川古迹,亦须寓体国经野之意,则启后也。"①拿这样的标准衡之,李诚对旧的方志就很不满意了:"不根之谈,附会甚至于捏造之说,却不一而足。此外,十景八景,月露风云,自附风雅,而却是雅得那么俗。这由于当时修志人员,一般取足于一乡一邑,他们的耳目见闻,根本上就有局限性,同时又不能或者也不知向典籍中去下一番考证工夫,只是转相剿袭,毫无根据,于是方志的正确性,也就成问题了。"②

李诚对于提倡学以致用可能带来的弊端有着高度警惕。为了克服可能存在的弊端,李诚强调,学者治学必须"求真"③,不能为了致用的目的而歪曲、抹杀事实。李诚俯首的章太炎在强调学以致用的同时,格外提倡实事求是。他说:"学者将以实事求是,有用与否,固不暇计。……学者在辨名实,知情伪,虽致用不足尚,虽无用不足卑"④。"自周、孔以逮今兹,载祀数千,政俗迭变,凡诸法式,岂可适于晚近? 故说经者,所以存古,非以是适今也"⑤。对于章太炎上述灼见,李诚极表赞同。他说:章先生"这些话也是真理的一面。在着手研究历史地理的时候,遇到许多从现在看来是不重要而在当时却关系重要的资料,应该给予它应有的地位。这就是照顾到历史真象,保存着客观过程。"⑥又说:"对于历史工作者来说,就是要给历史以一定的科学地位,将历史事件的发生、发展和转变的具体情况,作具体分析,并且使历史哲学工作

---

① 李诚:《读书随笔》,稿本。
② 李诚:《与黄秉维同志书》,稿本。
③ 李诚:《关于研究历史地理学的几点意见》,稿本。
④ 章太炎:《与王鹤鸣书》,见《书信集》(上),《章太炎全集》第三辑,上海:上海人民出版社,2017年,第238页。
⑤ 章太炎:《与人论〈朴学报〉书》,见《书信集》(上),《章太炎全集》第三辑,第231页。
⑥ 李诚:《关于研究历史地理学的几点意见》,稿本。

者能从迷乱混沌、复杂纷纭中找出它的规律性。"①

在为学的致用与求真之间,李诚并无轩轾。他认为,为学最好能做到致用与求真的"统一"②。他说:从事历史地理研究,"在不歪曲真象、抹杀事实的同时,也就可以从这些史料中,证明着一切发展过程。在这个基础上,可以发见着社会发展的一般规律。人们因此了解自己的过去、现在,并自觉而积极地建设自己的将来。这不是利用社会发展规律来供实际的应用吗?不过这种实用意义的表现形式是曲线而已"③。"为了伟大的社会主义建设事业,我们必须对所汇集的史料做出正确结论。因而我们的态度,必须是审慎的,而不是轻率的"④。他理想的中国历史地理学著作,既"足以适应当代的需要",也能"达到一定的科学水平"。⑤

二、书生谋国

在实践上,李诚平生有四次在中国历史的重要时刻,根据所学,从战略角度对相关重大问题,或作出分析,或提出解决方案。由于处江湖之远,所得信息有限,李诚的议论未必的当,但其对国家的赤诚,却跃然纸面。

抗战军兴后,李诚转徙于皖南多家中学任教。他身在讲堂,心系疆场,时刻关注着中日力量的消长,关注着国家战时和未来的命运。1938年春夏间,日寇调集重兵进攻晋南,试图控制中条山,进窥大西北、大西南。卫立煌将军率大军在晋南建立中条山防线。这是中国在华北的唯一一个抗日的正面战场。1939年夏,中条山六六战役爆发。经过血战,中国军队打退日军大规模

---

① 李诚:《中国历代军事地理概论·序言》,稿本。
② 李诚:《关于研究历史地理学的几点意见》,稿本。
③ 李诚:《关于研究历史地理学的几点意见》,稿本。
④ 李诚:《怎样研究中国历史上的自然灾害规律》,稿本。
⑤ 李诚:《与黄秉维同志书》,稿本。

围剿,成功收复失地,粉碎了其西犯企图。① 李诚闻捷,欣然命笔,撰作《山西抗战之我见》,向忠勇杀贼的将士致敬,并对山西在抗战中的战略地位作了切中肯綮的分析。他认为,"山西一省,在抗战过程上,有其决定的因素"。就地理形势而论,山西"形势之胜,甲于全国"。它"地处建瓴,向为华北屋脊,据有山西,则可东窥幽冀,北出朔漠,南下河洛,西控关中。历代用兵,恒视晋省的得失,以卜大局的安危"。就物资而论,"山右之地,系我国资源的总汇,亦为我国经济的中心。我们为抗战,为建国,均须以山西做根据地"。如果山西的"富藏陷入倭寇之手,则又无殊助寇兵而赍盗粮,自使其凶焰益张,暴行愈肆"。就人力而论,"三晋之民,耐劳节俭,善于商贾,对于资本的蓄积,尤有无上的技能。古来'山西商人',在我国商业史上,占有光荣之一页。兼以地在燕赵之会,慷慨悲歌之士,代不乏人,比比皆是"。因此,若山西守而不失,"必为敌阀的坟墓"。② 早在秋浦宏毅学舍求学时代,李诚就撰有《山西形势论》一篇,以为"山西之形势,信乎未有其伦也。又况地为尧舜禹之故都,民风朴俭,粮糈充实,盗贼不作,无内顾之忧,尤非他省所及哉!"③显然,《山西抗战之我见》是《山西形势论》的深入发挥。

1950年6月25日,朝鲜得斯大林同意,发动对韩国的战争。④ 10月25日,中国人民志愿军赴朝作战。战争开始之时,李诚因新旧政权更迭而失业家居。他除了支持妻子陈爱女捐款拾元、献出结婚金戒指外⑤,又根据自己研究军事地理的心得和对国际大势的了解,"上书毛主席言军事"⑥。在这封信中,李诚究竟说了些什么,效果如何,现已无从考证。但他忧国之心,却是

---

① 杨圣清、富平宁:《中条山六六战役——"千余战士跳黄河史实考"》,载《百年潮》,2016年第9期,第58~68页。
② 李诚:《山西抗战之我见》,稿本。
③ 《秋浦周氏宏毅学舍课艺续编》卷三,第9~11页,油印本。
④ 沈志华:《1950:朝鲜战争是如何发生的》,载《同舟共进》,2010年第9期,第37~42页。
⑤ 李澧兰:《1959年一月十七日撰自传》,稿本。
⑥ 李诚:《李诚自传》,稿本。李诚说:这次上书,除了向毛泽东言军事,"并自陈失业。中共中央办公厅函嘱本县解决。李县长找我当文化馆长,我说搞不来街头工作,当面谢绝。县委姚书记替我反映上去,说我适宜于图书馆工作,但以后无下文"。

昭昭可辨。

自1969年4月中共九大召开至1971年,为了应对苏联、美国的军事压力,根据毛泽东决策,全国进入紧张的备战状态。① 在此期间,安徽和全国其他地方一样,备战搞得如火如荼。1970年冬,李诚年届65岁,已经开始为永诀人世做准备②,但强烈的济世之念令他欲罢不能。他奋笔疾书,撰就《合肥军事概论》一篇,就军事问题,为合肥执钧当轴者献策。李诚认为,首先,由于古今军事形势的变化,"历史陈迹等于棋谱,下棋的人可以看一看";其次,现在备战,须预想到临战体制。在临战体制中,"江淮之间,北抵蚌埠,南抵安庆、裕溪,西有大别山区,东有津浦铁路,自成一个单位,而合肥居中,这就肯定了合肥是江淮之间的指挥中心";第三,为巩固合肥,在备战时期,对江淮之间的安庆、巢湖、蚌埠、淮南煤矿、产米最多的县份无为等重要地区,应该有一些部署;第四,除了浖史杭水利工程外,应该开江淮运河,扩大滁河水量,以便战时有利于军事运输,并阻碍敌方推进。在文尾,李诚自注:"1970年冬,国内备战方殷,为合肥市人民武装部作。"可知,这篇文章是应现实需要而撰。

20世纪六十年代末七十年代初,在印度支那硝烟滚滚之时,中国对美国采取两种方针:"坚持革命外交,继续援越抗美;确立务实外交,寻求实现与美国缓和关系。"③1971年7月16日,中美双方发表基辛格访华公告,宣布尼克松总统即将访华。④ 这时,身在合肥的李诚密切注视着国内外局势的变化,

---

① 徐金洲:《1969年开始的全军临战状态何时结束——兼论准备"早打、大打、打核战争"与临战状态的关系》,载《当代中国史研究》,2016年第1期,第113~122页。中共九大政治报告以为:"我们决不可因为胜利,放松自己的革命警惕性,决不可以忽视美帝、苏修发动大规模侵略战争的危险性。我们要作好充分准备,准备他们大打,准备他们早打。准备他们打常规战争,也准备他们打核大战。"(林彪:《在中国共产党第九次全国代表大会上的报告(一九六九年四月一日报告,四月十四日通过)》,载《人民日报》,1969年4月28日)
② 何晓履在《敬夫先生挽诗》其三自注云:"1970年,予下放枞阳,先生来诀别,诵老杜句云:'便与先生应永诀,九重泉路尽交期。'今日追思,悼痛何已!"
③ 李丹慧:《中美缓和与援越抗美——中国外交调整中的越南因素》,载《党的文献》,2002年第3期,第67页。
④ 中共中央文献研究室编:《毛泽东年谱(1949—1976)》第六卷,北京:中央文献出版社,2013年,第386页。

撰作《上中枢书》一首,呈给中央政府首脑。在这篇文章中,李诚对印度支那战争、泰国革命和马六甲海峡等问题独抒己见。关于印度支那战争问题,李诚认为,中国应该采取重点突破策略。在美国倾注全力于湄公河以东之时,中国应该取远势于千里之外,抽调"一股强大力量,从老挝西侧,趋向湄南河以西,支援泰国人民武装,蹈隙乘虚,打开缺口,那就使美帝在东南亚形成腹背受敌,两线作战。这对湄公河以东战局,可能起相反相成的作用",使"美帝所欲控制的此一大陆边缘的垮台可以加快到来"。关于泰国问题,李诚认为,应该"把中国和印度支那三国的国际反帝统一战线扩大及于泰国。泰国南境滨临印度洋。一旦泰国建立革命政权,亦即国际反帝统一战线,在印度洋上取得口岸,而通往中近东和欧、非,除经由巴基斯坦外,又多一途径。而且在现代技术条件下,也还可以设想开凿克拉地峡,沟通印度、太平两洋,这就无异于掌握了第二个马六甲海峡"。关于马六甲海峡问题,李诚认为,"某一关键性地区,在长的历史时期中或在某一特定阶段,其得与失可以关系到某些国家的盛衰成败"。而"马六甲海峡为印度洋、太平洋交通要道,又是亚洲、大洋洲过渡地区,谁控制这一关键性地区,谁就能以形势胜人"。对于中国来说,最易实现的是,"延伸滇边铁路,经由老挝最西端,以达于泰国北境,与泰国铁路相衔接,就可以南达马来亚、新加坡,掌握马六甲海峡,扼住几个方面——美、英、苏、日——的咽喉。逐鹿之际,捷足先得。而我国据大陆之便,有建瓴南下之势,实可以先得之。纵然目前国家急务在于九边,但炎方瘴海亦百年大计之一,要未可等闲视之"。李诚的总结论是:"此一设想能否实现,关键在于泰国革命的是否成功。而泰国革命的成功,锁钥又操在我国手中。所以个人认为,目前世界革命的重点突破,是在湄南河以西,支援泰国革命,而扩大其战果,这是第一阶段。由此推进而至马来亚、新加坡,以控制马六甲海峡,则是第二阶段的事了。"①

---

① 李诚:《上中枢书》,稿本。

三、阐旧邦以淑世

李诚著述中最具原创的部分是那些释古之篇。李诚在释古时,强调庙堂之君应行仁政、重民事,褒扬提倡经世的今文经学,表彰安徽前贤的重气节、敢于犯颜直谏和学以致用的精神,揭露专制制度的阴暗,等等。其价值指向,均在以古讽今,有裨当世。

李诚在阐释儒家经典时指明,最高统治者应该躬行仁义,以民事为重。在讨论《诗经》中重民事的诗篇《思文》《七月》《公刘》《殷武》《云汉》《瞻卬》《楚茨》时,李诚说:"国需民以立,民需食以生。故古之有国者,皆以民事为重。""读《诗三百》而讨论之,而益知民事之讲否,关乎国运之兴衰。"又说:"惟其重民事以兴,而不讲民事以亡也。盖以民事之讲,则民上足以事父母,下足以畜妻子。不歉于衣食,则可敦之礼乐。礼乐遍于国中、于天下,由胜残去杀,而趋于郁郁文章矣。此天下所以不乱之由也。反之,民不足上事父母,下畜妻子,衣食之不完,斯险心之所以生,民皆利于不勤而获,又孰有稼穑之劳事者哉?于是盗贼滋生而不可止矣,以上之不能以民事示重于民也。"①在讨论《尚书》中明德慎罚的篇章《梓材》《康诰》时,李诚说:"夫天下之所以乱者,君人者纵其嗜欲,荒淫无度,土芥其民而杀之,民乃疾视之矣,故有乱。若夫圣贤之君,躬行仁义,以风天下,使民如不胜,视民如伤,民亦父兄视之矣,故治。治乱之由,亦在在上者而已。己不明德,而行虐政;己好杀人,而恶人叛,亦不反诸身之甚者也。"②

李诚在阐述经学史时,推崇提倡经世致用的今文经学。李诚认为,历史进入近代,面对外国势力的东来,专重制度、名物、训诂的古文经学具有保守性,而属于常州一脉的魏源、龚自珍持守今文经学观念,倡导经世致用,要求社会改革,推动了社会进步。他说:"无论是吴派也好,皖派也好,都是东汉古

---

① 李诚:《诗重民事说》,见《秋浦周氏宏毅学舍课艺续编》卷一,第48~49页,油印本。
② 李诚:《读梓材》,见《秋浦周氏宏毅学舍课艺续编》卷一,第32~33页,油印本。

文之学,专重在制度、名物、训诂方面。常州学派继起,一直向上追,研究西汉今文之学,讲求微言大义。道光年间,外国资本主义势力的侵入,引起了统治阶级的惶恐。邵阳魏源、仁和龚自珍提倡'经世致用'的今文经学,作为当时地主阶级中的新派要求社会改革的思想武器。他们根据今文经学的历史观,认为从古到今,世界上没有不变的东西,而且'变古愈尽,便民愈甚'。这对当时的社会,起了一定的推动作用。而道光年间的安徽学者,如俞正燮、胡培翚,还是沿袭着乾嘉风气,步趋着江、戴后尘,具有若干保守性。"[1]又说:常州学派"到了仁和龚自珍、邵阳魏源,更进一步向新的方向发展,成为启蒙时期的进步思想家。到了南海康有为,则走上改良主义的道路"[2]。

李诚在阐释桑梓文化传统时,竭力表彰先贤的犯颜直谏精神。明代嘉靖一朝,皇帝昏聩,朝纲紊乱,贵池名臣汪珊、李桤祥屡屡冒死上疏,以挽狂澜。嘉靖元年(1522),皇帝登极不久,就出现戚里左右潜移权柄、遇事不咨访大臣、议复淫祀、喜教坊新声杂技、不亲览章奏、不裁革冗员、锦衣冒滥、宽宥和任用太监、不能纳谏,等等窳败之政。汪珊上疏,直揭皇帝为政之弊。疏上,不报。又,皇帝听佞臣之奏,封堵言路。汪珊上疏,请遵成宪,开言路。疏曰:"大抵言路开,则人情通而世治,社稷以安;言路塞,则人情郁而世乱,社稷以危。此理,势之必然也。"[3]嘉靖帝在朝,多所营建,川民采伐大木,力竭工役,连年不息。嘉靖十四年(1535),敕谕改建大祀殿,引起川民惊惧。时任四川左布政使的李桤祥抗疏:"伏惟大祀之殿方庆落成,又议改建营造之事。在官府视之,固细小不足惜。而工役之兴,在小民之财,则重为劳费。京师之一木,民间之万木也。昔孔子作《春秋》,凡宫室、门观、台囿之作,虽小必书,重民力也。鲁人为长府,闵子曰:'仍旧贯如之何? 何必改作。'是圣贤垂训,无非欲戒兴作,以节省财力裕民人,以保固邦本者也。况今上而天变,灾异频仍,星陨、冰雹、水旱、虫蝗,奏告不绝;内而乐平、崇明盗贼依山据险,僭称伪

---

[1] 李诚:《清代安徽学术·概论》,稿本。
[2] 李诚:《清代安徽学术·概论》,稿本。
[3] 李诚:《汪侍郎传》,见《贵池县志列传稿》,稿本。

号;外而兴师讨罪,有事于安南,正上下共济时艰、保安生灵之日,大役叠兴,改造并见,恐非力之所能及也。"①疏上,罢采木之役。

李诚在阐释安徽文化传统时,竭力表彰那些经世致用的学者及其著作。论及安吴包世臣的学术时,李诚说:包氏"少工词章,继而喜兵家言,善经济之学。以布衣遨游公卿间,东南大吏每遇兵、荒、河、漕、盐诸巨政,无不屈节咨询,世臣亦慷慨言之"②。李诚将包氏的学术与嘉道咸同的政治、学风联系在一起考察,认为包氏为学重经世致用,是时代精神的体现。他说:"自嘉庆初纪,百司尸位,多无远略,而河、漕、盐三政极敝将改,庙堂无有长算。则草野之士奋笔为横议,又往往谈兵略,学者风气一变。荆溪周济、仁和龚自珍及世臣,尤恢廓洞达。至咸同而有善化孙鼎臣、吴县冯桂芬、绍兴汤寿潜,寖寖议及朝政;湘粤之士乃大唱变法立宪。"③包世臣在所撰《齐民四术》中论列畜、牧、农、桑各项。李诚甚至注意到了包氏所论养猪方法:"猪削过(削,皖南叫作犍),疮口平复,以巴豆两粒去壳,和麻子粉、糟糠之类饲之,半日当大泻,乃以薄米粥饲之两顿,则易肥。欲速肥者,以麻子二升捣破、盐一斤同煮,和糠三斗饲之。又桐叶、桐花最宜猪。桐花和物饲猪,肥大三倍。"④贵池桂超万五十成进士,历官南北,晚署福建按察使。桂氏非经济之书不读,非忠孝之事不言,是晚清著名吏才。林则徐说:桂氏"以经术为治术"。左宗棠说:桂氏为栾城令时,"所张示谕,劝民耕种,并示以种植木棉、薯芋之宜,以及备荒之策,甚为详备。询之居民,皆言令之爱民出于至诚,其洁清自矢,为从前清官所未有"。李诚称引上述诸家之说后,申而论之:"生际道咸,国方多难,君往往多所擘画,思深虑远。"又云:"君为林文忠公所深契,集中《请申禁鸦片疏》,与文忠所论殆同符。文忠用鸦片事谪,英以兵力胁订南京约。君又与人书,慷慨言烟禁一弛,兵弱财尽,后患可寒心矣。追文忠卒,为之作传。"⑤论及贵池章

---

① 李诚:《李布政传》,见《贵池县志列传稿》,稿本。
② 李诚:《清代安徽学术系年》,稿本。
③ 李诚:《清代安徽学术系年》,稿本。
④ 李诚:《安徽古今》,稿本。
⑤ 李诚:《贵池掌故》《贵池先贤遗书提要》,稿本。

鹤峰的学术时,李诚说:章氏"善古近体诗,尤讲求经世之学,凡国家典制、郡邑掌故、盐、漕、兵、农之属,皆穷究原委,考证得失。往来豫、晋、燕、赵、齐、鲁之郊,疆域厄塞,河渠兴废,亦颇搜讨。"①

李诚在阐释中国传统时,着意揭露专制制度的阴暗。在专制制度下,皇权的转移往往引起腥风血雨。对于明成祖朱棣为争大位而蛊毒生灵、灭弃彝伦,李诚极为不耻。他引陈敬宗的上书之语怒斥朱棣:"违太祖之建封,出僭争位,竞闻干戈铁马之声,突起烽火狼烟之警,兴兵斗计,蛊毒生灵。竟不思夷齐何人,彼亦兄弟也。而殿下只知国位,遂弃彝伦,致使海内乱若飞尘,黎庶流离涂炭,至此极矣!"②在专制制度下,统治者往往耽于佳山丽水、清歌妙舞而导致丧国。论到宋朝灭亡时,李诚说:"宋之亡也,失在舍北而南都临安。自古江左立国,类宴安怠祸,报仇复土之志,遂忘于佳山丽水、清歌妙舞之中,其又何以御乘铁骑、控劲弩之强敌哉?迫于崖山鸿毛,其势之亡,计日可待。"③论到蒋介石政权在大陆灰飞烟灭时,李诚有诗云:"廿年金粉迷人地,尽奏霓裳舞妙龄。今日背城求借一,昭陵石马可能灵?"④在专制制度下,统治者往往闭关锁国、大搞文字狱和自我美化。对于清初实行的闭关锁国政策,李诚说:"清朝初年的帝王和贵族,为了维持其封建专制统治,采取了严格的闭关海禁政策。"⑤对于清朝文字狱,李诚说:"清康熙间,始兴文字狱,雍、乾两代,更多起来;当时的知识分子,只有埋头在古书中,做寻章摘句的考据工作,才能避免世网。"⑥他怀着愤懑详述戴名世的《南山集》案:康熙五十年(1711),"戴名世获罪。名世之学长于史,喜考求明季逸事。同县方孝标入滇归,记滇黔间士民所传述永历帝播越覆亡,与夫荩臣义士遗民故老诸旧闻掌故,与中原所知多异同者,笔之书曰《滇黔纪闻》,都两篇。名世与孝标相往

---

① 李诚:《贵池诗话》,稿本;《静观书屋诗集七卷》,见《贵池先贤遗书提要》,稿本。
② 李诚:《陈给事传》,见《贵池县志列传稿》,稿本。
③ 李诚:《苏少保传》,见《贵池县志列传稿》,稿本。
④ 李诚:《己丑四月》,见《唐持盈先生遗诗》,稿本。
⑤ 李诚:《清代安徽学术·概论》,稿本。
⑥ 李诚:《清代安徽学术·概论》,稿本。

还。而名世弟子舒城余湛,偶与释氏犁支遇,谈明永历事。犁支旧为永历宦者,明亡遁迹于佛。名世闻犁支之来也,喜迹之余湛所。犁支先行,乃命湛书所闻于犁支者,与孝标书校其同异。《南山集》载《与余生书》。左都御史赵申乔劾《南山集》悖逆,名世系狱。方苞亦以序《南山集》牵连入狱"①。康熙五十二年(1713),"戴名世处斩刑"②。李诚不满封建王朝的自我美化。在解释安徽广德名称的意义时,他说:"广德,帝德广大的意义。这是封建王朝夸大自己功德的表现。"③

四、经世致用精神的形成

李诚少怀壮志,关心现实,既潜心国学,又受过五四新思潮的洗礼。这一切,是其经世致用精神形成的基础,也是渗透在其经世致用精神中的重要元素。

李诚少怀壮志。他在贵池小学和师范学校读书期间,每值春秋佳日,与同学散步至清溪之畔。清溪为北宋初年池州名宦樊若水师事名儒夏乾锡之地。樊若水未遇时,生活困窘,受乡人轻慢。在南唐,他举进士不中第,上书言事又无果,遂谋归宋。他钓鱼采石矶,用小舫载丝绳,把丝绳系于长江南岸,然后迅速划桨抵北岸,经过数十往返,测得长江宽度的精确数字。于是,他北至宋廷,向宋太祖赵匡胤献上在采石矶处造浮梁以济师的计策。赵匡胤依其策,由宋将曹彬、潘美实施,宋军顺利渡江,进围金陵,南唐遂亡。宋灭南唐之战是历史上继晋灭吴、隋灭陈之后的第三次大规模渡江作战,宋军在长江下游成功地架通浮桥,是古代战争史上的创举,为宋的统一南北发挥了关键作用。樊若水因献策有功,入宋为高官显宦。少年李诚仰慕樊若水的功业,在与同学徜徉于清溪之岸时,辄乐道樊氏建策宋祖之事,以抒怀抱。后

---

① 李诚:《清代安徽学术系年》,稿本。
② 李诚:《清代安徽学术系年》,稿本。
③ 李诚:《安徽各县市名称考释》,稿本。

来,李诚在《贵池诗话》《贵池历代兵事志》《贵池掌故》《中国历代军事地理概论》等著述中,忆起少年时代所怀壮志,屡屡言及樊若水浮梁济师之事,曾有诗云:"乐道浮梁口角涎,一溪委黛识吾颠。"①称樊若水为"豪杰之士",并引范仲淹之句"樊公江表来,经纶速如电"②以示钦敬。1949 年后,李诚在抗美援朝战争中撰《上毛主席书》、在抗美援越战争中撰《上中枢书》,与樊若水的献策宋太祖赵匡胤,可谓如出一辙。

李诚关心现实,反对军阀混战,系念民瘼。关于反对军阀混战,民国北洋政府时期,军阀之间连年相互厮杀;南京国民政府成立后,1930 年又爆发了蒋冯阎中原大战。1931 年,李诚愤懑地写下了《辛未感事》:"禹甸豪雄各主张,几人称帝几人王。天将两戒拦胡骑,地放中原作战场。甲士弓刀驰突死,丁男水陆运输忙。他年青史雌黄处,应惜虫沙少国殇。"③抗战军兴后,李诚在洁滢中学兼授现代史课程,其弟子焦明说:李先生"一次讲到军阀混战时,气愤地说:'这些历史实在没有什么好讲的!'说完便回近在咫尺的宿舍。他没宣布下课,同学也不敢走,只有窃窃私议。过了一会,先生又返回教室,说:'对不起,这几年都是军阀混战,毫无讲的价值!'便简单地讲了几句,抢前下课。"④七七事变后,李诚对在战火中离散的黎民深怀同情。他说:"民国戊寅(1938),兵戈又起,血满玄黄,吾邑城府为墟。而诚家在万山中,望劫火之横飞,睹灾黎之离散,慨然孤啸。"⑤同时,李诚对国民政府官僚搜刮民众的行为极表不满。1941 年,他在课堂上说,国民党就像蚊子一样,上半夜被蚊烟一燃,不敢咬人,到下半夜蚊烟熄了,它出来咬人特别厉害。国民党在抗战时期躲向重庆,以后出川必定大事搜刮。这话传出去,他被特务盯梢,接着被学校

---

① 李诚:《乐道浮梁口角涎》,见《唐持盈先生遗诗补编》,《李诚全集》(下),第 1122 页。
② 范仲淹:《赠樊秀才》,见《范文正公文集》卷第二,清范能濬编、薛正兴标点:《范仲淹全集》(上),南京:凤凰出版社,2004 年,第 33 页。
③ 李诚:《辛未感事》,见《唐持盈先生遗诗》,稿本。
④ 焦明:《吾师李诚二三事》,载《池州日报》,1999 年 10 月 12 日。
⑤ 李诚:《贵池历代兵事志》,稿本。

解聘。① 1955年春节,李诚回家过年时发现,由于政策出现偏差,农村出现"吃不饱"现象。他说:"正月初三,村中唱戏,我见场中人只有两种人颜色很好,一为干部,一为廿岁左右青年男女,其余则均有菜色或者枯槁。又,往来旅途,均见民众叫苦"。"城市生活与乡村相较,霄壤之别"。② "叠年来农村中有些饥声,我以为政府可以放松若干,免得农民叫"③。数十年间,李诚对黎民疾苦的关心和同情,使他无法做到为学术而学术,不得不走上"文章合为时而著"之路。

李诚浸淫于中国传统文化至深。他曾说:"我是士大夫出身。"④中国士大夫阶层的突出特点便是务实,便是对国家、对民族怀有强烈的使命感和忧患意识。士大夫阶层的群体信仰是儒家。儒家的根本教义是入世。孔子周游列国,就是要以自己的理想改造社会,以结束礼坏乐崩的乱局。宋明理学诸家继承孔孟道统,倡导由内圣而外王。明清易代之际,有惩于程朱、陆王两派末流因袖手谈心性而误尽苍生,顾炎武、黄宗羲、王夫之和颜元等儒家强调经世致用,对当世和后来学者影响极大。桐城派学者,从方苞、姚鼐到姚莹、曾国藩、吴汝纶等,皆主张经世致用,并努力践履所学。李诚是一位笃实的儒者,是在桐城派后期大师姚永朴哺育下成长起来的学者。他为学力避空疏,崇尚实用,可谓其来有自。

李诚是五四精神的继承者。他说:"当我做学生的时候,接受过五四运动以后新思想的洗礼。"⑤由于受五四新思潮洗礼,李诚将读书、治学的视野从国学扩大到西学。其弟子舒芜说:三十年代初,他从李先生游时,李先生"爱谈古今中外战争史";"他有一本厚厚的《欧洲大战史》借给我看,我爱不释手"。⑥ 其弟子李克强说:六十年代中期至七十年代初,他向李先生问学时,

---

① 李诚:《我的过去、现在和将来》《坦白书》《李诚的自我检查及小组意见》,稿本。
② 李诚:《给李英》其三,稿本。
③ 李诚:《向党交心》,油印本。
④ 李诚:《李诚的自我检查及小组意见》,稿本。
⑤ 李诚:《我的过去、现在和将来》,稿本。
⑥ 舒芜:《"国学大师李诚"议》,打印稿,未刊。

李先生"很推崇清末民初出现的所谓'新学',因此也喜欢谈国际政治、西方哲学、世界历史等"①。李诚坚守五四精神,使其经世致用精神内饱含着现代性的元素。

  总之,李诚自少年时代起,受到包括桐城派在内的中国传统文化熏染,又接受了五四新思潮的陶铸,心怀用世之志,关心民间疾苦,虽身为布衣而忧国忧民。在为学生涯中,他能将致用与求真相结合,以自己独立思考所得,对重大现实问题作出深入剖析,为国家建言献策。在释古中,他努力彰显明德仁政、犯颜直谏等优秀传统,揭露专制制度下闭关锁国、大兴文字之狱和堵塞言路等诸多阴暗面,以为殷鉴。他以天下为己任的情怀,对国家和民族强烈的责任感,至今仍然熠熠生辉。

(原载《江西师范大学学报》2020 年第 3 期)

---

① 李克强:《追忆李诚先生》,载《安徽日报》,1997 年 5 月 15 日,第 7 版。

附：李诚的学术精神三题

安徽贵池学者李诚（1906—1977）是桐城派名家。他于民国十三年（1924）负笈秋浦，入周学熙创办的宏毅学舍，从桐城派大师姚永朴问学。十九年（1930）由姚永朴举荐，至桐城派大师马其昶家执教，前后三年，所教弟子后来卓有成就者有马茂元、舒芜等。二十六年（1937）至郎溪县吴孟复家执教。三十七年（1948）任贵池昭明国学专科学校讲师。三十八年（1949）任江南文化学院讲师。1953年任安徽省文史馆干事，直至1971年退休。

李诚平生视学问为生命，以读书、著述和教书为职志。他继轨传统，融化新知，力图以其所学为国效命。在治学中，他持守独立精神与自由思想的信念。在教学中，他兼容并包，在传授桐城家法之外，引入被桐城老辈视为非正统的选学思路。李诚生活于一个动荡年代，虽胸怀壮志，却时运不济，在历经磨难后，最终以布衣之身怀璧终老。直至化烟化灰时刻，他呕心沥血写下的著作仍未露一线问世曙光。① 作别尘世之际，他屡吟杜甫"出师未捷身先死，长使英雄泪满襟"之句，感慨遥深。

---

① 经过多方努力，《李诚全集》（上、下）于2019年5月由深圳海天出版社出版发行。

一、为学问而生

李诚在宏毅学舍读书两年,受姚永朴、疏达等先生启瀹,得桐城经史之学和诗古文义法之传,由此踏上研治古典文史之路。此后数十年间,学问就成为他生命的核心。无论在中日战争期间,还是在文革中,他都竭力寻隙读书、写作。在漫长岁月里,他常常为能潜心学问而喜,也为无法埋头书册而悲。其弟子曾说:"李先生做人的目标似乎就是为了做学问";"他似乎是把读书、做学问看成人生最大的乐趣"。①

1938年九月,李诚家乡的城府在烽烟中化为废墟。在横飞的劫火中,他伏处深山,怀着悲愤,撰成《贵池历代兵事志》一卷。在介绍此文写作背景时,他说:"民国戊寅,兵戈又起,血满玄黄,吾邑城府为墟。而诚家在万山中,望劫火之横飞,睹灾黎之离散,慨然孤啸曰:此江上要冲,邑之所不能免也,观于古可知矣。因次往代兵事为一篇。"②

1951年夏秋间,李诚参加池州区专署所办失业知识分子培训班。在结业时,他志愿去图书馆或学校,以便继续其酷爱的学术事业。但事与愿违,他被派到黄山管理处当办事员。不能从事学术工作,使他感到无比痛苦。他说:"这给我有生以来所未有的精神打击。流流眼泪,'一车离了徽州界,手拿信件上黄山'。"③在黄山管理处,处长吕某把李诚当工友看待,视其为"会说话的工具"而随意使唤,读书、写作完全无法进行。他说:"我不料年将五十,竟受此奇耻大辱。我若不是素讲修养,真可以自杀,真可以发疯。"④

1953年,李诚从黄山管理处调往安徽省文史馆,做图书室管理员。在采编、管理图书之外,他如饥似渴地阅读。图书室由两间北房辟成,约有四五十

---

① 李克强:《追忆李诚先生》,载《安徽日报》,1997年5月15日,第7版。
② 李诚:《贵池历代兵事志后序》,稿本。
③ 李诚:《1953年十月撰自传》,稿本。
④ 李诚:《1953年十月撰自传》《李诚的自我检查及小组意见》,稿本。

平方米,四壁均是书橱,入门处摆有一张长条桌,他每天总是端坐在桌前,手不释卷,或执笔圈点,或颔首低吟,日复一日,几乎日日如此。①

文革爆发后,李诚所在的图书室关闭。他的居所是大院角落里的一间偏房,面对庭院有一扇窗户,窗前摆着一张长条桌。办公室没有了,他就每天坐在居所窗下桌前用功。他读书是如此投入,以至于有时在煮菜过程中,也手握书卷。在他的时间表里,读书占了大部分,吃饭、睡觉也是为做学问服务。其弟子回忆说:"他总是专心致志地研读,从不见他为外界的风云变化而动容。""他很少与人交往,虽然身居嘈杂的大院,除了有时谈点学问之外,很少说些别的。"②

在困难情况下,李诚仍然与同道李则纲、殷涤非、冒效鲁、丁宁、何晓履、姚翁望和吴孟复悄悄地切磋学问。这七位学者,连同李诚,合为八老。八老皆有桐城派背景:李则纲、殷涤非和何晓履来自枞阳,早岁均受桐城派影响;冒效鲁之父冒广生曾向吴汝纶问学,他自己曾师从王树枏、袁思亮;姚翁望为姚永概哲嗣;丁宁早年师事桐城派名家程善之;吴孟复则为李诚、姚永朴、唐文治和袁思亮的弟子。八老各有所成:李则纲和李诚以史学名,殷涤非以考古学名,冒效鲁、何晓履、姚翁望以诗名,丁宁以词名,吴孟复则以研究古典文学名。在诸老中,李诚与丁宁尤称莫逆,平日里二人以师兄妹相称。李诚敬仰丁氏古典学养湛深、雅人深致和有胆有识,常去探望。二人意气相投,心有灵犀,每相见必从容谈词论文,畅诉衷曲,以生命温暖着生命。③

1949年后,李诚一有可能,就手不停挥,取得丰硕成果。他在1950年秋,于失业中撰成《两晋军事地理概论》。1954年岁杪,撰成《中国历代军事地理概论序言》。1955年,撰成《与黄秉维同志书》。1957年十月,撰成《三国战争志》。1959年三月十日,在《安徽日报》发表《"合肥"名称的由来》;六月十日,在该报发表《管子庄子是安徽人吗》;九月一日,在《安徽史学通讯》第三

---

① 李克强:《追忆李诚先生》,载《安徽日报》,1997年5月15日,第7版。
② 李克强:《追忆李诚先生》,载《安徽日报》,1997年5月15日,第7版。
③ 李皋兰:《口述》。李澧兰:《2015年一月十四日口述》。

期发表《安徽省各县市名称考释》;此年撰成《阳城考》。1961年,撰成《关于研究历史地理的几点意见》。1963年,撰成《中国历代自然灾害总表》。1971年,撰成《上中枢书》。等等。1971年底至1977年谢世前夕,他在日薄崦嵫中,深锁书斋,持短笔,照孤灯,沙汰、补正旧作,构思、撰述新篇,最终纂成《李诚全集》数十种,煌煌百余万言。这些由心血铸成的文字,有才、有学、有识,也浸润着其悲悯、潇旷和对优秀传统文化的苦恋。

二、独立与自由

1929年,陈寅恪在《清华大学王观堂先生纪念碑铭》中把中国知识者的现代性追求概括为:"独立之精神,自由之思想。"①在中国二十世纪学术史上,能坚持这一现代性追求的,除了陈寅恪、顾准等外,还有位居学坛边缘的李诚。

桐城派所尊奉的程朱理学尽管提倡得君行道,但也有"从道不从君"的一面。这"从道不从君"的观念中,就包含有一定程度的独立质素。桐城先贤戴名世在异族统治下孜孜于追踪南明之迹,终罹杀身之祸;方苞在金殿屡持己见,终受折辱而被谴;姚鼐与乾隆帝和庙堂诸公的学术宗尚异趣,被迫自放,等等。这一切就是程朱理学"从道不从君"观念的具体呈现。李诚坚持精神独立与思想自由,实与其善撷桐城之学的精华而自润有关。

李诚是在五四精神煦育下成长起来。他说:"当我做学生的时候,接受过五四运动以后新思想的洗礼。"②"中国有两个百家争鸣时代:一是晚周先秦诸子;二是五四以后的十年左右。"③他认为,"中国为数千年文化古国,而五四以来又孕育不少新知,其不能为套语所蒙蔽者势也。读书人阅世立论,最

---

① 陈寅恪:《清华大学王观堂先生纪念碑铭》,见《金明馆丛稿二编》,北京:三联书店,2001年,第246页。
② 李诚:《我的过去、现在和将来》,稿本。
③ 李诚:《向党交心》,油印本。

不要为一时现象蒙蔽,尤不可以几个简单名词(如新旧、落后、前进、封建、迷信等)打倒一切。阅世高谈,自辟户牖,才算是读书人。"①由于受五四新思潮洗礼,李诚崇尚精神独立与思想自由。他说:就近代以来形成的知识者群体而言,"五四时代陶冶出来的,能发挥自由思想"②。这些能发挥自由思想的学者,他表示钦敬的有胡适、梁漱溟和张东荪、张君劢。他说:"现在人批评胡适,其实独立自主地发议论,这一点正是胡适的长处。"③他赞成张东荪、张君劢主张的"学术研究要有自由空气"④。他佩服梁漱溟敢于"独立不倚"、"说老实话"⑤。李诚在思想上与胡适、梁漱溟和张东荪、张君劢颇有渊源。胡适的书,他读的遍数很多。1930年之后,梁漱溟主办《村治月刊》,他订阅该杂志两年,并遍览梁氏著述。1931年十月,张东荪和张君劢一起在北平创办《再生》杂志,他订阅该杂志一年。因此,不管胡适、梁漱溟和张东荪处于何种境地,他都一如既往地对他们表示尊重。

李诚因坚持精神独立与思想自由,与谊兼师友的历史学家李则纲产生分歧。李诚早年结识李则纲,屡蒙提携,对其人品、学问均极敬重,终生以李老夫子称之。李则纲是安徽省文化界重镇,1949年后,历任安徽大学教授、皖南文物馆馆长、安徽省博物馆馆长、安徽省文化局副局长、安徽省图书馆副馆长、安徽省文史馆副馆长等职。李则纲的问题在于,他常常根据环境变化而改变观点。凡是出现一种新提法,他就会依之对自己的书稿《安徽历史述要》修改一次。而在特定年代,新提法层出不穷,他的修改工作因而也就没有已时。李诚对此颇感惋惜,尝善意讽喻曰:"李老夫子,《安徽历史述要》不要再改了,再改就不是安徽历史了,也不是你的东西了。"李则纲不反驳,也不纳之。李诚就此一再对人言:"著述贵有独立个性,贵有创获。若作者一味看风使舵,弄出来的作品四不像,还有什么意思?学者要眼界高远,要往后看数十

---

① 李诚:《给李英》其一,稿本。
② 李诚:《向党交心》,油印本。
③ 李诚:《给李英》其一,稿本。
④ 李诚:《向党交心》,油印本。
⑤ 李诚:《我的过去现在和将来》,稿本。

年甚至更长远的时段,不要顾忌一时之褒贬。"①

李诚与儿子李英长期不谐。父子矛盾的实质在于:父亲坚持独立与自由,反对儿子跟着说、说套语。儿子则坚持与时俱进,嫌父亲落后。李诚责备儿子:"数年以来,'跟着说'已成为你的本性和习惯。我的话你必不以为然。你的所然者只是些'套语'而已。"②又说:"两三岁的小孩子,保姆教他说'嘴'说'鼻',他也跟着说,而且会说,这就是能。一个成年人如果也跟着人家,指着嘴说,这是嘴;指着鼻说,这是鼻,那不是'能',而是白痴了。……我要自己的头脑——自由思想。我不愿意我的嘴长在人家的鼻子下。"③

三、兼容并包

李诚从事教育工作数十载。在传道授业中,他兼容并包,于桐城家法之外,引入被桐城诸老视为非正统的选学思路,开拓了弟子们的视野。

李诚学出桐城,在教学中最重桐城家法。首先,他教导弟子研读姚鼐纂《古文辞类纂》和曾国藩纂《经史百家杂钞》。④ 这两部书是桐城派的圣经,是该派的文统和道统所在,也是桐城后学取之不尽的源泉。其次,他教弟子诵读时,一本从刘大櫆、姚鼐到曾国藩相传的声调,于抑扬抗坠中,体味文境和情韵。⑤ 第三,他教弟子研习经书时,《论语》《孟子》之注用姚永朴、姚永概在北京大学时所编讲义,《诗经》《尚书》之解则用马其昶所注之书;⑥第四,他教弟子严辨雅俗。姚鼐曾说:"大抵作诗古文,皆急须先辨雅俗。俗气不除尽,

---

① 李则纲治丧委员会:《讣告》。李有光:《李则刚年表》,见李修松主编:《李则刚遗著选编》,合肥:安徽大学出版社,2006年,第705~722页。李皋兰:《2015年一月三日口述》《2016年七月十九日口述》)

② 李诚:《给李英》其二,稿本。

③ 李诚:《给李英》其五,稿本。

④ 李克强:《追忆李诚先生》,载《安徽日报》,1997年5月15日,第7版。

⑤ 吴孟复:《敬夫李先生传》,稿本。

⑥ 舒芜:《"国学大师李诚"议》,复印件。

则无由入门,况求妙绝之境乎?"①李诚绍继姚鼐衣钵,以为"初学者宁可少读书,或者等书读,也不能读类似三家村中的书。这是因为沾了村夫俗子之气后,再脱胎换骨便难了,所谓璞玉可以雕琢"。其弟子说:"记得有一个春天的傍晚,我在院中借助微凉的晚风读《古文观止》,在那个对古代文化进行'革命'的年代,能找到这样的书并非易事。但李先生发现后,却不以为然,他断然斥之为'村书',认为不值得读。……他一再说,发乎其上,得乎其中;发乎其中,得乎其下。发乎其下,便什么也没有了。……对一些品味不够的书,他甚至反对过目,担心无意中收入记忆库,以致混淆黑白。"②

除桐城家法之外,李诚在教学中亦重六朝骈文。桐城派自方苞、姚鼐起,倡导文以载道,学继程朱,文承韩欧,认为六朝骈文乃衰世之音,与道远隔,因而极力排斥之。在桐城派外,这一观念在乾嘉时代受到以阮元为首的仪征派挑战,在清末民初受到刘师培、黄侃等学者狙击。在桐城派内,曾国藩等对这一观念有所调整,主张骈散兼采,而以散体为归;管同、马其昶、姚永概、姚永朴等则谨守桐城家法,以骈文为非正统。李诚随姚永朴等学唐宋文,但也受章太炎派学者影响,对魏晋文有所偏爱。他说:"予谓魏晋文意多于词,唐宋文词多于意。故予自二十以后,读魏晋文,则为之醰醰有余味焉。"③又说:"骈、散好尚,随时代而变异,此如晋楚之迭霸耳,固无所谓正宗,亦无所谓偏统。"④因此,他教弟子时,在方姚外另辟新境,将选学的经典《昭明文选》作为教材。他为弟子讲授的骈文名篇有《哀江南赋》《玉台新咏序》《与杨遵彦书》《李陵答苏武书》《滕王阁序》《北山移文》《吊古战场文》等。这些篇章辞采富丽,重个性抒发,最澡雪少年灵台,因而受到弟子喜爱。⑤

---

① 姚鼐:《与陈硕士》,见卢坡点校:《惜抱轩尺牍》卷六,合肥:安徽大学出版社,2014年,第96页。
② 李克强:《追忆李诚先生》,载《安徽日报》,1997年5月15日,第7版。
③ 李诚:《读书随笔》,稿本。
④ 李诚:《读书随笔》,稿本。
⑤ 李诚:《1955年自撰行年表》,稿本。吴孟复:《马茂元与桐城派》,复印件;《敬夫李先生传》,稿本。舒芜:《"国学大师李诚"议》,复印件。

在李诚的弟子中,成就斐然者有马茂元、吴孟复和舒芜等。这三位弟子离开李诚后,转益多师,皆成学坛名流。三人在学术探索中渐生差别。马茂元、吴孟复绍继李诚和其他桐城学者看重桐城家法的一面,虽不排斥选学,终视桐城派为正宗,对桐城诸老怀着深沉的孺慕之情。舒芜则沿着李诚引入的非正统思路,对桐城派起了叛逆之心。他以为,桐城派坚持文以载道,攘斥异端,具有定于一尊的专制品格。他站在五四立场,坚持民主与科学,希望解放个性,也解放文学。[1] 舒芜晚年说:"李先生给我们选讲文章里面体现的非正统的思路,对我后来的道路发生深刻的影响。"[2]李诚及其弟子对桐城之学有坚守,也有扬弃。无论坚守或扬弃,都是一种深刻,也是一种襟怀。这深刻和襟怀,属于他们自己,也属于桐城派。桐城派的生命力不在别处,正在这或坚守,或扬弃之中。

(原载乐黛云主编《跨文化对话》第42辑,商务印书馆,2020年9月第1版)

---

[1] 舒芜:《"桐城谬种"问题之回顾》,载《读书》,1989年第11~12期;《吴孟复作〈唐宋八大家简述〉序》,见《舒芜集》(二),石家庄:河北人民出版社,2001年,第364~369页。

[2] 舒芜:《"国学大师李诚"议》,复印件。

吴孟复：桐城派最后一位大师

桐城派源生于明清易代之际，开宗于康乾郅盛之世。晚清以降，该派学者经受欧风美雨洗礼和五四新文化运动撞击，一部分从古典向现代转型，一部分坚守华夏传统文化本位。在中国现代化进程中，桐城派这两部分学者，与其他新生力量一起，共同塑造着中华民族新的灵魂。1949年后，天地一新。桐城派在回肠荡气地腾跃数百年之后，终于进入终局阶段。而在苍茫的历史尽头，岿然屹立着的，是那位瘦骨嶙嶙、目光炯炯的江淮学者吴孟复（1919—1995）。

一、皈依桐城

在吴孟复成学过程中，桐城派发挥着决定性作用。

吴孟复甫髫龄既与桐城派相接。八岁那年，吴家延聘张仿舜教读。张氏原在京城坐馆，曾与名流往还，能诗擅对，视野开阔，非乡曲之士可比。他教吴孟复研读清代善化李绍崧纂《左传快读》和钱塘姚祖恩纂《史记菁华录》。李、姚虽非桐城一脉，但其所选评的《左传》《史记》则是桐城义法的源头。同时，地方名流刘竹轩、高钝叟等常到吴家，暇时考询吴孟复的课程，审阅其诗文，教其围棋。高钝叟更为其讲解桐城文派。自此，他知晓这世上有方苞、刘大櫆、姚鼐和马其昶、姚永概、姚永朴诸家。① 1929 年,刘声木撰《桐城文学渊源考》《桐城文学撰述考》锓梓,这是桐城派研究的奠基之作,吴家获赠一套。十二岁那年,吴孟复阅读家藏刘氏之作,虽不甚懂,却增加着对桐城派的感性认识。②

吴孟复真正皈依桐城,在就读无锡国学专修学校期间。

无锡国专校长唐文治是吴汝纶高第弟子,因吴氏爱惜、诲导而得桐城派神髓。③ 他继轨桐城,潜研诗文吟诵,创制了影响深远的唐调。面对西学冲击,他挽狂澜于既倒,把无锡国专建成了弘扬包括桐城派在内的国学重镇。吴孟复 1934 年首考无锡国专时,题目为"王、黎两《续古文辞类纂》的比较"。王先谦辑《续古文辞类纂》追踪姚鼐纂《古文辞类纂》,黎庶昌辑《续古文辞类纂》蹑迹曾国藩纂《经史百家杂钞》,在清季民国风靡一时。无锡国专以此命题,可知其办学祈向。1934 年 8 月,吴孟复更名后再试,被录取。此后直到 1937 年 7 月毕业,他在无锡国专读书三载,授业师有唐文治、钱基博等。钱氏论学为文虽不规规于桐城,但也不出桐城范围。他"自谓所著文章取诂于许书,缉采敷萧选,植骨以扬、马,驰骋似迁、愈"④,乃曾国藩为学家数。

在无锡国专,吴孟复与马茂元的相遇成为其转向桐城之学的关键。马茂元出身桐城名族,祖父为马其昶,祖母为姚濬昌之女,外祖父为湖南桐城派名家郭立山。他幼承庭训,夙有为桐城派传灯之志,曾拟撰《桐城派文学史》。1935 年刚一跨入无锡国专之门,他就与吴孟复结为莫逆。他们一起以道义、学问相濯磨,一起出游唱和。1935 年,吴孟复寄马茂元的诗作有《和懋园病中感怀诗兼以慰之(时余亦病意)》《归兴并柬懋园》,马茂元则有《与常焘同游

---

① 吴孟复:《我的读书、治学与教学》,未刊,吴先生女公子吴布藏稿。
② 吴孟复:《〈桐城文学渊源考·撰述考〉序》,见刘声木撰、徐天祥校点:《桐城文学渊源考·撰述考》,合肥:黄山书社,2012 年,第 9 页。
③ 唐文治:《桐城吴挚甫先生文评手迹跋》,见邓国光辑释:《唐文治文集》(三),上海:上海古籍出版社,2018 年,第 1733 页;《自订年谱》,见《唐文治文集》(六),第 3666 页。
④ 《钱基博自传》,载《江苏研究》,第一卷第八期,1935 年 12 月 15 日,第 3 页。关于钱基博与桐城派的关系,任雪山《桐城派文论的现代回响》有深入论述,详见任雪山:《桐城派文论的现代回响》,合肥:安徽大学出版社,2015 年,第 241~286 页。

惠山归,而常焘有诗纪游,步韵和之》;1936 年,吴孟复寄马茂元的诗作有《寄怀马懋园、耀彤、方重禹》《坐雨呈懋园》,马茂元则有《自题与山萝合造像》。马茂元力劝吴孟复规步桐城派,说:"桐城文最能尽意。所谓尽意者,盖增之一字则太长,减之一字则嫌短。能增能减,皆非尽意也。"吴孟复听了马茂元之言的反应是,"余谢以不敏。茂元曰:'吾知君能之。'问其故,则曰:'君有赠某君诗:"未知学问今何似,但觉交亲久已真",此即桐城文心之妙,亦即所谓尽意之术也。'余若有所悟,请试为之。其年寒假,乃访君于桐城,登堂拜母,复偕谒蜕私先生与仲莱丈,益究桐城之文章义法与刘姚诗篇,而于《昭昧詹言》所言若有心得焉。复读梅、管、张、吴、马、范文集,益溯源于欧、归、方、姚"。① 由于与马茂元交契,吴孟复得与马氏姊马秀衡申以姻娅。在马家,他得读马其昶所撰《屈赋微》《老子故》《庄子故》等著作,一窥其治学阃奥。② 从此,他耽于桐城之学,溺而不知返。他曾心怀感激地效曾国藩之语云:"吾之粗解文章,由懋园启之也。"③

由于与马茂元交亲,吴孟复得以常去桐城亲炙桐城派耆硕姚永朴,并列其门墙。姚永朴为姚范玄孙,姚鼐曾侄孙,姚莹之孙,姚浚昌之子,伯兄为姚永楷,弟为姚永概,姊适马其昶,妹姚蕴素归范当世,一门因累世为桐城之学而享天下重名。早在 1934 年刚入无锡国专时,吴孟复闻悉姚永朴在位于安庆的安徽大学教书,致书请益。他说:"姚先生两目昏眊,但仍给我回了信,字大如钱,写了十多页,其吃力可以想见。还把他著的《蜕私轩集》《惜抱轩诗训纂》《论语解注合编》《旧闻随笔》《文学研究法》《史学研究法》等多种相赠。老辈之爱人无已、诲人不倦之精神,使我感极泪下"④。1936 年 2 月,马茂元偕吴孟复同谒姚永朴于里第,"先生为讲群经大义、文章义法、先辈轶闻,口说指

---

① 吴孟复:《马茂元与桐城派》,见陈所巨、杨怀志主编:《桐城近世名人传》,1993 年,第 184 页。未正式发行。
② 纪健生:《吴孟复先生学术传略》,见《相麓景萝稿》,合肥:黄山书社,2013 年,第 5 页。
③ 吴孟复:《马茂元与桐城派》,见陈所巨、杨怀志主编:《桐城近世名人传》,1993 年,第 184 页。未正式发行。
④ 吴孟复:《我的读书、治学与教学》,未刊。

画,曲尽神情,虽不甚识字者闻之皆心领意会,先生亦乐而忘疲。一日,日且暮,讲方辍,起视庭阶,雪深盈尺矣"。①

由于与马茂元交亲,吴孟复得闻桐城方守敦、方彦忱等前辈謦欬。方守敦为方宗诚之子,夙承家学,颇娴诗文,书法尤享时誉,曾随吴汝纶东渡扶桑考察学制,归而协助吴氏创办桐城学堂。他对吴孟复等晚辈教诲不倦。一次,他觞吴孟复等于桐城西南的勺园。勺园为刘大櫆归馆张氏之所,其笔下屡屡言之。同集者有姚永朴弟子疏达,时为安徽大学讲师。疏氏当时所撰《三通序注》,吴孟复以为是"有用之书"。方彦忱乃马其昶弟子、姚永朴之婿,京师大学堂毕业。他对吴孟复等晚辈爱护备至。一日,他邀吴孟复等出桐城东门,过大河,经月山,而至方家所属的莱园。在过河时,水中置石,大家皆履石而过。方彦忱指点说:"这就是《诗经》所说'深则厉'之'厉'。《说文》古文作'砅',从石从水,会意,即此'厉'字。"方氏莱园在龙眠山口,园中一泓清池,众木扶疏,从木梢望龙眠翠色,十分美妙。出园归城,方氏复告以月山老茔上有方苞所书碑,乃带众人往访。② 此外,吴孟复在桐城期间,结识老辈诗人许复。许氏为陈澹然弟子③,和方守敦至好,极赞吴孟复诗才,有诗云:"谁欤使我眼中青,吾子诗才可阮亭。"④

由于与马茂元交亲,吴孟复得与桐城诸阀阅之家青年俊彦友善。这些英流除马茂元之外,还有方守敦之孙方筦德、方珪德(舒芜),马茂元从弟马茂焖、表兄潘晓麓等。他们常常群聚吟诗作文,游山玩水。一天晚间,诸人在桐城南门酒楼饮酒,喝醉后,出来走在大街上,高声朗诵古诗,一唱彼应,闹得街上人都争着来看。他们曾一起游投子山,马茂元归作《游投子山记》,渲染游山之乐,吴孟复许久之后忆起,仍怀念不已。⑤

---

① 吴孟复:《书姚仲实先生〈文学研究法〉后》,见《吴孟复安徽文献研究丛稿》,合肥:黄山书社,2006年,第51页。
② 吴孟复:《我的读书、治学与教学》,未刊。
③ 陈衍:《石遗室诗话》(一)卷七,沈阳:辽宁教育出版社,1998年,第93页。
④ 吴孟复:《我的读书、治学与教学》,未刊。
⑤ 吴孟复:《我的读书、治学与教学》,未刊。

由于与马茂元交亲,吴孟复得从桐城派学者李诚问学。1922 年,姚永朴主秋浦周氏宏毅学舍讲席。这是民国时代继无锡国专之后又一个弘扬桐城派的学府。1924 年至 1926 年,李诚在这里受到了桐城之学的系统训练,成绩卓出,受到姚永朴青睐。1929 年至 1932 年,由姚永朴推荐,李诚到马氏家塾教读,学生有马茂元、马茂炯和舒芜。1933 年至 1936 年,李诚在贵池旧溪方家教馆,同时常到桐城趋谒姚永朴请益。约在 1936 年寒假期间,吴孟复因"师蜕私而友茂元,因得从先生问学"。① 吴孟复家住江北庐江县石咀头新兴圩,后其父吴南陔又在江南的郎溪花赛圩置地数千亩,因此吴家在郎溪也筑有新居。② 1937 年上半年,由马茂元推荐,李诚到郎溪吴家任教,与吴孟复之间有了较多切磋学问的机会。③

吴孟复就读无锡国专的次年(1935),其父吴南陔移寓上海,命其执贽同邑诗人陈诗门下。陈氏阅吴孟复诗,喜甚,将之刊入《尊瓠室诗话》;并将其携至袁思亮家受业。袁氏为两广总督、曾国藩门人袁树勋的长君,"劬学,工诗词,尤善桐城派古文"④。吴孟复说:"拜师之日,陈师命余作诗二首,即古人所谓以诗为贽;又备全红柬帖,只书'受业吴常焘顿首拜'等字,即世人所说的门生帖。余拜了三拜,陈师以柬帖奉上,交揖后,即对坐。余亦坐其侧。陈师又以余作文一册呈袁师。"⑤袁氏披阅后以为,吴孟复之作"气充词健,为诸门人之冠"⑥。袁氏为陈三立入室弟子。陈三立之父陈宝箴在湖南任巡抚时实行新政,开启新机,影响后来历史既深且巨。戊戌变法失败后,陈氏父子皆被免职。曾国藩在世时,陈宝箴曾致书曾氏切问,并附自作之文一册求教。曾

---

① 吴孟复:《敬夫李先生传》,手稿由李诚哲嗣李高兰先生收藏。此文收入《李诚全集》时有删节。
② 吴孟复:《自传》,未刊。
③ 此段史料摘自李诚档案,未刊。
④ 陈诗:《尊瓠室诗话》卷二,见张寅彭主编:《民国诗话丛编》(二),上海:上海古籍出版社,2002 年,第 112 页。
⑤ 吴孟复:《我的读书、治学与教学》,未刊。
⑥ 陈诗:《尊瓠室诗话》卷三,见张寅彭主编:《民国诗话丛编》(二),第 140 页。

氏撰《复陈右铭太守书》,从桐城义法角度,畅论为文之旨。陈三立以家学转授袁思亮。袁氏则以之授吴孟复。吴孟复说:"陈、袁皆兼承桐城诸老所传之义法,无门户之见。袁师把散原批改之作,授我阅读,叫我从中领会去取损益之缘故。我也常给散原写信,散原勉以'锲而不舍,他日必可大成'。"①

吴孟复在无锡国专时,听顾实讲授文化史课,用的教本为柳诒徵所撰《中国文化史》。在吴孟复就读期间,柳氏应唐文治邀请,莅临无锡国专讲学,以为清儒考证多出宋贤,令唐氏极为推服。柳氏年轻时候,曾在南京与陈三立对门,"时常亲炙,粗闻其诗古文绪论"。桐城派名家范当世常游南京,居亲家陈三立之寓,柳氏常去请教。范当世同门张謇对柳氏也极为赏识。柳氏曾得姚鼐篆《古文辞类篹》等书,"欣然若贫儿暴富"。② 可见,柳氏之学也与桐城派脉联。吴孟复的从舅卢天白是柳氏和马其昶的弟子,尝云:马文简洁,柳文宏壮,各极其胜。吴孟复外公卒,墓志即由柳氏撰成,这是他读柳氏古文之始,时间尚在其入无锡国专之前。1949年秋,柳氏主持上海文物管理委员会编纂组的工作,吴孟复与焉。在朝夕相处中,他得从柳氏习文献之学,对其学问至为倾倒,执弟子礼甚恭。③

就这样,吴孟复在众多师友加持下,感发兴起,皈依桐城之学。此后数十年,他在桐城派研究和创作领域,探赜索隐,钩深致远,取得诸多建树。他以自己的实绩,为走向终局的桐城派,奏出了最后的典雅纯正的乐章。

二、在义理、考据、词章之间

吴孟复受桐城派师友薰沐,汲取桐城之学神髓,一生游走于义理、考据、词章之间,在会通中力求创新。

---

① 吴孟复:《我的读书、治学与教学》,未刊。
② 柳诒徵:《我的自述》,见《柳诒徵自述》,合肥:安徽文艺出版社,2013年,第9页,第35页。
③ 吴孟复:《劬堂夫子逝世三十年纪念献诗》,见《吴山萝诗文录存》卷一,合肥:黄山书社,1991年,第15页。

桐城派学者信仰宋儒义理。他们所讲的义理，包涵三层意思：一是洞明性理之奥；二是敦品；三是经世。他们在理论上谨守程朱对性理的辨说，少有别解。但在伪道学出没朝野、国家内忧外患的环境中，他们的特别处，是对敦品、经世看得极端重要。姚鼐视躬行为己为人生第一义谛①，曾国藩将经济融于义理之内，就是最好的例证。在义理、考据、词章三者中，桐城派学者视义理高于考据、词章。义理之内，在敦品、性理、经世三者中，桐城派学者又视敦品高于性理、经世。唐文治出入程朱理学，肩随姚、曾，论学最重义理。1934年，唐氏初次面试吴孟复时，问其为学蕲向，答云："愿终身立足于考据之门。"唐氏听后怫然不悦，稍停乃曰："诗文易作，文人皆能之。考据则惠、戴以后，门径已开，稍加读书，亦不难致。人之一生，难在做人。"②进入无锡国专以后，唐氏教吴孟复："立志为圣贤。命以'希颜'为字。"③1947年，唐氏在《赠吴生常焘序》中，以王阳明、曾国藩为范型，期待吴孟复追求三不朽，尤以做人气骨勉之。他说："'人生惟有廉节重，世界须凭气骨撑。'有气骨而文章随之。"④受唐氏教导，吴孟复终生重视内修，不敢稍越雷池。在学术研究中，他也最为看重研究对象的品节。在《屈原九章新笺》中，他强调屈原"以生命殉国家，光明磊落，大节凛然"⑤；在《重建包公墓碑记》中，他赞誉包拯"清刚之气，公正之操，日星同曜，终古常新"⑥；在《桐城文派述论》中，他将姚鼐拒绝拜入领班军机于敏中之门、马其昶反对变更国体等事特意表出⑦；在《记李拔可先生》中，他说："盖先生诗品之高，正由其人品之高；惟其人品之高，故诗品高也。"⑧在《为李敬夫丈作传成，情有未尽，复成小诗》中，他称李诚"不

---

① 王达敏：《姚鼐与乾嘉学派》，北京：学苑出版社，2017年，第172页。
② 吴孟复：《我的读书、治学与教学》，未刊。
③ 吴孟复：《我的读书、治学与教学》，未刊。
④ 唐文治：《赠吴生常焘序》，见邓国光辑释：《唐文治文集》（三），第1905页。
⑤ 吴孟复：《屈原九章新笺》，合肥：黄山书社，1986年，第4页。
⑥ 吴孟复、李汉秋：《重建包公墓碑记》，见《吴山萝诗文录存》卷二，第92页。
⑦ 吴孟复：《桐城文派述论》，合肥：黄山书社，2001年，第98页，第168页。
⑧ 吴孟复：《记李拔可先生》，见《吴山萝诗文录存》卷二，第98页。

忘忧国见平生"①。这都是他看重品节的人生观的外现。1985年,唐文治百廿岁诞辰时,吴孟复抚今追昔,写下这样的诗句:"'考据词章身外物,人生第一在为人。'回头多少崎岖路,始信先生教诲真。"②

　　桐城派学者虽将考据置于义理之下,但在乾嘉汉学昌明的时代,少有人敢对考据心存轻忽。不过,桐城派学者虽不明弃考据,但擅长考据者却稀如星凤。就吴孟复而论,其最初的考据观念,并不是来自桐城派学者,而是由其在广益中学的国文老师段熙仲所授。段氏毕业于东南大学,是柳诒徵、黄侃的弟子,治学偏重考据。在课堂上,他讲解过《文心雕龙》《史通》《文史通义》《清代学术概论》《廿四史》和《新元史》,讲解过吴派、皖派等概念以及江、戴、王、段的学术。吴孟复说:"我之所以有志于国学,喜欢读点并搞点考据,皆段先生之教也。"③最终把吴孟复引上考据之途的,是柳诒徵。1949年在上海文管会,吴孟复叩问为学门径,柳氏以其师缪荃孙之言答之,以为当以《汉书·艺文志》为标志的目录版本之学、以《说文解字》为标志的语言文字之学为基础。吴孟复闻听柳氏之言,豁然贯通,多年所学,如纲举而目张。从此,他对柳氏之教持之不稍懈。他平生撰写的著作主要有:《训诂通论》(1983)、《古书读校法》(1983)、《唐宋古文八家概述》(1985)、《屈原九章新笺》(1986)、《语文阅读欣赏例谈》(1989)、《古籍研究整理通论》(1991)、《桐城文派述论》,校注点勘的著作主要有:《刘大櫆文选》(1985)、《刘大櫆集》(1990),参与或主持编纂的著作主要有:《汉语大词典》(1986)、《续经籍纂诂》(2012)、《古文辞类纂评注》(1995),等等,可谓硕果累累。这些作品涉及文字、音韵、训诂、版本、目录、校勘、文学等多个学科,贯穿于其中的核心方法是考据,而考据的立足点,便是柳诒徵当年指示的两点:知书、识字。1986年,在柳诒徵辞世三十年之际,吴孟复郑重撰下《劬堂夫子逝世三十年纪念献诗》,对柳氏教诲感念不胜。④

---

① 吴孟复:《为李敬夫丈作传成,情有未尽,复成小诗》,见吴布整理:《吴山萝诗存》,合肥:黄山书社,2015年,第32页。
② 吴孟复:《追怀唐蔚芝父子(十一首)》其七,见吴布整理:《吴山萝诗存》,第73页。
③ 吴孟复:《我的读书、治学与教学》,未刊。
④ 纪健生:《吴孟复先生学术传略》,见《相麓景萝稿》,第7页。

吴孟复在考据中,不仅坚持考据与词章合一,而且主张"训诂出词章"①,将词章置于训诂考据之上。吴孟复所谓的词章,主要是指古文之法。他说:"古文之法,不止为作文言之。盖古今人著书作文,其文外曲旨,往往在斯。程瑶田云:'东原之治经也,以能知古人之文章。'(《修辞余抄》)又曰:'所谓解字者,非徒认取字面,识其实义而已。盖将联属数字以成文理。而所以成文理者,又必有一二虚字空运于其间,以传其神,使人涵泳其文,即得其指趣!'(《解字小记》)程君是汉学家,而亲受业于刘海峰,故言之亲切如此。故'古文之法',非仅为作文言也,亦是所以读书治学之法。知古人之文章,涵泳其传神之妙,以知其指趣,即词章之功夫也。……而就读书治学言之,苟得此法,每能发前人所未发。吾尝以拟之如仙家之'金丹'、禅宗之'寸铁',此在近代桐城诸君著作犹能遇之。即今日桐城教师之善教,其妙亦在此也。"②戴震、程瑶田都是汉学皖派大师。吴孟复以为,戴氏的经学考证成就非凡,得力于其深懂古人文章;程氏乃刘大櫆弟子,通晓古文之法,因此在解字时,强调从词章角度涵泳文字,以得其实;近世桐城派学者因解古文之法,在考据时往往能发前人所未发。吴孟复的研究常常是考据、词章兼施,而以词章为归。钱仲联概括其著述特点:"沉浸浓郁,提要钩玄,考订精严,文词尔雅,是合皖江南北之长,果能善用以相济者也。"③

在词章创作方面,吴孟复诗文兼擅。其诗文的突出特色,就是以学问为宗。在中国学术史上,清朝是一个空前重视学问的时代,学者治学重心由尊德性转向道问学。流风所及,诗文各家虽风格迥异,却都以学问植其根。吴孟复谓:"清诗以学胜。"④又谓:"清文之盛,由清学之盛。"⑤桐城派学者的诗文虽独树一帜,但其总体倾向是由虚向实,讲究学问。吴孟复谨守桐城派家法,其诗文中弥漫着浓郁的书卷气息。他曾这样总结写诗心得:"一曰起处用

---

① 吴孟复:《劬堂夫子逝世三十年纪念献诗》,见《吴山萝诗文录存》卷一,第15页。
② 吴孟复:《〈桐城近世名人传〉序》,见陈所巨、杨怀志主编:《桐城近世名人传》,第2~3页。
③ 钱仲联:《〈吴山萝诗文录存〉序》,见《吴山萝诗文录存》卷首。
④ 吴孟复:《〈清文举要〉序》,见《吴山萝诗文录存》卷二,第49页。
⑤ 吴孟复:《〈清文举要〉序》,见《吴山萝诗文录存》卷二,第49页。

反笔;二曰以单行之气,寓于对偶之中;三曰虚字传神;四曰篇终接混茫。无一字无来历而又无一语为人道过。此查他山、姚惜抱不言之秘也。"①追求无一字无来历,其诗如此,其文亦然。吴孟复的文有白话、文言两种,而以文言成就为高。在文言中,吴孟复做有散体文、骈体文、骈散合体文三种,各体皆有所长,难分轩轾。桐城派强调有所法而后能、有所变而后大。吴孟复服膺此论,其诗文创作的确做到了有所法、有所变。吴孟复的诗作在学界享有盛誉。袁思亮说:"曲达而健,举阳刚阴柔之美兼而有之。"李宣龚说:"作者先治古文而后为诗,故其根柢槃深如此。"程千帆说:"诗格老而韵,气深稳而卷舒自如。此惜抱圣境也。"舒芜说:"大诗清空浓至,二妙并兼,其往复宕漾处,真宋贤胜境。"②马茂元是吴孟复衫鬓青青时代的至友,二人惺惺相惜,乃有马氏姊归于吴孟复之事。尽管吴孟复与马氏姊中道分离,马茂元晚年仍然语于舒芜:"平生师友,诗才仍当以吴山翁为第一。我最佩服的还是他。"③

自姚鼐提出义理、考据、词章三者合一之说后,桐城派内外诸多学者即将此悬为学问鹄的。唐文治在《送吴生常焘序》中申论姚鼐之说,而谓:吴生"笃守桐城派,精进不已。自吴挚甫先生而后,传人其在兹乎!"④相期何其殷殷。自唐文治诲导后数十年间,吴孟复竭力将义理、考据、词章打并一处用功,也多有创获。但时移世换,唐文治能够预见吴汝纶和他自己后继有人,却未能卜得广陵散至吴孟复而绝矣。

三、发覆见宝璧

五四新文化运动后,肇开桐城派研究先河的,是刘声木、姜书阁。刘声木撰《桐城文学渊源考》及《补遗》(1929)、《桐城文学撰述考》及《补遗》(1929)为

---

① 纪健生:《吴孟复先生学术传略》,见《相簏景萝稿》,第18页。
② 《师友评语》,见《吴山萝诗文录存》卷首。
③ 舒芜:《致程千帆》(三十六),见《碧空楼书简》,南京:凤凰出版社,2003年,第79页。
④ 唐文治:《赠吴生常焘序》,见邓国光辑释:《唐文治文集》(三),第1906页。

桐城派研究奠定了文献学根基,姜书阁撰《桐城文派评述》(1930)为桐城派研究建立了最初的阐释框架。自刘、姜之书问世之后,到1995年,桐城派研究领域最为卓越的学者是吴孟复。他钻仰先达,自铸新论,最先论述了桐城派与王学的关系、方苞与颜李学派的关系,最先论述了刘大櫆思想的启蒙价值,最先分析了桐城之文的小说化和诗化倾向,最先悟出毛泽东著作中包涵着桐城派元素,等等。他的见解发前人未发之覆,为桐城派研究开辟了新的论域,推动着桐城派研究达致新的境界。

吴孟复以为,桐城学者最著名者为方以智。方氏之学渊源于其曾祖方学渐。方学渐所撰《心学宗》《桐彝》《迩训》等,皆著录于《四库全书总目》。黄宗羲撰《明儒学案》将方学渐列入《泰州学案》,与李贽等同列,史称王学左派。宋儒把伪《大禹谟》中的"人心唯危,道心唯微"奉为二帝三王的心传,倡为"存天理,灭人欲"之论。方学渐独解"危"为"高大",与宋儒异趣。四库馆臣称其"一扫虚无空寂之说"。其学与王学末流之空疏放荡者又自不同。① 王学后来对刘大櫆、姚莹等皆有影响。

方苞是一位宗奉程朱的理学家,所谓"学行继程朱之后"②。近三百年间,学者对此从无异论。惟吴孟复再三研磨后发现,方苞在程朱理学之外,也"学承颜李"③。清初,颜元、李塨崛起于大河以北,强调实学践履,以为程朱理学空疏无用。颜李学行有溢出宋明理学之外者,一时风靡南北,在儒学内部形成了一个独特的派系。方苞"少所交,多楚、越遗民,重文藻,喜事功,视宋儒为腐烂,用此年二十,目未尝涉宋儒书"④。年二十四,方苞受庙堂和时代风潮影响,才以程朱理学为指南。在宗奉程朱理学的同时,他因与王源、李塨交密,又对颜李学派有深刻理解。他以为,颜元与朱熹不过在诸经义疏与

---

① 吴孟复:《桐城文派述论》,第22页。
② 《原集三序·王兆符序》,见彭林、严佐之主编,成棣编:《方苞全集》第十三册《附录》,上海:复旦大学出版社,2018年,第102页。
③ 吴孟复:《桐城文派述论》,第1页。
④ 方苞:《再与刘拙修书》,见彭林、严佐之主编,诸伟奇、陶新民整理:《方苞全集》第八册《方望溪文集全编》(上),第350页。

设教条目等枝节问题上有异,在性命伦常之大原和讲究事功方面并无不同,二者均为孔子之徒。方苞治学志在经世,立朝数十年,关心的是如何屯田西北、经略苗疆、控制台湾,如何经略畿辅水利、淮黄河工、漕运、赋税、禁烟、禁酒、备荒,等等,这与颜李学派的重视礼乐兵农若合符节。但比较而言,方苞以为,孔孟之后,惟程朱乃得天地之道,比颜元之学要高,因而视李塨、王源訾謷朱子为非。在上述认识指导下,方苞形成了以程朱理学为主、颜李之学为辅的思想格局。也因为如此,他推重李塨、王源的人品、学问,与李塨、王源易子而教,而且临终前两年命在家祠左厢敦崇堂内崇祀李塨、王源等四友。[①]尽管吴孟复的论述尚欠明晰,但他提出方苞学承颜李,对于学界认识桐城派道统及其演进具有重大价值。民国初年,徐世昌作为北洋政府总统,为迎接西学挑战,把颜李学派推向国家意识形态主位,并将其引入桐城派道统之中,在政、学两界引起巨大波澜。徐世昌的做法正是继轨方苞。[②]

刘大櫆被姚鼐抬入桐城文统后,在桐城派内外,引起诸多争论,学者对其肯定者少,否定者多。桐城文统建立后,至姚门弟子,方苞、刘大櫆、姚鼐被视为一体,形成桐城派一脉文心传三世的叙事模式。但是,越到后来,刘大櫆越被轻视,学者论起桐城派,往往方姚并称。由于刘大櫆的失位,连继他而起的阳湖派诸家是否属于桐城派,在文学史上也成为疑案。惟吴孟复再三研磨后发现,刘大櫆思想超迈,"他的愤世嫉俗,敢于怀疑,有不少越出'桐城'以至程、朱之范围"[③],他的"部分作品中,讲了一些方、姚不敢讲的话,有的竟与黄宗羲、唐甄、吴敬梓、曹霑、戴震颇为近似"[④]。其被传统学者否定的因由在此,其独特价值也在此。关于天道,刘大櫆以为,"天道盖浑然无知者也"[⑤],

---

[①] 苏敦元辑、李昌国和王永环点校:《方望溪先生年谱》,见王长林主编:《桐城派名家年谱》,合肥:安徽大学出版社,2019年,第45~46页。吴孟复:《桐城文派述论》,第1页,第67~69页,第208~209页。

[②] 王达敏:《徐世昌与桐城派》,载《安徽大学学报》,2018年第6期。

[③] 吴孟复:《桐城文派述论》,第72页。

[④] 吴孟复:《〈刘大櫆集〉前言》,见《吴孟复安徽文献研究丛稿》,第16页。

[⑤] 刘大櫆:《天道上》,见吴孟复校点:《刘大櫆集》,上海:上海古籍出版社,1990年,第1页。

与人的穷通寿夭无关,风水之说乃无稽之谈。关于理欲,他承认人们合理的欲望,以为天地之间"人为贵",人的"嗜欲之所在,智之所不能谋,威之所不能胁,夺其所甘而易以所苦,势不能以终日"①,应该"本人情以通天下之和"②。关于伦理,他以为,"君臣以义合,故曰'合则留,不合则去'"③,对所谓君臣之义无所逃于天地之间之论不能苟同。关于理学,他推戴王阳明之学,曰:"我爱新建伯,术业何崇隆。七龄矢志学古圣,富贵于我浮云空。径从良知见性命,震礚天鼓惊愚蒙。卒其所就继孔孟,唱和如以徵应宫。后来小生肆掊击,连接鸡雌拜虎雄。擒濠立功在社稷,用由本出观其通。"④他反对朱陆异同之论,以为"天地之气化万变无穷,则天下之理亦不可以一端尽"⑤,主张息争。他也反对理学家好古而失之愚;反对理学家重男而轻女、重富贵而轻贫贱,以为"丈夫不能,而女子能之;富贵者不能,而乞人能之"⑥;反对经义八股,以为八股文"如栖群蝇于圭璧之上,有玷污而无洗濯"⑦。吴孟复据上述内容得出结论:刘大櫆"有些话,竟似出于李贽、吴敬梓、曹雪芹之口。所以,把方姚与程朱理学联系在一起,还是'事出有因';如果也把刘大櫆与程朱理学混为一谈,则未免冤屈已甚了"⑧。吴孟复站在当代高度,烛照刘大櫆诗文,揭示了其思想的独到价值,从而稳定了其作为桐城派三祖之一的地位。

  吴孟复指出:"'桐城文'是文艺散文。"⑨从这一判断出发,他以为,桐城文的最突出特点是"把小说技巧吸收到散文中"⑩。方苞首倡义法之说,以清

---

① 刘大櫆:《慎始》,见吴孟复校点:《刘大櫆集》,第20页。
② 刘大櫆:《男子三十而娶女子二十而嫁》,见吴孟复校点:《刘大櫆集》,第27页。
③ 刘大櫆:《汪烈女传》,见吴孟复校点:《刘大櫆集》,第202页。
④ 刘大櫆:《奉题学使公所得王新建印章次原韵》,见吴孟复校点:《刘大櫆集》,第438~439页。
⑤ 刘大櫆:《息争》,见吴孟复校点:《刘大櫆集》,第16页。
⑥ 刘大櫆:《乞人张氏传》,见吴孟复校点:《刘大櫆集》,第208页。
⑦ 刘大櫆:《张俊生时文序》,见吴孟复校点:《刘大櫆集》,第104页。
⑧ 吴孟复:《桐城文派述论》,第72~80页。
⑨ 吴孟复:《桐城文派述论》,第1页。
⑩ 吴孟复:《桐城文派述论·前言》,第1页。

真雅正标准衡文,最看重古文之体的雅洁。他那段著名表述是:"南宋元明以来,古文义法不讲久矣。吴越间遗老尤放恣,或杂小说家,或沿翰林旧体,无一雅洁者。古文中不可入语录中语、魏晋六朝人藻丽俳语、汉赋中板重字法、诗歌中隽语、南北史佻巧语。"①为了雅洁,方苞首先排斥的,就是小说家言。归有光为桐城派所尊仰,闻一多却发现,明代文学的主潮是小说,归有光之所以成为欧阳修以后唯一顶天立地的散文家,就是因为他"采取了小说的以寻常人物的日常生活为描写对象的态度,和刻画景物的技巧,总算是沾上了点时代潮流的边儿"②。吴孟复接过闻一多的识断,对桐城派的创作下一转语:桐城派学者继承归有光之处,主要就是"把小说描写方法用入散文"。他们"在散文写作中注意人物性格的表现,采用一些白描方法,特别是注意特征性细节的描绘。如方苞的《左忠毅公逸事》,从开端、发展、高潮到结束,情节基本完整。特别是探监一段……有人物肖像,有心理解剖,有动作,有语言,通过这些,写出人物的形象,显示人物的性格。写得有声有色,栩栩如生。这完全是小说的笔法'"③。桐城派上接《左传》《史记》,下承唐宋八家和归有光。《左传》《史记》和韩文、归文的写人记事皆用小说笔法,桐城派散文将小说笔法用入散文写作,可谓其来有自。吴孟复的发现说明,桐城派学者的理论和创作之间,并非完全吻合。

从"'桐城文'是文艺散文"的判断出发,吴孟复以为:桐城派学者往往在古文写作中,"借助于比、兴手法";"利用散行语言的特点,从多层转折中,做到委曲尽意";词必己出,"用接近于口语的文字,写平畅简洁的文章,不肯蹈袭前人的一言一句";往往以诗为文,"以诗的神韵特别是以'不说出'写'说不出'之妙,用入文中,使散文诗化",等等。④

---

① 沈廷芳:《书〈方望溪先生传〉后》,见《隐拙斋文钞》卷四,乾隆庚午(1750)毛赞跋本,第7页。
② 闻一多:《神话与诗·文学的历史动向》,见《闻一多全集》(一),北京:三联书店,1982年,第205~206页。
③ 吴孟复:《桐城文派述论》,第40页。
④ 吴孟复:《桐城文派述论》,第14~15页,第39页。

必须郑重道及的是,吴孟复凭借在桐城派研究方面的渊深学殖,和敏锐灵动的艺术感觉,很早就发现了毛泽东文章中的桐城派元素。曾国藩是桐城派发展史上的经典学者。他对桐城派的推扬,使桐城派长久牢牢盘踞于文坛核心,湖南学界尤其为桐城之学所笼罩。毛泽东在青年时代受到景仰桐城派的师长熏炙,数年浸润于桐城之学,其思想倾向、文艺观念、审美趣味、创作风格等都打上了桐城派烙印。但是,毛泽东在世时,他与桐城派的关系绝少引起学界关注。1969 年,吴孟复被遣送淮北乡下劳动。在物质和精神生活匮乏、体力劳动强度极高、慢性肺病不断加剧的情况下,他以顽强的毅力坚持阅读马列毛的著作。在读毛著时,"他咬文嚼字,划段析句,后来竟然从毛泽东的文风中发现与桐城派文章的相通之处"[1]。无独有偶,吴孟复的总角至交舒芜也直觉到了毛著与桐城派祖师韩愈之文的渊源。舒芜的老友汪泽楷在湖南一中与毛泽东同学。他告诉舒芜:在湖南一中时,"毛泽东起床很早,宿舍采光不好,他起床后就站在宿舍窗口,就着光大声朗读韩愈文章。"舒芜说:"这同我的一种揣想很符合。我一向觉得毛泽东文章很有韩愈气味,可能他对韩文下过工夫,果然如此。"[2]在特殊的时代氛围中,吴孟复与舒芜当然无法对自己的发现作出阐述,但他们作为桐城派的行家,确定毛泽东的创作与桐城派的内在联系,则具有重大的学术价值。

吴孟复对桐城派与王学左派关系、颜李学派关系和刘大櫆思想独特性的论述,彰显了该派尊奉程朱理学之外,在思想方面的多元选择。他对桐城派学者引小说元素入文的论述,解释了在晚清民国,该派何以能够产生出林纾、姚鹓雏和潘伯鹰等小说家的缘由。他对桐城文是文艺散文的论断,显露出五四新文学中散文体裁与桐城文的丝连。这一系列原创性成果在学理上为桐城派从古典向现代转型提供了内在依据。

---

[1] 纪健生:《吴孟复先生学术传略》,见《相麓景萝稿》,第 10 页。
[2] 舒芜:《汪泽楷教授点滴》,见《牺牲的享与供》,上海:上海书店出版社,2009 年,第 94 页。

四、守望桐城的壁垒

桐城派是吴孟复和舒芜共同的精神摇篮。他们少年时代从桐城派出发,始则并辔而齐驱,继则分道而扬镳,各自走向属于自己的世界。1980年,吴孟复和舒芜度尽劫波,在京华重晤,都已进入斜阳岁月。吴孟复赠诗给舒芜:"倾盖相逢各少年,都门重聚两华颠。"[1]但是,由于阅历、思想和艺术趣味的差异,关于如何对待桐城派问题,他们之间发生了连绵十余年的或明或暗的争论。吴孟复从与传统实行最彻底决裂的文革中醒来,捍卫华夏传统文化,尤其捍卫桐城派;舒芜则痛定思痛,重回五四新文化派立场,对在传统文化中占居主流地位的儒家展开批判,尤其从各个层面对桐城派进行解剖。吴、舒之争,成为桐城派走向终局时代的一首哀歌。

关于唐宋八家。唐宋八家是桐城文统的核心。自方苞、刘大櫆和姚鼐之后,桐城派学者多致力于研习唐宋八家之文,因而被视为唐宋派。二十世纪八十年代初,吴孟复因爱嗜桐城文,而及于八家,撰《唐宋古文八家概述》,以颂其功。此书有殊前哲处在于,作者以语言为本位,论述八家的文学贡献。他认为:"'八家'的所谓'词必己出',其实就是从书面语言中选用一些人们常见易懂的词语,也从口语中提炼出一些为普通读书人多能理解的词语,按汉语句法、章法、篇法,加以组织安排,做到'文通字顺'。因此,就表现为语言的通俗性与自然朴素美,较充分地发展其尽意的功能。"[2]同时,作者指出:"既知'八家'之起弊,又知'八代'之非衰,知'八家'集'八代'之成,然后可与论'八家'之胜。"[3]书成,吴孟复请舒芜作序。舒芜在序中却着着实实对吴孟复的著作喝了倒彩。舒芜说:他不喜欢唐宋八家,也不喜欢后人编排出来的唐

---

[1] 舒芜:《吴孟复作〈唐宋八大家简述〉序》,见《舒芜集》(二),石家庄:河北教育出版社,2001年,第364页。

[2] 吴孟复:《〈唐宋古文八家概述〉后记》,见《唐宋古文八家概述》,合肥:安徽教育出版社,1985年,第233页。

[3] 吴孟复:《〈唐宋古文八家概述〉后记》,见《唐宋古文八家概述》,第253页。

宋八家名目。因为：""八家"之首的韩愈，在《原道》里编排出一个'尧舜禹汤文武周孔孟'的'道统'名单，其意即以继承'道统'自命。同样，编排和鼓吹'唐宋八大家'这个'文统'的名单，其意亦即以继承这个'文统'自命。而凡是以'正统'自居的，总要攘斥异端，定于一尊，顺我者正，逆我者邪，如韩愈在《原道》里就杀气腾腾地宣布要对佛教徒实行'人其人，火其书，庐其居'。"他认为，吴孟复的这项研究"是内行人说内行话"，但对八家未免"偏爱"。他提醒青年读者阅读吴著时，应知道五四新文学家对桐城谬种的抨击，知道曾经发生过反对"八家—桐城"正统权威的严重斗争。① 吴孟复不同意舒芜对唐宋八家的指责，不同意舒芜对尊奉八家为正宗的桐城派的指责，因此在《唐宋古文八家概述》问世时，毅然将舒序黜落。

关于桐城派讨论会。1985年11月1日至7日，首届桐城派讨论会在桐城举行，舒芜、吴孟复均被盛情邀请。会前，舒芜就表示："桐城派我不懂，也不喜欢。"②会间，他建议桐城举行方以智学术讨论会，以为"这比桐城派讨论会有意思得多"③，而且特意表示"我不是回来参加研讨会的，我是借此次会议回来走访亲朋故旧的"④。吴孟复则不然。他由女公子吴布陪同，兴致盎然地与会，提交论文之外，还赋诗十余首：《陪梦笤先生自合肥同车至桐城》《与梦笤先生、舒芜兄弟游浮山》《重至桐城参加文派讨论会赋此（三首）》《桐城晤舒芜》《论桐城派（八首）》。对于这次盛况空前的会议，舒芜的冷淡，吴孟复的兴会淋漓，形成鲜明对照。

关于桐城谬种问题。自1980年起，吴孟复写下一系列研究桐城派的论著：《试论桐城派的艺术特色》（1980）、《桐城派三题》（1982）、《略论梅曾亮与桐城派》（1982）、《论刘大櫆与桐城派》（1983）、《简论神理气味与格律声色》（1985）、《刘大櫆文选》（1985），等等。在这些论著中，吴孟复不接受五四新文

---

① 舒芜：《吴孟复作〈唐宋八大家简述〉序》，见《舒芜集》（二），第367~369页。
② 舒芜：《致左孝武》（一），见《碧空楼书简》，第101页。
③ 舒芜：《致左孝武》（三），见《碧空楼书简》，第102页。
④ 杨怀志：《舒芜先生与桐城母校》，见陈半湾编：《思想者的智情意——读忆舒芜》，北京：人民文学出版社，2014年，第390页。

化派所作出的"桐城谬种"判决,对桐城派的勋业给予很高评价,引起学界关注和呼应。此时舒芜正试图回归五四,不惬于吴孟复等重审"桐城谬种"旧案,于1987年3月2日撰下长文《"桐城谬种"问题之回顾》。舒芜回顾了五四新文化运动前王若霖、钱大昕、冯桂芬、蒋湘南、陈澹然和章太炎对桐城派的訾议,回顾了五四新文化运动时期胡适、陈独秀、钱玄同和傅斯年对桐城派的笔伐,回顾了五四新文化运动后周作人对桐城派持续地挖根式的解析,以为:"'五四'新文化运动对桐城派的批判,既是中国文学史的必然发展,又是作为当时中国改革运动一部分的必要的斗争,今天完全应该给以肯定,不应该否定"。"我们应该从建设高度民主的社会主义精神文明这个广阔视野来观察问题,应该比前人更加痛感桐城派的'道统'和'文统'的反民主反科学的性质,更加深入地剖析桐城派从内容到形式的一整套封建主义的结构。不管今天纯学术地讨论起来,对宋明理学的评价可以有多少不同的意见,历史上却只有一种理学活生生地存在过,那就是鲁四老爷的理学,不动声色不沾血腥地吃掉了祥林嫂的理学;那就是冯乐山的理学,有声有色鲜血淋漓地吃掉了鸣凤的理学。桐城派所载的就是这个道。离开这个道,就不是桐城派,不是历史上现实地存在过的桐城派。所谓'桐城义法',完全是为这样的道学服务,适应于这样的道学的需要的。"①《"桐城谬种"问题之回顾》写定后,舒芜并没有急于投稿。就在他沉淀之时,吴孟复又连续刊出《略谈柳诒徵先生的治学与教学》(1987)、《再谈"桐城派"三个问题》(1988)、《文献学家萧穆年谱》(1988)。舒芜面对吴孟复等学者对包括桐城派在内的中国传统的回护,面对那场政治大波,决定发表《"桐城谬种"问题之回顾》(《读书》1989年第11期、第12期)。吴孟复及其弟子杨怀志读了舒芜之文,无论如何不能接受。杨怀志立即针锋相对,于1990年1月24日写下《桐城派研究的回顾》一文,历数前人对桐城派的赞誉,指责舒芜数典忘祖。② 吴孟复则沉稳地校理着将由上海古籍出版社发行的《刘大櫆集》(1990),抓紧撰写《桐城文派述论》(1992)。

---

① 舒芜:《"桐城谬种"问题之回顾》(续),载《读书》,1989年第12期,第116~117页。
② 杨怀志:《桐城派研究之回顾》,载《斯文》,2020年第5辑,第159~176页。

在《桐城文派述论》中,他论述了桐城文派的历史渊源、艺术特色、师友传授、诸家风格,兼斥"桐城谬种"之说,不点名地与舒芜争辨。

关于编纂安徽古籍丛书。1984年,安徽省成立古籍整理出版领导小组,决定编纂安徽古籍丛书,甄录校释历代皖人著述。吴孟复任丛书编审委员会主任,舒芜、马茂元等被聘为学术顾问。此后十年间,吴孟复为纂修这套丛书鞠躬尽瘁,死而后已。丛书草创阶段,吴孟复以自己熟稔的桐城派著述为基础,编制工作规划。丛书第一种1989年问世,至1991年,共出版十四位作者的二十一种著作,其中,桐城派就有五位学者的十一种著作入选,分别是:马其昶撰《定本庄子故》《桐城耆旧传》,姚永朴撰《旧闻随笔》《文学研究法》,刘声木撰《桐城文学渊源考·撰述考》、方苞撰《方望溪遗集》,姚莹撰《康輶纪行》《东槎纪略》《识小录·寸阴丛录》。吴孟复还为《方望溪遗集》《识小录·寸阴丛录》《桐城文学渊源考·撰述考》撰序。对于恩师姚永朴的《文学研究法》,他撰序后意犹未尽,又写了一篇书后予以倡扬。这些文字俯仰今古,感慨万千,充满真知灼见。对于幼时就读过的《桐城文学渊源考·撰述考》,他推崇备至,以为此书著录桐城派学者,"考其师承,录其名氏,括其生平,详其著作,提示传记、评论之所在,兼具'学案'、'目录'、'索引'之作用","实为研究桐城文派最佳之工具"。① 但是,吴孟复以桐城派为重心的编纂方针和已出之书不尽如人意的编校质量,引来舒芜非议。1991年12月7日,舒芜说:"安徽古籍丛书,我被列名为编审委员会顾问之一,实际什么也没有做。我这里看到几种,觉得校勘和标点较粗,可议处颇多;又选目偏重桐城派,我甚不以为然,即如《桐城文学渊源考》一书,几乎举全国文人尽入于桐城派,实不足据也。"②

舒芜是一位思想家。他幼承家教,在桐城派的文化土壤中成长。接触五四新文化后,他信奉民主与科学,主张个性解放,离桐城派日远。1949年后,经过思想改造,他"要完全抛弃从'人'出发、人道主义、人格力量这些五四传

---

① 吴孟复:《〈桐城文学渊源考·撰述考〉序》,见《吴孟复安徽文献研究丛稿》,第47页。
② 舒芜:《致左孝武》(十八),见《碧空楼书简》,第118页。

统中最好的东西"①;"运用政治标准来把一切个性解放个性自由的思想归入有害于革命工作一类"②。他说:当时他并没有觉察到,改造知识分子"所用的标准常常是接上了新说法的儒家理学家的伦理道德,乃至小市民小农民的修身处世标准"。③又说:"我自以为学到的毛泽东思想,却又一步一步把我学成了'右派',学成了'反革命集团起义人员'。"又说:他的进步,"导致了那样一大冤狱,那么多人受到迫害,妻离子散,家破人亡,乃至失智发狂,各式惨死,其中包括了我青年时期几乎全部的好友,特别是一贯挈我掖我教我望我的胡风,我对他们的苦难,有我应负的一份沉重的责任"④。1979年后,他对过往经历进行反思,矢志回归五四。他说:"检点下来,我原来的几个思想基点之中,只有尊五四,尤尊鲁迅,反儒学,尤反理学,反法西斯,尤反封建法西斯这几点,大致还能保存;其中有的例如'个性解放'思想虽被我宣布抛弃了,有些淡化了,生锈了,但大致还能寻回来,磨濯干净。我只能就在这几个思想基点上,尽量做点事。"⑤在舒芜回归五四之路上,学尊程朱、文法韩欧的桐城派被他视为封建专制文化,而受到狙击。

与舒芜不同,吴孟复是一位纯粹学者。他早年受国学湛深的师友甄陶,建立起对包括桐城派在内的传统文化的信仰。二十世纪三十年代中叶,他在为姚永朴撰《七经问答》所写后序中说:"世方废经蔑孔子,诐词邪说,横被天下,亘古未有。"⑥这样的想法显与五四新文化思潮相悖。他出身大地主之家,又曾在旧军政机构和大学里做事,这成了他在后来的原罪。1957年,他在原罪之上,又添新愆。在救赎中,他虽历尽磨难,但对包括桐城派在内的华夏传统文化的信仰从未动摇。1979年昭雪后,其职志就是以"文章报国"⑦、

---

① 舒芜:《〈回顾五四〉后序》,见《舒芜集》(八),第366页。
② 舒芜:《〈回顾五四〉后序》,见《舒芜集》(八),第380页。
③ 舒芜:《〈回顾五四〉后序》,见《舒芜集》(八),第275页。
④ 舒芜:《〈回顾五四〉后序》,见《舒芜集》(八),第388页。
⑤ 舒芜:《〈回顾五四〉后序》,见《舒芜集》(八),第389页。
⑥ 吴孟复:《自传》,未刊。
⑦ 吴孟复:《康衢颂十二首》其七,第47页。

"以涓埃报盛时"①。具体说来,就是以研究古典传统的实绩来润饰鸿业。对于遭遇的苦痛,他从不抱怨。国庆三十五周年时,他写下《十喜吟(十二首)》,其一曰:"三十五年惠爱深,我和草木共逢春。春光万里人人乐,我唱山歌给党听。"②也是这一年,舒芜、王以铸、吕剑、宋谋玚、荒芜、孙玄常、陈次园、陈迩冬、聂绀弩所著旧体诗词合集《倾盖集》出版。九位诗人,除陈迩冬曾是现行反革命外,其他八人都是右派。《倾盖集》所抒发的,正是从动荡年代走过的诗人的忧喜。③舒芜本来也约了吴孟复的诗作,但其枯木逢春式的诗思因与该书格调不合,而见摒。吴孟复早已被桐城派为代表的传统文化所化。1992年8月20日,他说:"桐城之学之文,此文化之菁英,天下之公器,终必传世不废。且吾读书数十年,先后数更其专业,而桐城文心之妙,文法之奇,所以助读书作文者,久而愈见其为用之广。"④说此话离其辞世已经不远,可视为其晚年定论。所以,当舒芜谴责桐城派时,吴孟复除了坚守桐城壁垒,实在别无选择。

百余年来,在西风东渐的大变局中,如何面对异质的西方文明,如何面对悠久的华夏传统,是中国现代化进程中遇到的最大难题。桐城派是吴孟复、舒芜共同的精神之根。但是,后来,吴孟复站在中国文化本位的立场捍卫桐城派,舒芜站在五四新文化派的立场拒斥桐城派。他们之间的纷争,正是时代难题具体而微的展现。

五、岿然灵光

民国文坛主要由古典文学和新文学组成。新文化运动兴起时影响有限,鲁迅说:当时"不特没有人来赞同,并且也还没有人来反对"⑤,因而才有钱玄

---

① 吴孟复:《训诂通论·后记》,见《训诂通论》,合肥:安徽教育出版社,1983年,第147页。
② 吴孟复:《十喜吟》,见吴布整理:《吴山萝诗存》,第48页。
③ 舒芜:《倾盖集》,见《牺牲的享与供》,第277~278页。
④ 吴孟复:《〈桐城近世名人传〉序》,见陈所巨、杨怀志主编:《桐城近世名人传》,第3页。
⑤ 鲁迅:《〈呐喊〉自序》,见《鲁迅全集》(一),北京:人民文学出版社,1981年,第419页。

同、刘半农双簧戏的登场。此后至抗战军兴,新文学有长足发展,古典文学也有很大施展空间。1947年4月11日,胡适在国语推行委员会常会中,"对目前白话文退化情形慷慨陈词,希恢复三十年前精神,应请政府切实提倡白话文"①。可知直到那时,白话文体写作还没有获得压倒性优势。就桐城派而论,自五四新文化运动至1949年,它虽再无五四前的赫耀,但也仍在万方多难中,在与新文学并峙、交融中,调整并寻找着新的方向,人才鹊起,成就卓出。吴汝纶创办的桐城中学、徐树铮主持的正志中学、周学熙主持的宏毅学舍、唐文治主持的无锡国专、张学良创办的萃升书院、梁建章主持的莲池讲学院、步其诰主纂的《四存月刊》、张家骥主纂的《民彝》杂志、陈瀛一主纂的《青鹤》杂志、刘叶秋主纂的《天津民国日报》副刊,以及海内各大、中、小学校的国文教科书,皆是桐城派盘踞之所。吴孟复正是在无锡国专成长起来的桐城派嫡裔。

桐城派真正走向终局,是在1949新政权建立之后。

在新的历史时代,桐城派失去了存在的政治、经济和文化环境。单就文化环境而言,国家以白话文著作为基础制订的语文政策,收窄了以文言写作为特征的桐城派的腾挪空间。1951年1月,中央决定颁布指示,纠正各类公文中的文字缺点。这些缺点最常见的"有滥用省略、句法不全、交代不明、眉目不清、篇幅冗长五类"。1月27日至2月28日,毛泽东对该指示稿予以修改,并在2月25日批示胡乔木:"可以印成小本发给党内外较多的人看";"一般文法教育则应在报上写文章及为学校写文法教科书"。② 根据毛泽东的批示,吕叔湘、朱德熙在三个月内撰成《语法修辞讲话》,于1951年6月6日在《人民日报》正式发表。《语法修辞讲话》刊出当天,《人民日报》在头版登载了由毛泽东亲笔修改的社论《正确地使用祖国的语言,为语言的纯洁和健康而斗争》。1956年2月6日,国务院向全国发出《关于推广普通话的指示》,指出:"汉语统一的基础已经存在了,这就是以北京语音为标准音、以北方话为

---

① 《白话文退化!》,载《天津民国日报》,1947年4月11日。
② 逄先知、冯蕙主编:《毛泽东年谱(1949.10—1952.12)》,北京:中央文献出版社,2013年,第292~293页。

基础方言、以典范的现代白话文著作为语法规范的普通话。在文化教育系统中和人民生活各方面推广这种普通话,是促进汉语达到完全统一的主要方法。"①接着,吕叔湘根据国务院有关指示,主持编写了一部《现代汉语词典》。这部词典于1960年出版了试印本,1978年正式发行,至今已修订印刷了七版。"《现代汉语词典》是一项前无古人的事业。以前的汉语辞书都以文言为主,从来没有人做过收普通话词汇、用普通话解释、举普通话例子的新型汉语辞书工作"②。新时代的国家语文政策,看重现代白话文著作的价值,忽视文言文著作的意义。至此,在语文层面,由晚清至五四发动的白话文运动和新文学运动终于取得完全胜利,而以桐城派为代表的古典文学终于走到了尽头。且1949年之后,毛泽东秉承五四传统的绪余,以阶级分析的眼光,视桐城派为地主阶级文化,对桐城派全面否定,更加速了桐城派走向终结。③

1949年至1979年间,在国家的语文政策和毛泽东否定性评价影响下,桐城派学者的文学创作已经没有合适的发表园地,学界对桐城派微弱的肯定之声也被强大的批判之声所淹没。关于肯定,马茂元说:"桐城派之所以能够成为重要的文学流派,是它对于散文创作有一套完整的理论和鲜明的主张,而这一流派的作家都能用自己的创作实践去贯彻和充实这个文学理论和主张,从而扩大它的影响。"④王气中说,桐城派"继承了中国以前的文论传统,,加以总结、发展,给散文建立了较为系统的理论,这是应该在中国文学史上引起注意的大事"⑤。李鸿翱从古为今用的角度着眼,以为桐城派在当下依然"还有很小一部分,是有其继承价值的"⑥。钱仲联从桐城派学者的创作、评

---

① 《国务院关于推广普通话的指示》,载《人民日报》,1956年2月12日,第3版。
② 张伯江:《吕叔湘:语言研究中的破与立》,载《光明日报》,2019年6月10日,第11版。
③ 王达敏:《毛泽东与桐城派》,载《安徽大学学报》,2017年第6期。
④ 马茂元:《从桐城派的古文谈到姚鼐的〈登泰山记〉》,载《语文学习》,1957年第10期,第19页。
⑤ 王气中:《桐城派在中国文学史上的地位和作用》,载《安徽历史学报》,1957年创刊号。
⑥ 李鸿翱:《桐城派在社会主义社会有无作用》,载《光明日报》,1961年5月7日,14日。

点及其古文与时文之辨等方面痛驳了桐城古文为时文变种之见。① 这些肯定桐城派的学者多与桐城派有一定渊源。至于否定的文章则不胜枚举。文革十年,严肃的学术讨论完全停止。1975 年,桐城派故乡的文教局成立桐城派批判小组,写出《桐城派是一个反动的儒家学派》②这样的文字,该是桐城派前贤在九泉之下所想象不到的。

1949 年之后,那些漂泊海外的桐城派学者依然在为故国招魂。钱穆为学根柢在桐城之学。他早年对姚鼐、曾国藩高山仰止,以为"天下学术,无踰乎姚、曾二氏"③。在香港新亚书院讲授《中国文学史》时,他对桐城之学依然情有独钟,以为学文应从姚、曾所纂两书入。④ 其弟子叶龙因著《桐城派文学史》《桐城派文学艺术欣赏》而享誉学界。曾克耑受钱穆奖掖,任教于新亚书院,在课堂内外,竭力弘扬桐城之学。⑤ 李钜在台湾一边行医,一边撰写诗古文辞。因亲经乱离,其诗文沉郁顿挫。⑥ 贺翊新在台北两度出长建国中学达十五年之久,哺育人才无数。⑦ 陈赣一到台湾后因文笔优雅而出任省政府秘书。⑧ 周明泰在美国继续其戏曲研究。⑨ 这些身在海外的桐城派学者虽然努力绍斯文之传,但在强势的西方文化笼罩下,终不免落寞。随着他们的离世,桐城之学在海外也渐入杳寂。

1949 年至 1978 年间,吴孟复即使在做右派的艰难日子里和十年浩劫

---

① 钱仲联:《桐城派古文与时文的关系问题》,载《文学评论》,1962 年第 2 期。
② 桐城县文教局桐城派批判小组:《桐城派是一个反动的儒家学派》,载《安徽师范大学学报》,1975 年第 2 期。
③ 钱穆:《宋明理学概述序》,见《宋明理学概述》卷首,《钱穆先生全集》(新校本),北京:九州出版社,2011 年。
④ 钱穆讲述、叶龙记录整理:《中国文学史》,成都:天地出版社,2015 年,第 307~308 页。
⑤ 曾克耑:《述桐城派》《自叙》,分别见《颂橘庐丛稿外篇》卷三、卷三十八,香港:新华印刷股份公司,1961 年,第 59~106 页,第 1590~1576 页。
⑥ 李钜:《李钜诗文集》,稿本,李建雄先生收藏。
⑦ 钱复:《追忆建中校长贺翊新》,见《建中校友》;杨照:《大学应该比社会更自由》,载《星州日报》,2012 年 6 月 2 日。
⑧ 吴琪整理:《少帅身边的黎川秘书》,见风雅黎川的博客,2016 年 3 月 1 日。
⑨ 沈津:《周志辅和他收藏的戏曲文献》,载《中国典籍与文化》,2003 年第 1 期,第 37~41 页。

中,在虔诚地接受挫整和虔诚地参与整人的岁月,也能钻缝窥隙,研磨学业。1957年,吴孟复在合肥教师进修学院成为右派后,离开三尺讲台,到图书馆从事古籍编目工作。爱书如命的他获此良机,干脆吃住在编目室,整日寝馈书丛,焚膏继晷地博览深研。那时,他肺疾已深,腰已弯曲,一米八几的身高,瘦得只有四十公斤,四十来岁的人倒像是花甲老者。工作中,"他用绳子把书捆成小捆,弯腰曲背,咳喘不息,顺着楼梯护栏,从一楼书库朝二楼编目室拖,然后再整理分类,著录制卡,再送回书库插架"[①]。这一阶段的阅读和编目,为其重见天日后的学术腾飞奠定了基础。

  1979年2月20日撤销右派处分后,至1995年2月1日逝世前,吴孟复的生命突然迸发出耀眼光芒。整整十六年间,他以浸润着桐城风格的诗文创作和丰赡的文献学成果为桐城派增光添彩;以深刻诠释唐宋八家和桐城派的著述把相关研究推向新的高度;以坚韧果决守望着桐城派的壁垒。就此而论,海内并世的桐城派创作者和研究者不能与其并驾,海外当代的桐城派创作者和研究者同样难以与其偶驰。由于大半生在蹭蹬和扰攘中度过,他的生命被损耗,独立被侵夺,自由被践踏,才华被锈蚀。在学问的崎岖小路上,他拖着残病之躯,不畏劳苦,"三更灯火五更鸡"[②]地攀登着,却并没有达到光辉的顶点。这自然不单是其个人的不幸。尽管如此,在当代学术从荒芜走向复苏的关键时刻,在桐城派经过数百年起伏跌宕而走向终局的时候,正是他以艰苦卓绝的奋斗,为桐城派赢得了最后的尊严和荣光。

(原载《安徽大学学报》2019年第6期)

[①] 纪健生:《吴孟复先生学术传略》,见《相麓景萝稿》,第8页。
[②] 吴孟复语,见纪健生:《吴孟复先生学术传略》,《相麓景萝稿》,第16页。

论桐城派的终局

1949年,国共操戈三载,最终决出雌雄:南京国民政府瓦解土崩,人民共和国横空出世。经过巨大的历史震荡,自道咸之际开启的中国现代化运动从此折向一条与晚晴、民国迥异的道路。自曾国藩之后,桐城派一直积极进取,参与推动中国走出中世纪,走向现代世界。然而,在这个古老民族浴火重生时刻,桐城派却陷入困境。随着桐城派著名学者吴孟复1995年去世,一场绵延三百余年的文化运动,终于落下大幕。

一、易代之际的抉择

在波澜壮阔的1949年前后,桐城系统的所有学者都面临着历史性抉择。他们的抉择既对其此后生涯影响至巨,也决定着桐城派的命运。

吴汝纶在河北莲池书院哺育的众多弟子,历经动荡岁月的剥蚀,到国民政府在大陆崩溃时已经凋零殆尽。1949年冬,人民共和国诞生的喜气尚未消散,凶问便联翩而至:谷钟秀、傅增湘和吴闿生相继捐馆。刚翻过年,尚秉和接踵而逝。① 谷钟秀曾作为直隶代表参与南京临时政府的筹建,后任泰东

---

① 邢之襄:《哭樵风》《哭沅叔》《哭北江》《哭节之》,见《求己斋诗集》卷三,北京:中国书店,2003年。

书局总编辑、北洋政府农商总长和河北省政府委员等职,刘少奇在北平做地下工作时曾在其宅院居住,著有《中华民国开国史》等。傅增湘曾任北洋政府教育部总长,工书善文,精鉴赏,富收藏,著述丰赡。吴闿生曾任北洋政府教育部次长,在民初,因担心古文之传中斩,开门授徒,舌敝唇焦地教诲、提携后进。到抗战前夕,以吴闿生为中心,北国学坛形成了一个有二百余人之多的文学团体。尚秉和擅长古文,易学造诣渊深,是象数派易学的代表人物之一。四位莲池老辈刚跨进新中国的门槛,便寂然倒下,预告着桐城派的行将就歇。

吴汝纶的莲池弟子邢之襄、刘宗尧和李广濂,非莲池弟子唐文治、冒广生,还有其小门生、马其昶的弟子叶玉麟等,迈着老步,各怀心事,走进新的时代。邢之襄早岁留学日本,曾任天津市政府秘书长,后走上实业救国之路。他的弟弟邢西萍(徐冰)为中共高级干部,曾得其营救出狱;他受弟之托,卢沟桥事变前后,在北平照顾前来治病的邓颖超;北平解放前夕,他因倾向中共而锒铛入狱。刚一解放,他就把家藏善本古籍3640册捐献国家。他1952年被聘为北京文史研究馆第一任馆长,带头潜研马列,努力改过自新,心情十分愉快。① 唐文治有所不同。唐氏早岁出使欧美多国和日本,清季出任农工商部侍郎,署理尚书。后任上海交通大学前身上海实业学堂监督。1920年创办无锡国专,任校长达三十年之久,培养俊彦无数。1949年5月27日,上海解放,解放军秋毫无犯,居民安堵,令他欣喜不胜。然而,接踵而来的,却是大不如意事。无锡国专更名为无锡中国文学院,国专沪校也很快被并入。教育当局对其考语为"思想顽固"。同年12月9日,太仓征粮严重,有投水死者,有夫妇自缢死者,他愤而致电黄炎培,请求减征。1950年暮春,他作《明帝女花乐府题词》,借崇祯帝之女长平公主凄惨遭遇,抒发兴亡之感。5月,私立无锡中国文学院被公立苏南文化教育学院合并,他平生最重要的事业至此完结。1952年至1953年,其无锡西溪老宅房屋和琴山茹经堂的产业归属晦明不定。1954年4月9日,唐氏溘然长逝,临行嘱托弟子王遽常:将来条件允

---

① 邢肇蓉、邢肇诩:《求己斋诗集跋》,见邢之襄:《求己斋诗集》卷末,北京:中国书店,2003年。《邢之襄》,见北京市文史研究馆编:《北京市文史研究馆馆员传略》,第1~3页。

许,无锡国专"仍应力求恢复,这是关系到保存中国传统文化的长久大计,非一校之存废而已"。①

有的桐城派学者怀着激动心情迎接新社会的到来。贺培新出身武强望族,祖父贺涛是张裕钊、吴汝纶的弟子,乃北方桐城派一代文宗。贺培新是吴闿生和齐白石的弟子,北平沦陷后从事地下抗日工作。曾任中国大学秘书长兼国文教授。在解放大军合围北平之前,与旧友、革命者齐燕铭暗通消息,阅读红色书刊。1949 年 1 月中下旬,他拒绝兄长贺翊新远走高飞之邀,毅然留在北平,等待黎明。3 月 25 日,中共中央从西柏坡迁入北平,他将家藏古籍万余册、文物五千余件捐献国家。在此前后,他将四个儿女送进革命队伍,更把自己送进四野,随军南下,参与接管武汉大学的工作。回北平任职国家文物局后,他刻苦自励,积极争取入党。那时他兴奋之极,幸福之极,每天的生活都好似充满阳光。

有的桐城派学者在新时代到来之时不知所措。刘叶秋 1945 年 9 月经其师贺培新介绍,与其父刘镜寰一起到《天津民国日报》工作。1946 年在报社加入国民党。1948 年夏,天津已成危城,他怀着恐惧,到台北自谋生路。在台北,工作难找,语言不通,气候、风俗不习惯,他停留一个星期左右,又折回天津报社。这年 10 月,心神不宁的他听说甘肃尚属安定,决意前去谋职。谁知到了兰州,接待他的《甘肃民国日报》社长关某冷淡异常,既不留他住宿,也不给他找事。他呆了十几日,走投无路之下,只好由兰州再往台北,投奔刚迁居那里的同学刘益晋。其父刘镜寰于 1948 年冬从天津前往上海,翌年春出奔台北,与他同住刘益晋家。在台北半年,因生活无着,他又南下香港,任《香港时报》编辑,1949 年 9 月辞职。期间,通过各种渠道,他探知内地一切均好,思归心切。在香港友人高昌隽家住闲三个月后,1950 年 1 月乘船回到天津。其父则最终埋骨海岛。② 罗根泽是贺涛弟子武锡珏的高足。1949 年初,

---

① 陆阳:《唐文治年谱》,上海:上海三联书店,2013 年,第 454~463 页。
② 刘叶秋:《我的历史材料》,稿本。

携全家老小离开中央大学,出走台湾,数月后回归。①

桐城系统的一些学者带着犹豫遗恨离开故园。吴闿生的弟子贺翊新早年考入北京大学中文系,向往民主革命,参加国民党的左翼团体实践社。毕业后任北京大学同仁创办的北京私立大同中学校长。抗战时期,任国民党中宣部专员,在华北一带从事地下抗敌活动。战后任河北省教育厅厅长、河北省临时参议会议长。1948年12月14日后,解放军包围北平城期间,被推为华北人民和平促进会副会长,为和平奔走。1949年1月17日后,在和平协议达成前夜,别妻抛雏,仓皇登机,转赴台湾。② 此外,钱穆、陈灞一、曾克耑、李钜和周明泰等,也诀别大陆,在异乡书写新的人生篇章。

二、在规驯岁月里

1949年到1976年,中国成为一个工人阶级领导的、以工农联盟为基础的人民民主专政国家。治国者为实现意识形态上的统一,对从晚晴民国过来的知识者进行旷日持久的改造。改造的目的,是使其工农化,使其服膺被认定的真理,成为党的驯服工具。桐城派学者多数出身地主、资产者、官僚家庭,又在海内外接受过现代教育,因而被视为具有地主阶级、资产阶级的双重品性,而在重点改造之列。他们被改造的过程,也是其肉体与灵魂被规驯的过程。经过数十年改造规驯,本就松散的桐城派学者群体已经不成局面。

留在大陆的桐城派多数学者,只要有机会拈笔,无不由衷地润色鸿烈。贺培新1949年穿上军装后,有句:"工农今做邦家主,马列真为世界师。"③邢赞亭1949年后以文章报国,其诗作的主旋律就是欢乐颂。他担任北京市文史研究馆馆长时,赋诗纪盛:"名公莅馆礼初成,仰见中枢吐握情";"冀有文章

---

① 马强才:《罗根泽先生年谱简编》,见《罗根泽文存》附录一,南京:江苏人民出版社,2012年,第453页。
② 徐盈:《共和国前夜》,北京:中国文联出版社,2010年,第11~97页。
③ 侯一民:《石史足鉴忆孔才》,见《泡沫集》,沈阳:辽宁美术出版社,2006年,第117页。

能报国,材疏第恐负恩荣"。① 他虚心研究红色经典:"期从辩证悟真铨,垂老孜孜手一编。状类痴蝇钻故纸,情同渴骥赴芳泉。"②1959 年大跃进如火如荼,他兴奋不已:"艰难缔造十年中,一日能争廿载功。工业骎骎先进国,农村面面大同风。"③新中国成立初期,林纾的弟子张厚载发奋研习《矛盾论》,写出《矛盾论浅说》一文上呈中央,得"年老勤学不倦,实属难得"④的勖勉。1957 年春夏之交,冒广生由上海晋京,与毛泽东论诗词,与周恩来话家常,并坦诚进言,宾主穆穆。他目睹首都太平成象,吟出:"正是新邦红五月,天安门上树红旗。"⑤冒效鲁是冒广生三子,早年拜桐城派名家王树枏、袁思亮为师,与钱钟书有二俊之誉。这位曾经的浊世翩翩佳公子,由衷地歌颂新时代。且看他 1961 年所撰《登太白楼》:"尝怪诗人李谪仙,楼头醉倒枕江眠。千秋未睹承平盛,六亿齐挥跃进鞭。灿灿钢花光夺月,芊芊麦穟锦连阡。神州涌现丹青手,竞写新图拂素笺。"⑥再看他 1963 年所撰《新岁题词应诸生请》:"东风吹拂庆春回,真理阳光照九垓。看取中华好儿女,昂扬意气壮云雷。"⑦1973年 7 月 1 日,党的生日,尚秉和弟子黄寿祺有诗:"神州解放星周二,万钟徽猷迈古前。自力更生传捷报,江南塞北换新天。"⑧这样放声歌唱的桐城派学者不胜枚举。然而,除了个别耆旧,这些歌手们被规驯的命运,并没有因其歌喉婉转而有所改变。

规驯的常见方式,一种是被规驯者长期阅读红色著作、看文件、听报告、

---

① 邢之襄:《文史研究馆成立纪盛》,见《求己斋诗集》卷三,北京:中国书店,2003 年。
② 邢之襄:《遣怀二首·其一》,见《求己斋诗集》卷四,北京:中国书店,2003 年。
③ 邢之襄:《迎接国庆十周年》,见《求己斋诗集》卷四,北京:中国书店,2003 年。
④ 张祖懋:《张厚载传》,见上海文史研究馆编:《上海文史研究馆馆员传略》(5),北京:商务印书馆,1998 年,第 10 页。
⑤ 冒广生:《题黄任之〈红桑集〉》,见《小三吾亭诗》,冒怀滨主编:《水绘园集:冒鹤亭晚年诗稿》,上海:上海文化出版社,2014 年,第 13 页。
⑥ 冒效鲁:《登太白楼》,见《叔子诗稿》,合肥:安徽文艺出版社,1992 年,第 121 页。
⑦ 冒效鲁:《新岁题词应诸生请》,见《叔子诗稿》,合肥:安徽文艺出版社,1992 年,第 129 页。
⑧ 黄寿祺:《七一日寄怀台湾老友四首》,见《六庵诗选》卷六,福州:福建人民出版社,1986 年,第 185～186 页。

投身接二连三的各种运动,然后回家写自传、做反省、填表格,向组织交心,深挖自己历史老根,检讨自己现在的问题,以求过关。有人就是这样真诚地写,反复地写,把自己"写"进了另册。一种是被规驯者根据要求,揭露他人,也被他人揭露,在互害中或者获得解脱,或者不得解脱。规驯的实质,是在被规驯者灵魂深处掀起革命,使其把立场移步换形到工农这边来、组织这边来。而那些被认为问题严重的人则需另作处理,要么被劳改,要么进监牢。桐城系统的学者几乎都程度不同地经受过规驯的洗礼。冒效鲁1952年反省说:"经过三反运动及思想改造学习,深刻认识到过去所受封建及资产阶级思想毒害之深——封建官僚腐化享乐思想";他决心"坚定立场,以纠正过去朝秦暮楚、有乳便是娘的无耻卑污自私自利思想"。① 他历次运动中撰写的交心文字、会议发言,连同同事的揭露资料一起,成了其1970年8月10日被定为反革命分子的直接依据。林纾的弟子朱羲胄参加过辛亥革命、护法运动和北伐战争,后转入学界,成为研究林纾的权威。因在国民政府的基层做过官,他属于问题比较严重的一类。1959年,他被检举负有血债而受逮,虽因查无实据而被免于起诉,但其所在的武汉师范学院还是将其开除公职。他于1961年在贫病交加中孤独身亡。②

反右时,不少桐城系统的学者及其家庭沦陷。冒广生1949年后因特殊机缘受到礼遇,其子孙就没有这么幸运。1957年,冒氏有四位才华横溢者被戴上帽子,成为名副其实的右派之家。面对子孙厄运,冒广生忧虑不安,脚肿病复发,行走失控,以至于僵卧数月,1959年病逝。③ 桐城派世家方守敦的后人被划成右派的,包括舒芜在内,有六人。④ 方孝岳老于世故,才幸免于难。

---

① 冒效鲁:《高等学校教师登记表》,1952年8月17日填。
② 且居:《网搜学内外——朱悟园、朱羲胄、朱心佛》,见且居的博客,2010年11月21日。
③ 冒怀苏:《冒鹤亭先生年谱》,上海:学林出版社,1998年,第601页。
④ 舒芜:《奉上〈凌寒吟稿〉致语》,见《舒芜集》,石家庄:河北人民出版社,2001年,第356页。

他训谕儿子舒芜:"你们就是太相信了。我就不信,所以我就没有打成右派。"①但世事洞明者毕竟是少数,桐城系统中人,像李则纲、吴孟复和高準等皆积极响应号召,真诚地提意见,拾遗补缺,皆罹反右之难。其后,这些名在另册者二十余年弃置身,散落在社会边缘角落里,挨整,受辱,虚度锦绣年华。至于桐城派学者在文革中的遭遇,就更不必细论了。

一些桐城派学者在规驯中丧亡。抗战胜利后,国民党延揽人才心切,人事任命常出情理之外。1946年3月28日,本非国民党员的贺培新被国民党中央执行委员会委任为北平市党部执行委员。4月初,他接到委任书,坚拒。4月25日,其辞呈被照准。1951年,在镇压反革命运动中,时任国家文物局办公室主任的贺培新向组织交代了此事。据此,文物局及其所属的文化部将贺培新定为国民党骨干分子,他口不服,心更不服。公安部来人施压,责令其按国民党骨干分子、历史反革命分子进行登记,被其拒绝。随后,他自沉于冰冻的北海水底。②贺培新的女弟子俞大酉曾任北京女一中校长、《天津民国日报》总主笔、天津耀华中学校长,享誉平津文化界。天津刚一解放,她就被耀华师生开大会控诉,被公安管制一年。1955年肃反中,她被老师、学生揭发,入狱一年有余,最后免于刑事处分。此后她在北京街道织过毛衣,在农村干过农活。文革刚一开始,她就被红卫兵揪斗游街,毒打至死,尸骨无存。③贺培新的弟子孙鸿章是北京师范学院数学系主任,1968年9月9日被批斗后在北京八里庄玲珑巷北口铁轨上轻生。④

少数桐城派学者保持了一点精神独立。李诚是姚永朴主持秋浦周氏宏毅学舍时的高第弟子,天主教徒,以著述、教书为职志。1949年之后,无论身

---

① 舒芜口述、许福芦撰写:《舒芜口述自传》,北京:中国社会科学出版社,2002年,第344页。
② 《国家文物局关于贺泳同志平反的决定》,见王达敏等整理:《贺培新集》(下),南京:凤凰出版社,2016年,第688~689页。
③ 王达敏:《贺培新集·前言》,见王达敏等整理:《贺培新集》卷首,南京:凤凰出版社,2016年,第9页。
④ 《孙梅生自杀经过》,稿本。

处何境,他都依靠心中微弱的希望灵光,读书、写作,并勉力保持精神独立。他希望自己做超阶级、超政治、超是非、超矛盾的四超居士。①

　　数十年间,大部分桐城系统的学者碌碌无为,只有个别学者机缘凑巧,还能勉强继承包括桐城诸老在内的前贤的博雅传统,取得一些成绩。罗根泽、马茂元、吴孟复、叶葱奇和叶百丰的中国文学史研究,王芷章和张江裁的戏曲史研究,陆宗达的训诂学研究,于省吾的古文字学研究,谢国桢、李则纲、傅筑夫、王会庵和李诚的史学研究,李濂镗的明代织锦研究,孙贯文的铭刻学研究,刘叶秋的字典学研究,黄寿祺和王维庭的哲学研究,朱光潜的美学研究,潘伯鹰、吴兆璜和郭风惠的书法、绘画创作与研究,姚翁望的画论研究,邢之襄、冒效鲁、刘国正、马厚文、金孔璋、吴君琇、贺又新和高準的诗歌创作,孙鸿章的数学研究,等等,均在当代学坛上留下了雪泥鸿爪。在 1978 年之前,有的学者因积极预流而对自己的著作一改而再改,最后留下的稿子与初稿相比几乎是面貌全非,而其著作的学术水准却随着改动遍数的增加而次第下滑,使其有限的成绩又打了个大折扣。

　　桐城派学者群体在中国知识者队伍中占比不大。在规驯岁月中,受难的是知识者,受损的则是整个民族。

三、远行者勉绍斯文之传

　　1949 年前后,那批离开大陆的桐城系统的学者,把包括桐城之学在内的中国古典文化带往他乡,带往香港、台湾和美国。在此后数十年间,他们忍受亲人离散、旧友绝迹之苦,怀着乡愁,在文化领域为故国招魂,有的做出了其留在故园的同侪无法比拟的学术贡献。然而,他们虽努力绍斯文之传,但在欧风美雨笼罩中,终不免显得力小而孤。随着他们的星沉异域,桐城之学在大陆之外也渐入杳溟。

---

①　李诚:《向党交心》,稿本。

钱穆1949年漂泊到香港,以传承中国古典文化自任;次年,在窘迫困厄中创办新亚书院。钱穆学问根柢首在桐城之学。他由桐城古文起步,继而研修桐城派所尊奉的宋学,并进窥考据学堂奥,最终达致姚鼐所倡导的义理、考据、辞章三者合一之境。他治桐城之学所依的经典是《古文辞类纂》《经史百家杂钞》和唐宋八家文章。在少年时代,他对姚、曾敬仰殊甚,甚至以为"天下学术,无踰乎姚曾二氏"①。他在五十年代中后期讲授《中国文学史》课程,论述的重心之一还是桐城之学。1960年,他仍然以为,学文应从姚、曾所纂两书入;读诗应从曾纂《十八家诗钞》入。② 钱氏弟子余英时最得乃师神髓,曾为大英百科全书撰写有关桐城派的条目,治宋学尤其独步学界。钱氏另一位弟子叶龙因著《桐城派文学史》《桐城派文学艺术欣赏》而名重一时。

在诀别故家的桐城派学者中,李钜作为医学巨擘而酷嗜诗文,可谓异数。他出身于邯郸名门,伯父李景濂、父亲李景澔皆为吴汝纶弟子。他早年侧聆庭训,后侍吴闿生之门,得闻桐城派绪论。抗战之前,曾就读于燕京大学、协和医学院,就职于协和医学院、南京陆军军医学院。战后任北京大学医学院药理学系主任兼教授。1948年避地沪上,任圣约翰大学教授。一番观望之后,1950年南下香港。翌年转去台湾,任国防医学院教授,直至1986年辞世。在从事医学研究的同时,李钜创作诗古文辞不辍。乱离之后,其诗文尚有数百篇留存人间。其诗多效杜甫之风,沉郁顿挫;其文以守道为旨,率直清新。其晚年诗文颇有随心所欲而不逾桐城规矩的气象。③

曾克耑是吴闿生主盟的文学社中的翘楚,其文深得师尊印可,著有《颂橘庐丛稿内篇》三十五卷、《颂橘庐丛稿外篇》三十八卷等。1950年,他投荒海角,蒙钱穆赏识,在新亚书院任教。他在课堂上,在报刊上,勉力弘扬桐城之学。他对桐城派自创一派的原因,所标举的宗旨,渊源和流衍,经典读本,弟

---

① 钱穆:《宋明理学概述序》,见《宋明理学概述》卷首,《钱穆先生全集》(新校本),北京:九州出版社,2011年。
② 钱穆讲述、叶龙记录整理:《中国文学史》,成都:天地出版社,2015年,第307~308页。
③ 李钜:《李钜诗文集》,稿本,李建雄先生收藏。

子对于师说的态度,历史地位,均有精湛论述。对于桐城派代表人物的为人,他推崇备至。他认为,桐城诸老以圣贤、豪杰自期,在做人方面特立独行,言行相符,把做人和做文打成一片,为自来学者文士所少有,这是此派能站稳脚跟的主因。他在新亚书院传道授业多年,以包括桐城派在内的中国古典文化滋润香港学子无数,广受爱戴。①

此外,贺翊新到台北后,两度出长建国中学达十五年之久。他以北京大学的自由学风为指归,使建国中学很快成为台湾最著名的中等学府。该校每年毕业生有四成约五百人进入台湾大学就读,知名校友遍布海内外,在各行各业出人头地。他在教育上建立的功勋奠定了其在台湾教育界的神话般的地位。② 陈赣一出身于江西新城桐城派世家,先任袁世凯文案,继佐张学良之政,后主办《青鹤》杂志,以期在现代社会绍续中国古典传统。1948年挈妇将雏由北平出奔上海,又随台湾省政府主席魏道明渡海来到台湾,以文笔特优,任省政府秘书,辞职后以算命卖字为生,1953年谢世。③ 周明泰出身于安徽秋浦桐城派世家,祖周馥官至两江总督,父周学熙在北洋政府时代两任财政总长。他是吴闿生及门弟子,1949年移居香港,后转往美国定居,与同门贺翊新皆于1994年在美国病逝。离开大陆前,周氏将收藏的珍贵戏曲资料和其他文献全部捐给上海图书馆,促进了大陆戏曲研究的进步。④

四、桐城派的遗产

民国时代,在新旧蜕嬗之际,包括桐城派在内的传统文学与新文学纷纭错综,交互为用,在现代化进程中,共同塑造着中华民族的新的精神。1949

---

① 曾克耑:《述桐城派》《自叙》,分别见《颂橘庐丛稿外篇》卷三,卷三十八,香港:新华印刷股份公司,1961年,第59~106页,第1590~1576页。
② 钱复:《追忆建中校长贺翊新》,见《建中校友》;杨照:《大学应该比社会更自由》,载《星州日报》,2012年6月2日。
③ 吴琪整理:《少帅身边的黎川秘书》,见风雅黎川的博客,2016年3月1日。
④ 沈津:《周志辅和他收藏的戏曲文献》,载《中国典籍与文化》,2003年第1期,第37~41页。

年后,新文学盘踞文坛中心,传统文学渐由边缘跌入虚无之境。就桐城派而论,伴随着吴孟复1995年的下世,它在浩荡数百年之后,终于走到了尽头,走向历史深处。

桐城派在1949年后为什么会走向终局呢?

首先,桐城派失去了存在的政治、经济和文化环境。从政治角度看,中国的现代化进程自道咸之际开启后,领导现代化运动的阶级几经轮替:在晚清是地主阶级,在民国是资产阶级加地主阶级,在新中国是无产阶级和农民阶级。就出身和教育背景而论,多数桐城派学者不是属于地主阶级,就是属于资产阶级。因而在晚清、民国,他们是推动现代化进程的主导力量之一。在新中国建立的前三十年,在以阶级斗争为纲的岁月,他们则被视为工农的异己者而成为规驯的对象。他们不得不与自己的过去告别,学习新理论,学习工农,学习重新做人。从经济角度看,桐城派是私有制时代的产物。在私有制下,桐城派学者以家庭私有财产做后盾,可以自由迁徙、自主择业,可以较为自由地去雕琢学术和文学艺术。在公有制下,地主和资本家经济消亡,相当一部分桐城派学者失去了赖以生存的经济基础。他们被镶嵌在固定的单位,拿固定工资,做着被要求做的事。从文化角度看,1949年后的相当长一段时间,白话彻底代替文言,与传统决裂成为主流。桐城派虽然自晚清以降积极吸收现代文明成果,但它终究植根于传统,与1949年之后的文化氛围显然凿枘不投。

其次,毛泽东对桐城派的直接否定,使其失去立锥之地。1956年8月24日,他在与中国音乐家协会负责人谈话时说:"地主阶级也有文化,那是古老文化,不是近代文化,做几句旧诗,做几句桐城派的文章,今天用不着。"[①] 1965年6月20日,他在与复旦大学教授刘大杰、周谷城论学时说:乾隆时代,"在文章方面又出现了所谓桐城派,专门替清王朝宣传先王之道,迷惑人心";又说:乾嘉学派"要知识分子脱离政治,钻牛角尖,为考证而考证",桐城派"替

---

① 毛泽东:《同音乐工作者的谈话》,北京:中央文献出版社,2002年,见中共中央文献研究室编:《毛泽东文艺论集》,第150页。

封建统治阶级做宣传,二者都要反对"。①1965年8月5日,他在致康生的信中说:章士钊撰《柳文指要》"颇有新义引人入胜处,大抵扬柳抑韩,翻二王、八司马之冤案,这是不错的。又辟桐城而颂阳湖,讥帖括而尊古义,亦有可取之处"②。1974年,他发动批林批孔运动,否定桐城派坚守的道统,更是对桐城派的致命一击。

  第三,桐城派的一些理念是其发展的动力,也是其走向终局的内驱力。例如,"变"是桐城派持守的一个重要理念。这一理念使桐城派能够与时俱新,在一定历史时期成为时代先锋。桐城派的初心乃道继程朱、文承韩欧。但数变之后,桐城派与初心渐行渐远,最终变得面目模糊,甚至于面目全非。具体言之,在义理层面,徐世昌在民初执桐城派牛耳时期,将颜李学说引入桐城派义理之中,倡扬实学和躬行实践,以分程朱理学之席,以增强桐城派适应新的现实的能力。桐城派本是极重书本知识的派别,而颜李学派则具有浓郁的否定书本知识的反智倾向。徐世昌和一批桐城派学者将颜李之学引入桐城派内,已经暗含着悲剧性的自我否定。这一自我否定在1949年之后改造知识者的环境里终于起效。

  桐城派终结了,但桐城之学并没有随之而消亡。

  毛泽东在长沙求学阶段曾有六年时间浸润于桐城之学,其思想、文艺观念、审美趣味和创作风格等受桐城派影响既深且巨。1949年之后,他虽然在指导思想上不再推崇桐城派,但对桐城派奉为经典的朱熹撰《四书集注》和姚鼐纂《古文辞类纂》仍然爱不忍释。其著作中尤其渗透着桐城派元素。1969年,吴孟复细读毛选,敏锐地"从毛泽东的文风中发现与桐城派文章的相通之

---

① 逄先知、冯蕙主编:《毛泽东年谱》(1961.07—1966.09),北京:中央文献研究室,2013年,第503页。
② 毛泽东:《致康生》,见中共中央文献研究室编:《毛泽东文艺论集》,北京:中央文献出版社,2002年,第336页。

处"①。单是1966年至1969年初,毛泽东的著作即发行11.26亿部以上。②桐城之学正是通过毛泽东的著作润物无声地影响着无数读者的思想和审美趣味。从一定意义上说,桐城派因了毛泽东的阶段斗争理论及其实践而走向终局,桐城之学则借助毛泽东的权威地位和文采风流而曲折地获得再生。

桐城派是中国文学传统中文以载道思想的集大成者,也是这一理论最有系统、最有力的阐释者。文以载道是具有中国特色的文艺政治学。在集权社会里,政治家倡导文以载道,是希望文艺为自己的政治服务;文艺家倡导文以载道,是希望学以致用,通过文艺实现自己的雄心壮志。在这一点上,政治家与文艺家形成同盟。在这一同盟中,文艺的实用价值得以凸显,文艺的艺术价值常常不免受到削弱。不管怎样,只要中国的现代化尚未最后完成,中国的政治传统还在继续,中国的文学传统还在如江河一般向前流淌,那么,桐城派可以终结,而作为桐城之学核心部分的文以载道理论则会永葆活力。

更重要的是,桐城派学者经过一代代深研和积累,发现了汉语表现汉民族思想情感的恰当方式。如何炼字锤句,如何协调格律声色,如何谋篇布局,如何起承转合,如何因声求气,如何清真雅正,如何阳刚阴柔,如何含不尽之意见于言外,如何卒章显其志或篇终接混茫,等等,桐城派学者都进行了卓有成效的探索。中国文学史上从来没有任何人像桐城派学者那样,剥茧抽丝,一层层道破汉语写作的天机。不管怎样,只要汉语不亡,只要汉民族仍然用汉语表达自己的思想情感,那么,桐城派可以终结,桐城之学中有关艺术技巧、风格的论断则将永存。

(原载《中国散文研究集刊》2016年第7辑)

---

① 纪健生:《吴孟复先生学术传略》,见《相麓景萝稿》,合肥:黄山书社,2013年,第10页。
② 1969年1月3日,"新华社报道:近三年来,《毛泽东选集》出版一亿五千万部,《毛泽东著作选读》出版一亿四千多万册,《毛主席语录》出版七亿四千多万册,《毛主席诗词》出版九千六百多万册"。中共中央文献研究室编、逄先知和冯蕙主编:《毛泽东年谱(1949—1976)》第六卷(1966.10—1976.09),北京:中央文献出版社,2013年,第225页。

后 记

2002年夏季，我在敬爱的导师、北京大学中文系孙静先生教诲下，完成了《姚鼐与乾嘉学派》的初稿。之后，我逐步将学术重心从桐城派在乾嘉时代的际遇，转向对其在中国现代化进程中命运的探究，阶段性成果就是分别在2007年、2016年出版的文献整理项目《张裕钊诗文集》和《贺培新集·俞大酉集》，一部待出的《桐城派学者群谱》，还有，就是收录在这部小书中的文字了。

这些年，谨遵前贤"动手动脚找东西"之谕，趁着体能尚可，我在罗掘史料方面下了些气力。例如，在研究桐城派学者李诚的过程中，为获得口述史料，我到石台县城访问了其长子李培兰先生之女孙秀珠女士，到北京访问了其次子李英先生，到铜陵访问了其三子李澧兰先生，到南村访问了其四子李汀兰先生之妻陈爱菊女士，到合肥访问了其少子李皋兰先生。为获得纸本史料，除了利用安徽省图书馆、博物馆、档案馆的收藏外，我查阅了李诚及其诸子的文献，查阅了李诚的师友弟子李则纲、姚翁望、殷涤非、丁宁、冒效鲁、吴孟复、何晓履和王少明诸先生的文献，这些文献多为存世孤本。为透过历史的烟尘，回到当年事件发生的现场，我考察了李诚在南村的故居、墓地，考察了他所工作过的贵池中学和安徽省文史馆遗址，等等。我是想通过一位桐城派布衣学者及其家庭成员、师友弟子的境遇，来映照一个时代，并进而探讨桐城派的兴亡之由。

我敬爱的导师孙静先生审阅、批改了这部书稿中的大部分文字。我的师弟、安徽大学文学院院长吴怀东教授在研究思路和具体论题选择方面曾给予我点拨。在这部书稿中,有六篇文章曾发表在《安徽大学学报》上。《安徽大学学报》编审刘云女士审读了这些篇章,并提出中肯的修改意见。在研究中,我曾得到黄德宽先生、侯淅珉先生、江小角先生、操建华先生、丁光清先生、王敏先生、李季农先生、沈波先生、刘飞先生、杨怀志先生、闫国强先生、李国春先生、李建雄先生、殷芳宇先生、方铁铮先生、宋伟先生、潘忠荣先生、李根杰先生、周胜良先生、盛季兰女士、刘芳女士、徐大珍女士、吴布女士、刘伏玲女士等鼎力相助。谨向诸位女士、先生深表感谢!

安徽大学出版社学术分社副社长李君女士是一位有事业心、有魄力的出版家,为推动桐城派研究作出了突出贡献。数年来,在安徽大学出版社领导的支持下,李君副社长策划并负责编纂"桐城派文库"。这一文库包括桐城派学术研究著作、桐城派文献整理著作和桐城派普及著作等内容,现有多种书籍获得国家出版基金资助,已经出版的作品在读者中产生了积极影响。我期待,桐城派研究和出版有着更光辉的未来。

王达敏
2020 年春日于河北固安剑桥郡